历朝变法往事

LICHAO
BIANFA WANGSHI

马文戈 ◎ 著

中国书籍出版社
China Book Press

图书在版编目（CIP）数据

历朝变法往事 / 马文戈著. — 北京：中国书籍出版社，2020.12
ISBN 978-7-5068-8270-5

Ⅰ.①历… Ⅱ.①马… Ⅲ.①中国历史—历史事件—研究 Ⅳ.①K205

中国版本图书馆CIP数据核字(2020)第268749号

历朝变法往事

马文戈　著

责任编辑	李　新
责任印制	孙马飞　马　芝
封面设计	程　跃
出版发行	中国书籍出版社
地　　址	北京市丰台区三路居路97号（邮编：100073）
电　　话	（010）52257143（总编室）　（010）52257140（发行部）
电子邮箱	eo@chinabp.com.cn
经　　销	全国新华书店
印　　刷	三河市顺兴印务有限公司
开　　本	710毫米×1000毫米　1/16
字　　数	210千字
印　　张	16
版　　次	2021年2月第1版　2021年2月第1次印刷
书　　号	ISBN 978-7-5068-8270-5
定　　价	48.00元

版权所有　翻印必究

序

有梦，才有路

　　每一个人都会有自己的梦想，每一个国家和民族也一定都会有梦想。没有了梦想，我们的人生和生活也就没有了快乐和希望；没有了梦想，一个国家和民族，一定不会有前途和辉煌。

　　如果没有梦想，青史之上也许不会留下商鞅的名字，也许就不会有秦国的迅速崛起和后来秦始皇的一统天下；如果没有梦想，也许就不会有西汉王朝的强盛，不会有汉武帝刘彻的"大一统"帝国。

　　正是因为有了梦想，北魏孝文帝的"马背民族"才一举统一北方，占据中原，完成了"胡汉一家"的夙愿；正是因为有了梦想，多才多艺的李隆基才开创了前无古人的"开元盛世"，向世界展示了大唐王朝的富饶和风采。

　　王安石、张居正，真真正正的中国传统读书人。他们的梦想，除了"学而优则仕"，更多的则是关于那个王朝的安危和千千万万苍生大众的疾苦冷暖。

　　忽必烈，这个来自遥远大漠的超级霸王，虽然没能够实现他的世界梦想，但一个马背上的男人，一个崛起于异域的大国领袖，在他一生的时间里，能够取得如此丰功伟绩，足矣。他的英雄气概和世界眼光，他对于我们这个民族的功绩和贡献，已经远远超出了同时代的所有人之上。

　　最后，还有一群不甘于屈辱和失败的人，在那个古老帝国的末尾，在那个内忧外患、国将不国的时代里，他们是最清醒的一群人，也是最激愤的一群人。康有为、梁启超、戊戌六君子，他们也是离我们最近的一群人，我们仿佛看得到他们正在奔走呼号，救亡图存，发出了一个时代的最强音。

商鞅、汉武帝、孝文帝、唐玄宗、王安石、忽必烈、张居正、戊戌六君子，一些几乎所有人都耳熟能详的名字，一些再熟悉不过的政改事件。或许，他们不乏个人抱负和梦想，但他们更大的抱负和梦想是关于他们那个时代和国家的强大与富裕。

这是属于他们那个时代的中国梦。为了这个最大的梦想，他们不顾个人荣辱得失，不顾个人生死安危，在他们选择的道路上，义无反顾地前行着。

从古至今，变法或者改革，从来都不是一件易事。但面对困境和危局，不改革，只能是死路一条；不变法，永远没有希望。穷则变，变则通，通则久。任何时代，没有改变的胆量和勇气，梦想永远只能是梦想。

居庙堂之高，则忧其民；处江湖之远，则忧其君。他们的所有作为，无论有多大的成功，无论因何功亏一篑，我们只能说，他们努力了，我们只能说，他们应该是被历史和现代的我们记住的人。

本书关于八大变法往事及其相关人物的书写，几乎就是一部中华民族的发展史。在那些极其关键的历史节点上，他们堪称推动中华文明不断进步的历史舵手。中华民族，这个古老而年轻的国度，为了她的强盛和崛起，无数人付出了努力，今天，我们依然在奋斗着。

世界上最快乐的事，莫过于为理想而奋斗。梦想永远都是美丽迷人的，那些曾经的中国梦，那些为了这个梦想身体力行的人们，应该带给我们更多的人生启示。

当然，其中还应该有那些发人深思的成败教训。

中华民族自古以来，就有埋头苦干的人，就有拼命硬干的人，就有舍身求法的人，就有为民请命的人。

在一个风雨如晦、鸡鸣不已的时代，鲁迅先生发出了如此呐喊。每一次积贫积弱的危急时刻，正是这些人的不懈努力，才让一个老大帝国焕发了勃勃生机。是的，他们，正是中国的脊梁。

从秦国的商鞅，到清末的"戊戌六君子"，历史整整过去了2000年。两千多年的历史风云里，正是这样的脊梁，让这个古老的民族风雨如磐，安然无恙；正是这样的一些人，让我们看到了未来和希望。

如果失去梦想，未来将会怎样？

"周失之弱，秦失之强，不变之患也"。变法和改革永远是社会进步和发展的驱动力，国家和民族的独立富强，是每一个人的愿望和梦想。他们关于梦想的奋斗，关于变法图强的努力，他们变法的勇气和创新的灵魂，应该是他们人生里最打动人的地方，也应该是我们这个民族发展的最强大动力。

天变不足畏，祖宗不足法，人言不足恤。

这就是当年王安石的"三不足"精神，寥寥数语，青史留名。对于那些历史的变革者而言，这既是一种自觉，也是一种力量；对于那些怀揣梦想的有志者而言，这是一种勇气，更是一种智慧。

不忘初心，方得始终。在今天与时俱进、励精图治的时代里，我们也许更需要这样的勇气和自觉，也更需要这样的智慧和力量。

目录

第一章
商鞅：为强秦奠基，为自己掘墓

一、天将降大任于斯人也 / 2
    1. 走出苦难的放牛郎 / 2
    2. 刑名之学：乱世里的致胜法宝 / 5
    3. 管家与治国不可兼得 / 8

二、英雄惺惺相惜 / 11
    1. 穷国发出了《求贤令》/ 11
    2. "君试臣以才，臣试君以明" / 14
    3. 搬掉绊脚石 / 17

三、开弓没有回头箭 / 19
    1. 立木取信 / 19
    2. 铁腕与利诱：一个都不能少 / 22
    3. 血染渭河 / 27

四、我不下地狱，谁下地狱 / 32
    1. 要国富，也要民强 / 32
    2. 东进序曲 / 36
    3. 英雄末路 / 38

第二章
汉武帝:"大一统"的坚定奠基者

一、爱江山,也爱美人 / 44
  1. 称帝:缘于女人的战争 / 44
  2. 文景之治:机遇实在难得 / 47
  3. "金屋藏娇"的谎言 / 50

二、我的江山我做主 / 55
  1. 新政一度搁浅 / 55
  2. 皇恩浩荡,中央集权 / 59

三、有钱才是硬道理 / 62
  1. 如何才能"不差钱" / 62
  2. 两手抓,两手都要硬 / 66
  3. "均输""平准"两不误 / 70

四、"罢黜百家,独尊儒术" / 73
  1. 目不窥园,心忧天下 / 73
  2. 董博士的思想政治课 / 75

第三章
魏孝文帝:一场与时俱进的汉化进程

一、黎明前的黑暗 / 80
  1. "娃娃皇帝"的幸和不幸 / 80
  2. 危机四伏 / 83

二、除旧布新,民生至上 / 86
  1. 新账旧账都要算 / 86
  2. 耕者有其田 / 89

三、向汉文化看齐 / 93
  1. 迁都不是小事 / 93

2. 胡汉一家 / 96

3. 大义灭亲 / 98

4. 最后的征程 / 101

第四章
唐玄宗：不忘初心，梦想成真

一、往事，不堪回首 / 106

    1. 这个"阿瞒"不一般 / 106

    2. 怎一个"乱"字了得 / 108

二、一朝天子一朝臣 / 112

    1. 名相安国 / 112

    2. 刷新吏治 / 117

    3. 府兵制，还是募兵制？/ 119

三、大国风度 / 122

    1. 没钱是万万不能的 / 122

    2. "忆昔开元全盛日" / 126

第五章
王安石：大浪淘沙，功败垂成

一、天生良才 / 132

    1. 少年壮志不言愁 / 132

    2. 谁偷了我的状元 / 135

    3. 基层锻炼很重要 / 138

    4. 万言书 / 144

二、变法！变法！/ 147

    1. 临危受命 / 147

    2. 初战告捷 / 150

  3."拗相公" / 153

 三、最后的较量 / 158

  1. 步履维艰 / 158

  2. 功过任评说 / 161

第六章
忽必烈：一个马背男人的帝国梦想

 一、不能不说的那些事 / 166

  1. 一代天骄 / 166

  2. 不念过去，不畏将来 / 167

 二、逆水行舟，不进则退 / 170

  1."大有为于天下" / 170

  2. 没有退路 / 175

 三、天下第一帝国 / 179

  1. 新纪元 / 179

  2. 丰功伟绩 / 181

第七章
张居正："工于谋国，拙于谋身"

 一、做个有梦想的主 / 186

  1. 我的未来谁做主？ / 186

  2. 玉不琢，不成器 / 188

 二、理想很丰满，现实很骨感 / 191

  1. 还是要耐心等待 / 191

  2. 不仅仅是个烂摊子 / 195

 三、该出手时就出手 / 199

  1. 一举两得"考成法" / 199

2. 让土地无处隐身 / 201

3. 来一场赋税制度的革命 / 203

4. 皇帝用钱也说"不" / 206

四、世间再无张居正 / 208

1. 首辅：名副其实 / 208

2. 鞠躬尽瘁，死而后已 / 211

第八章
戊戌六君子：一曲世纪末的逆袭绝唱

一、挡不住的危局 / 216

1. 盛世，还是末世？ / 216

2. 洞开的国门 / 218

二、该醒醒了 / 220

1. 谁能睁眼看世界？ / 220

2. 大国迷梦 / 224

三、来点强心剂 / 227

1. "康梁"在行动 / 227

2. 不甘做亡国之君 / 229

3. 百日维新 / 231

四、我以我血荐轩辕 / 235

1. 太后当国 / 235

2. 该来的还是来了 / 237

3. 壮志未酬 / 241

第一章 商鞅

为强秦奠基，为自己掘墓

少年时代的商鞅，有着鲜为人知的苦难经历，也有着不甘命运安排的人生梦想。青年时代的商鞅，有着不同寻常的游学意向，更有着切切实实的职场历练。

没有秦孝公的励精图治，没有义无反顾的商鞅变法，没有君臣间的惺惺相惜和肝胆相照，秦国一统天下只能是一个未知数。

为大秦奠基，为自己掘墓。商鞅变法，需要一种大无畏的英雄气概，更需要一副冷酷无情的铁石心肠；需要富民强国的满腔热血，更需要斩钉截铁般的坚强意志。

"七国之雄，秦为首强，皆赖商鞅。"商鞅变法，承载着一个积贫积弱国家强大的梦想，是大秦崛起的真正开始。商鞅变法，为秦国综合国力的提升带来了前所未有的改变。英雄末路，改革家商鞅为自己招致了悲情惨烈的下场。

一、天将降大任于斯人也

1. 走出苦难的放牛郎

六王毕，四海一。蜀山兀，阿房出。

千古流传的文字，讲述着千古一帝秦始皇的丰功伟业，乱悠悠的春秋战国终于落下大幕。多少杀伐征战，多少策划心计，都不得不臣服于大秦帝国的一统江山。

是的，这是秦王嬴政的威武和得意，没有人可以再对他指手画脚，也没有人可以再对他的帝国蠢蠢欲动。

可是，无论如何，他应该永远记住一个人。无论如何，他的王朝没有办法绕过一个人。

这位老前辈，就是青史留名的商鞅。

七国之雄，秦为首强，皆赖商鞅。

这是当年韩非子的赞语。大秦帝国的历史上，商鞅的位置可谓举足轻重。也许，商鞅才真正是大秦帝国的设计师和缔造者。让历史更加难以忘记的，还应该有他悲壮惨烈的下场。

当然，这是后话。我们先把时间拉回到公元前约390年。

商鞅，比嬴政来到那个世界，早了一个多世纪。

一个多世纪之前，正是如火如荼的战国时代。关于这样的一个时代，我们似乎没有必要再去描摹和形容，在这样一个风雨如晦的背景之下，少年商鞅的命运也并没有好到哪里去。

商鞅是卫国国君的后裔，姬姓公孙氏，故又称卫鞅、公孙鞅。他的祖先和周天子同姓，只可惜，在那个等级森严的社会里，他不过是一位庶出的公子，而且，他出生时，家族已经无可挽回地没落了。

那样的一个时代，庶出而且没落，命运可想而知。因此，从一出生，商鞅就经历了比常人更多的不幸和磨难。

那一年，在今天的河南安阳梁庄镇，小商鞅出生了。

尽管家族败落，一个新生命的到来，还是让人感到了由衷的欣喜。可是，有人却要他死。当时负责祭祀的太祝说，他是一个孽子，会给这个家族带来灾难与不幸。

于是，就在那个白雪皑皑的冬天，伴着怒号的冷风，河水呜咽着，有人要用马鞅（马鞭子）结束这个刚刚来到世间的生命。

然而，秦国有幸，商鞅有幸，一个叫姬娘的家奴在河边救了他。

从此，年幼的商鞅就日夜陪伴在姬娘的身边。

从此，卫国贵族的公子成了孤苦伶仃的弃儿。

白天，小商鞅要举着马鞭去山坡放牧牛羊；夜晚，善良的姬娘纺线缝衣，小商鞅就乖乖地依偎在她的身旁。

有谁从小康人家而坠入困顿的么，我以为在这途路中，大概可以看见世人的真面目。

这是鲁迅先生当年留下来的文字。这是他身世的写照，也是他无可奈何地愤懑和伤感。

不知道，鲁迅的话有没有道出千年之前商鞅当初的隐忍和悲辛，或者，小商鞅的命运甚至比这更凄惨。可是，在姬娘的身边，小商鞅似乎很安静，也很规矩。在姬娘的陪伴下，他渐渐长大了，成了一个英姿勃发的少年。

可是，终于有一天，这位有着周王室血统的没落公子，这位貌似平静安详的弃儿，再也忍不住了。

因为，少年商鞅的心里太苦了，没有谁愿意去关心，所有的心思，只有他自己知道。

这个衣衫褴褛、气度不凡的牧羊娃，只想重新找回那些原本属于自己的高贵与尊严。甚至，如此年幼的他，只想建功立业，衣锦还乡，好好回报疼爱养育着他的姬娘。

可是，梦想成真之前，仿佛永远只能是梦想。眼前的现实虽然让他无比沮丧，但他也只能和其他牧童一起，天天去帝都的野外和那些牛羊为伍。

这是一个温暖旖旎的暮春，山花烂漫，坡上青青草。蓝天白云下，牛和羊们在低头吃草，温顺而且贪婪。

面对安静的牧群，面对远方滔滔的河水，一个少年却正在叫喊着、咆哮着。

这个愤怒的少年就是商鞅。他怒视着那些牛羊，奔向牛首，开始疯狂抽打。

畜牲！你是畜牲！你们都是畜牲，祖祖辈辈，你们就甘愿当畜牲！

我不是任人宰割的畜生，我也不是一个放牛郎。

许久以来的压抑终于爆发了。

作为卫国的一位隔代相望的贵族后裔，商鞅当然没有看到过当年家族的兴盛和辉煌，更没有真正享受到那种奢华颓靡的贵族生活，但有一个事实我们不得不承认，高贵的秉性和骄傲的气质不会从一个人的血统中被轻易地冲洗掉。

对于少年商鞅而言，这是一种躲不开的苦难，也是一种难言的痛苦；而在人生的另一层意义上而言，这或许更是一种难得的财富。

天将降大任于斯人也，必先苦其心志，劳其筋骨，饿其体肤，空乏其身，行拂乱其所为，所以动心忍性，曾益其所不能。

就在那个时代，孟子发出了如此呐喊。这是一句被后人几乎要用滥了的警句，无数人以此激励自己，却少有人因此从苦难里真正坚强挺立。商鞅生年早于孟子，当然不会看到这一句励志性标语，但少年商鞅却以自己的毅然行动验证了这一句箴语。

是的，苦难是最好的疗伤剂，是人生一笔最大的财富。这样的痛苦磨炼，让他少有奇志，这样的财富启迪，让他在迷茫之后，看到了自己未来努力的方向。

是的，"天将降大任于斯人也"！从此，小商鞅坚定地和那些胸无志向的凡夫俗子划清了界限，也和从前的自己划清了界限。

注定，他要走上一条与众不同的道路，从此开始了自己其乐无穷的战斗生涯。在这个征途中，他始终都在孤独而勇敢地战斗，他早已经练就了一种异乎常人的执着精神。

我不是放牛郎，我有我的人生梦想。

这句话像是一面战斗的旗帜，给了苦难中的少年商鞅一个奋斗与不平凡的理由，鼓舞着他毅然决然地走向前去。

2. 刑名之学：乱世里的致胜法宝

然而，一个没落的公子，一个无依无靠的孤儿，身无长物，终日与牛羊为伍，要改变命运，无异于痴人说梦。

值得庆幸的是，作为贵族的后裔，当年的小商鞅没有被剥夺读书的权力。

是的，知识可以改变命运，这是一条流传了好几千年的古训；不过，你要有足够的勇气和智慧找得到这种知识的精髓，并把它化为你苦难人生的致胜法宝。

无疑，倔强而聪明的商鞅，最终找到了这根珍贵无比的救命稻草。

战国，胜者为王，能者为上，是一个乱纷纷的时代，也是一个自由开放的时代。不怕你本事大，就怕你本事小；不怕你梦想大，就怕你自己不努力。

当然，要想获得最终的胜利，还有很重要的一条是，就看你能不能慧眼识真，找得到某种机会，并牢牢抓住它。

乱世出英豪。战国时代，风起云涌，百家争鸣，各逞其能。如饥似渴、意欲大有可为的少年商鞅，可谓生逢其时，正可以大显身手。

战国，既有互相杀伐的七雄，也有各执一宗的诸子百家。儒、墨、名、法、道、阴阳，流派纷呈，都有着各自的根基和说辞。痛定思痛，何去何从？

接下来，少年商鞅面临的问题，应该是于各家之中拜谁为师的问题，是要解决站在哪一条思想路线上的问题。

他没有选择温文尔雅的儒家，所谓的仁义道德，在乱世里无异于望梅止渴。秀才遇到兵，有理说不通，"子曰"或者"诗云"里的那些美好和风度，在霸道和强权面前，无异于天方夜谭。

他也没有选择养生全性、清静无为的道家，那不是他的性格。去野外山坡里放牧的那些日子，清净倒是清净了，可是，一年又一年，他还是个放牛郎。

那些年，这个沉默寡言的少年，对专攻"刑名之学"的法家发生了浓厚兴趣。一见到它就紧盯住不放，奉为至宝，情有独钟。

"鞅少好刑名之学"，这是司马迁当年明明白白的记载，可是，他也因此给后人留下了永远的疑问：商鞅的老师是谁？

这是许多人都想弄清楚的问题。

达者无常师。其实大可不必追根问底，我们只是知道，少年商鞅对这一门学问如痴似醉，如遇知音，如饮甘醇。

刑名之学，主张循名责实，慎赏明罚，战国法家学派即肇始于此。应该说，在那样的一个时代，谁找到了刑名之学的真精神并真正用之于实践，也就真正抓住了命运之神的咽喉。

他必须要扼住命运的咽喉，尽管，他还只是一个十几岁的孩子。

他必须要有足够的胆识和超人的自信，尽管现实如此残酷，尽管前程依然一片迷茫。

卫国，弹丸之地，这里有着小商鞅太多的屈辱和愤懑。正是在这里，商鞅终于明白，这个世界只有你自己可以拯救你自己，没有人可以帮你。一个安静深沉的月夜，少年商鞅推开柴门，告别姬娘，离家出走了。

那一年，是公元前365年，几经辗转，他来到了魏国。

商鞅选择魏国，至少有三个理由：

第一，魏国离卫国最近。

第二，他还记得，自己的父亲曾经是魏国的公子。

第三，魏国是当时首屈一指的强国。

而且，他还知道，魏国的强盛，归功于一个人，这个人就是大名鼎鼎的李悝。

李悝在魏文侯时任相10年，主持变法，是战国法家的代表人物。李悝变法之所以大获成功，魏国之所以因此一跃成为强国，就在于以下变法措施的有效推行：

其一，李悝主张选贤任能，赏罚严明，废止世袭贵族特权。

当其时，李悝提出了"食有劳而禄有功，使有能而赏必行，罚必当"的名言，并且将无功而食禄者称为淫民，要"夺淫民之禄以来四方之士"。这是中国历史上第一次对腐朽落后的世袭制度的挑战。

由于废除世袭制度，一大批于国家无用且有害的特权阶层的人物被赶出政治舞台，一些出身于一般阶层的人，可因其战功或才能而跻身政界，获得相应的爵位俸禄。

其二，在经济策略方面，李悝提出了"尽地力之教"的主张。

李悝认为，田地的收成和为此付出的劳动成正比，"治田勤谨则亩益三斗，不勤则损亦如之"。这就是说，百里之地，每年的产量，由于勤与不勤，或增产一百八十万石，或减产一百八十万石。此数字关系重大，因此必须鼓励督促农民勤于耕作，增加生产。

这是一种重农政策，此法的实行，极大地促进了魏国农业生产的发展，魏国因此而富强起来。

其三，李悝为了进一步实行变法，巩固变法成果，汇集各国刑典，著成《法经》一书，使之成为法律，以法律的形式肯定和保护变法，有效巩固了变法成果。

当然，魏国的强大，还与吴起的贡献相关，后来吴起离魏奔楚，大兴变法，楚国因此逐渐强大。

应该说，商鞅稍后在秦国之所以一心变法，就是由于看到变法带来了真真正正的由弱而强的巨大变化。而且，从历史的眼光看来，商鞅在秦国的变法，简直就是李悝当年在魏国变法的翻版，只是商鞅的变法条目更精细，手腕更强硬，心态更顽强。

商鞅到达魏国时，李悝大约已经去世了。虽然无缘拜师，却有幸看到了李悝最重要的著作《法经》，眼界大开，不虚此行。据说，后来商鞅由魏入秦，随身携带的就只有一样东西：《法经》。

3. 管家与治国不可兼得

不虚此行的事情还有，商鞅遇到了一个人：公叔痤。

公叔痤是魏国的相国，收留了落魄中的商鞅。从此，商鞅成了公叔痤手下的一名中庶子，也就是相府里的一个管家，一干就是五年。

一开始，商鞅虽然只是一个小小的管家，但这五年时间对商鞅一生的影响，却是不可估量的。因为相国府里的藏书特别多，简直就是浩如烟海，让人看得眼花缭乱；商鞅则如一个嗷嗷待哺的婴儿，如饥似渴地从这些书籍中汲取营养。

尤其让商鞅欣喜的是，公叔痤亦好"刑名之术"，是当时法家西河学派的领军人物。应该说，这位公叔痤正是商鞅最直接、最现实的老师，而当年魏国的富庶和强大，就是一部活生生的教材。

对于这位不期而遇的年轻人，德高望重的公叔痤一开始并没有把他真正放在心上。可是，随着与商鞅的相处日久，商鞅的贤能和不凡，公叔痤看在眼里，记在了心里。有一天公叔痤忽然发现，一直默默无闻的商鞅，绝对不是一般人物，此人今后一定会大有作为。于是，公叔痤由最初的不在意，开始越来越喜欢和欣赏这位年轻人了，而且，他还由此产生了一种莫名的担忧和恐惧。

关于这位魏国的老相国，司马迁的《史记》里有这样一句：

公叔痤知其贤，未及进。

这是在讲公叔痤后来向魏惠王举荐商鞅为相的故事。公叔痤认定商鞅是个不可多得的人才，有心把他推荐给魏王，可是老谋深算的他担心过早地推荐商鞅，可能会取代自己的职位，决定到临终时才郑重托付，既博得举贤之名，对自身的利益也没有什么影响。

真是神来的一笔，司马氏不愧是写史的高手。

不知不觉，几年又过去了。按照孔子的说法，商鞅大约已经到了"而立之年"。就在这一年，公叔痤真的病了，而且病情还很重。他知道，大限将至，临死之前，公叔痤必须要完成一件大事：向魏惠王推荐商鞅。

他知道，现在若不推荐，以后就没有时间了。

于是，当魏惠王前去看望他，忧心忡忡地问谁可以做魏国的相时，公叔痤坚决地推荐了公孙鞅。

他一定可以让魏国强大起来。公叔痤的态度斩钉截铁。

公孙鞅是谁？魏惠王一脸狐疑。

他是我的家臣，现在是我的管家。

魏惠王一时无语。

魏惠王以为公叔痤糊涂了。这是选总理，不是选家臣，把国家的这一大摊子事儿交给这个人，这不是胡闹吗？

看到魏惠王不言语，公叔痤再进一步："此人年虽少，有奇才，愿君举国而听之。"

这句话的意思最清楚不过，公孙鞅这个人虽然年龄不大，但是有非常奇特的本领，希望大王你把整个国家交给他，让他管理。

对此历史一幕，司马迁笔下的记载是"王嘿然"。魏惠王看了公叔痤一眼，既没有答应，也没有否定，默默转身离去。他不相信

一个无名之辈的公孙鞅有什么能耐，可以做堂堂的魏国宰相。无论如何，管家和治国不是一回事，即便是能够把你的家管理得再好，接手相国也一定是万万不可。

刚走到门口，却又被公叔痤叫住了。

魏惠王回过头来，就听到这样一句：你要不用他，你就杀了他。公叔痤的声音低沉，最后补充说，千万不要让他走出魏国。

公叔痤心里明白，商鞅是个人才，魏国不用他，他一定会出走，这样的结果对魏国绝对不是好事。

魏惠王依然满脸的狐疑，随口答应了。看着魏惠王离去的背影，公叔痤仰天长叹。

魏惠王走后，公叔痤派人叫来公孙鞅，告诉他已经正式向魏惠王推荐了公孙鞅，在自己死后要任命他接替自己为相。

公孙鞅心中一喜，多年的抱负有望实现了。

可是，公叔痤接着说，根据他以前的经验判断，国君用公孙鞅担任魏相的可能性几乎为零。

公孙鞅一时无语。

公叔痤接着告诉商鞅，更坏的坏消息是，为防止他日后危害魏国，自己已经劝说国君，如果不愿意用公孙鞅，就杀之，以绝后患。

先君子后小人，先国家利益后私人感情。公叔痤的意思很明白，这里不再是你商鞅待的地了，还是赶快逃命要紧。

对于公叔痤的善意提醒，公孙鞅一笑置之："大王既然不能听您的话任用我，又怎么能听您的话来杀我呢？"

不久，公叔痤死了。

可是，公孙鞅还活着，没有逃跑，安然无恙。因为，魏惠王根本就没把他放在眼里。

魏惠王果然没有听信公叔痤的话。可是，二十二年后，他终于为自己的错误付出了代价。

直到那时，魏惠王才知道，他当初犯了一个多么大的错误，感叹地说："寡人恨不用公叔痤之言也！"

可惜晚了。

当年，魏惠王没有杀掉商鞅，崛起后的秦国却坚决地灭掉了日暮途穷的魏国。而正是因为有了商鞅的到来，无比弱小的秦国才得以绝处逢生，一步步发展壮大。

不久，商鞅离开了魏国，倒不是担心有一天会被愚蠢的魏惠王杀掉，是因为他看到了来自秦国的《求贤令》。

二、英雄惺惺相惜

1. 穷国发出了《求贤令》

如果我们稍微研究一下秦国的历史和地理，就会惊讶地发现，秦国能够一步步走来，最后灭掉六国，真的是一个历史奇迹。

秦国在西周时期只是一个小小的附庸，平王东迁，秦襄公护送有功，才被勉强封为诸侯，一直到战国初期，秦国仍然属于"第三世界"，被人称为"夷狄之地"，意思是说野蛮民族居住的地方。

七雄里面，秦国最小，一个巴掌大的地方，落后挨打是经常的事。没有人看出这个蛮荒偏僻的小国有什么前途，能保持现状，不被新兴的魏国吞灭，就算不错了。

当初的秦国，穷而且弱，穷而且乱，国内国际形势岌岌可危。一统天下，更无异于痴人说梦。

可是，经年之后，强大无比的魏国没有做到的事，秦国做到了。所以，永远不要说这个世界变化快，是因为你没有找对人，也没有做对事，以及做事情的方法和策略。以史为鉴，真的可以让人看清许多问题，至少，我们应该可以从秦国沧海桑田般的变迁里，得到某种启示。

一切的变化，是从一次新老对接的人事变动开始。

公元前361年，秦国发生了一件大事：年老的秦献公死了，他的儿子孝公即位。

秦孝公执政，这是一件足以改变秦国乃至中国历史的大事件。面对秦国积贫积弱的局面，他决心励精图治，以期后来居上，成就霸业。

穷则思变。改变的第一步，秦孝公向天下发出了一道《求贤令》，真诚地声称：

昔我缪公自歧雍之间，修德行武。东平晋乱，以河为界。西霸戎翟，广地千里。天子致伯，诸侯毕贺，为后世开业，甚光美。会往者厉、躁、简公、出子之不宁，国家内忧，未遑外事，三晋攻夺我先君河西地，诸侯卑秦，丑莫大焉。献公即位，镇抚边境，徙治栎阳，且欲东伐，复缪公之故地，修缪公之政令。寡人思念先君之意，常痛于心。宾客群臣有能出奇计强秦者，吾且尊官，与之分土。(《资治通鉴》)

《求贤令》中，孝公慷慨陈词，可谓一篇振聋发聩的战斗号召。译文如下：

从前，我们缪公在岐山、雍邑之间，实行德政、振兴武力，在东边平定了晋国的内乱，疆土达到黄河边上；在西边称霸于戎狄，拓展疆土达千里，天子赐予霸主称号。诸侯各国都来祝贺，给后世开创了基业，我大秦当年是何等的荣耀，何等的辉煌。但是就在前一段厉公、躁公、简公、出子的时候，接连几世不安宁，国家内有忧患，没有空暇顾及国外的事，结果晋国攻夺了我们先王河西的土地，诸侯也都看不起秦国，这又是何等的耻辱，何等的悲哀。献公即位，安定边境，迁都栎阳，并且想要东征，收复缪公时的原有疆土，重修缪公时的政令。我缅怀先君的遗志，心中常常感到悲痛。寡人在此承诺，无论是秦国官民，还是外国宾客，只要能献奇计使秦国强盛兴旺，寡人不仅赐其高官厚爵，还将裂土分茅，封他为一方君长！

短短一篇《求贤令》，言辞何其真挚恳切！偏居一隅，百废待举的秦国早已经张开了热情的怀抱，等待着青年才俊商鞅的到来。

从秦国的《求贤令》中，商鞅读出了秦孝公非凡的气度和决心，也看到了秦孝公的帝国梦想。于是，他带着自己的教科书——李悝的《法经》，悄然离开魏国，来到了穷困不堪的秦国。

商鞅来到秦国，没有急于去见秦孝公，而是找了一个不起眼的客栈，无声无息地住了下来。接下来，他一头扎进秦国社会的最底层，足迹几乎踏遍了秦国的每一个村庄。他想了解一下，这个偏僻贫穷的国家到底是一种怎样的状况，同时也在观察思考相应的对策。

《求贤令》一出，应者云集。可是，一个个踌躇满志地来了，却又垂头丧气，扫兴而归。

商鞅遍访秦国三个月，归来整理好沿途刻记的竹简，一人来到了城南栎水入渭的河口。他需要冷静的想想，如何对秦孝公陈述自己的政见和治秦之策。

如何才能脱颖而出？

于是，他找到了秦孝公身边的宠臣景监，因为他是一个在秦孝公面前最能说得上话的人。在秦孝公那里，很多人办不到的事情，只要景监出面，八九不离十都可以搞定。

景监第一眼看到商鞅，便为他的风度和气质所折服，破例将商鞅请到家里，促膝长谈。他认定，秦孝公要找的人就是商鞅。

作为一个政坛人物，景监当然希望自己推荐的人能够被选中，增加自己的政治筹码。于是，在景监的精心安排下，一场历史性的会见就要开始了。

商鞅能否如愿以偿？

2."君试臣以才，臣试君以明"

此时的商鞅，再不是那个愤懑激昂的少年，况且，他将要面对的是雄心勃勃的秦孝公。

机会来之不易。在景监的安排下，大堂之上，商鞅胸有成竹、满怀激情地开讲了，所有人都在洗耳恭听。

如下，为商鞅初次演讲的大纲。

第一，黄帝怎么怎么做；第二，炎帝怎么怎么做；第三，神农氏怎样；第四，伏羲氏又干了什么。

总之，都是三皇五帝的故事，商鞅大讲尧舜禹时期的仁义，以及古圣先贤的道德，要秦孝公学习他们，行帝王之道。

兴致勃勃，激情无限，商鞅还在从容不迫地讲着，可是，一旁的孝公却了无兴致，打起了瞌睡。

于是，景监对他做了一个暂停的手势：跑题了，主公不喜欢。

这些大道理，还用你来讲吗？

秦孝公因此很生气，讲课结束之后，叫来了景监。孝公告诉他，你推荐的这个人真的不咋地，讲的东西纯属老生常谈，没有一点儿用。

景监因此很难堪，把孝公的感受和评判传给了商鞅。

商鞅仿佛早已做好准备，不慌不忙，奉上重金，让景监替自己说说好话，再引见引见。慧眼识真的景监，答应再给他创造一次机会。

古往今来，每一种成功的背后，有时候机遇也许更具实实在在的价值。商鞅才能的大小，景监也许说不准。可是，公叔痤临死之前向魏惠王极力举荐商鞅的传闻，让景监相信自己没有看错人。

于是，在景监的再次努力下，五天后，秦孝公二会公孙鞅。

如下，为商鞅再次演讲的提纲。

第一，商汤如何；第二，周文王怎样；第三，周武王的作为。

有了上次教训，这次商鞅冷静了许多，他不再对秦孝公大谈三皇五帝，而是就君王如何教化百姓，如何治国安邦，谈了一些自己的主张和见解。

这一次，秦孝公多少有了一点兴趣。可是也许还是有点不对路，看着孝公有些疲倦的神情，商鞅起身告辞。

第二天，秦孝公告诉景监，这一次会谈有进步，但还是没有说到他心里。聪明的景监当然知道孝公的心思，告诉商鞅主公希望成就霸业，讲其他的都没有用。

商鞅仿佛恍然大悟，请求景监再给他一次机会，于是景监给商鞅推荐了一个人，让他去找公子虔。

公子虔是太子的老师，公子虔出面，秦孝公果然没有拒绝，答应第三次接见商鞅。

这一次，商鞅不再拐弯抹角，直奔正题，开讲即问道：今天下四分五裂，诸侯纷争，难道主公不想成就一番霸业吗？

听到"霸业"二字，秦孝公一下子来了精神，急切地反问道：如何成就霸业？

广求天下贤才，是成就霸业的关键。前两次谈的王道，都是成就霸业的基础，大王怎么就忘记了之前谈论的内容？商鞅开始反击了，谁让你当时不认真听讲。

急不可耐的秦孝公请求商鞅重点讲一下有关霸业的事情，可是商鞅却要告辞了，说自己正在做一个辅佐大王成就霸业的策划方案，请大王再等几天吧。商鞅见好就收，起身告辞。

秦孝公的胃口一吊就是好几天，他一天数次地催问景监。商鞅告诉景监，等时机成熟了，他自然会拿出来。

商鞅所说的时机，是在五天之后。秦孝公再次接见商鞅，催促商鞅说出他的计划和主张。

看着摩拳擦掌的秦孝公，商鞅说出了两个字：变法！

"变法？"秦孝公还是有些迷茫。

"是的，变秦国之法！"商鞅进一步解释说，斩钉截铁：

"使秦之法成为大王完成霸业之法,有了这个法,全国人人都得遵守,任何人也不能违犯。新法颁布实行之后,君王一人说话,等于是全国人说话,君王欲建立霸业,等于是全国人民建立霸业。有了这个法,还愁霸业不成吗?"

听到"霸业"二字,秦孝公跃跃欲试,欲罢不能了,急切问道:"闻子有伯(霸)道,何不早赐教于寡人乎?"

于是,两人越说越投机,不知不觉间,秦孝公在垫席上向前移动着膝盖,渐渐向商鞅靠近。

历史上,有人说秦孝公向商鞅跪行,说的就是这件事。对此历史细节,司马迁在《史记·商君列传》中如是写道:

卫鞅复见孝公。公与语,不自知膝之前于席也。语数日不厌。

接下来,商鞅分析了当时战国三大强国魏国、齐国、楚国变法的成功与弊端,顺势引出了自己的《治秦九论》。

《治秦九论》是商鞅自入秦以来,经过实地考察、详细论证之后,根据秦国国情民风谋划的变法大纲,其中主要包括:田论、赋税论、农爵论、军功论、郡县论、连坐论、度量衡论、官制论、齐俗论等九论。正是在此基础上,秦孝公和商鞅在秦国大地上展开了一场轰轰烈烈的变法运动。

最后,商鞅总结道:"夫国不富,不可以用兵;兵不强,不可以摧敌。欲富国,莫如力田;欲强兵,莫如劝战。诱之以重赏,而后民知所趋;胁之以重罚,而后民知所畏。赏罚必信,政令必行,而国不富强者,未之有也。"

这一次的会见,已经成为历史上的一个传奇。据说,两人连续谈了五天五夜,商鞅精辟的见解,让秦孝公沉浸在了巨大的兴奋之中。

商秧和秦孝公相遇,一谈王道,二谈仁道,二者皆不是孝公所需,三谈霸道法治！君臣盟誓，变法强国，两个有梦想的人走到了一起！

机遇永远属于那些有雄心有准备的人。帝道、王道、霸道，由远而近，商鞅在成功推销自己的同时，为秦孝公精心设计了一个富国强民的美好蓝图。接下来，就是要由近而远，从改变现在开始，去实现秦国的强国之梦了。

"君试臣以才，臣试君以明。"秦孝公认定，商鞅就是他一直要找的人。这一次君臣相会，拉开了打造强大秦王朝的序幕。

3. 搬掉绊脚石

秦国要变法了，突然而至的消息被传得沸沸扬扬。

先是宫廷，接着是国都内，再接着是离国都较近的城邑，最后是边野乡里，到处都在传扬变革的消息。

随着变革消息的传播，整个秦国，谣言四起。

刚听到谣言时，秦孝公还打算进行制止，后来想想，反正要变革，有谣言做宣传，岂不是更好？

于是，他也就不再管，任由谣言传来传去。

谣言的内容越来越详细，版本也越来越多。有人说，秦国准备进行的变革，贵族的权威将受到挑战，世卿世禄制不再被严格遵守，以及开垦荒地归个人所有，原有的土地边界将被变更，等等。还有人说，秦国打算按照吴起在楚国变法的模式进行改革，整治贵族集团，责令三代以上的封邑无偿退回国家，把没有军功的富豪之家迁往边地，准许土地私人买卖，鼓励商业贸易，选拔贫贱子弟做官，等等。

一时，人心惶惶，整个国家乱哄哄的。

即将开局的变革，要从哪里开刀？谁将是最后的受益者？

打破旧秩序，再建新秩序，既定的利益格局势必重新分配。变法，谈何容易？

不要说在这样一个积贫积弱的蛮荒之地，就是那些宫廷贵族的遗老遗少们，也绝不是那么好对付的。

一个素不相识的外国人，忽然跑过来说变法就变法，的确有点不靠谱。

现在，最大的问题，不是急于变法的问题，最大的问题是要解决掉变法之路上绊脚石的问题。朝臣之中，大夫甘龙、长史公孙贾、中大夫杜挚是三块最硬的石头。

甘龙，秦国的世族名臣，曾在秦献公时期长期领国，有功业根基，是秦国功臣。公孙贾是秦献公后期与秦孝公前期的骨干大臣之一，有才干，身居中枢（国君秘书长），是典型的战国文臣。杜挚曾破魏有功，官拜左司空，也是秦国守旧派的代表人物。

这三个人是秦国权势最大的实权人物，朝中的任何事情都绕不过这三个人。然而，这三个人都反对变法。

秦孝公有办法叫他们让路，首先对他们的职务一一进行了调整。

封大夫甘龙为"太师"，负责"协理阴阳，融通天地，聚合民心"。这个职位是商周两代王室设置的，说起来是"百官之首，协理阴阳"，职位比上大夫显贵，实际上就是一个顾问而已，有职无权。

长史公孙贾的位置是"太子傅"，这个官职又称太傅，就是太子的老师，是"三公"之一。公孙贾是个文臣，给他安排这样一个职位，真的无话可说。

杜挚的新职位是"太庙令"，属上大夫级别，比原来还高了一个级别。太庙令这个官职听起来不错，实际上就是负责祭祀之类的事情。

任命宣布之后，大家纷纷向三人表示祝贺。三人脸上虽然充满了笑容，心里却在流血，他们知道，"赐以尊荣，束之高阁"，这就是他们目前的尴尬处境。

秦孝公的意思很明白，将这几个人搁到一边去，给商鞅腾出施展手脚的空间。

不久，秦孝公主持了一场最高级别的办公会议，商鞅以客卿身份参与，会议议题是讨论变法。

那些反对变法者虽然被拿掉了位置，当然不会真的心服口服。辩论之中，旧贵族代表甘龙、杜挚依然竭力反对变法。他们认为"利不百不变法，功不十不易器"，主张"法古无过，循礼无邪"。商鞅针锋相对地指出："前世不同教，何古之法？帝王不相复，何礼之循？""治世不一道，便国不法古。汤、武之王也，不循古而兴；殷夏之灭也，不易礼而亡。然则反古者未必可非，循礼者未足多是也。"主张"当时而立法，因事而制礼"。

这一场激烈的交锋，双方各执一词，几次拔剑相向。

终于，在孝公和左庶长公子虔的支持下，商鞅舌战群儒，再一次挫败了守旧派及反对者。

公元前359年，商鞅出任左庶长，主持秦国政务，开始了历史上著名的"商鞅变法"。

不变法，就没有出路。商鞅手捧金印和宝剑，慨然表示：卫鞅受主公重托，当舍身忘死，推行变法。秦国不强，誓不罢休。

商鞅是一个认真和坚定的人，从此就把自己的身家性命和秦国的变法图强连在了一起。

历史的关头，秦国没有了退路，商鞅没有了退路，唯有变法图强。只可惜，他一语中的，也从此走上了一条不归路。

三、开弓没有回头箭

1. 立木取信

在胜者为王的战国，相对于东方强国，秦国堪称又破又旧，贫而且弱，不变绝对没有出路。但，秦国上有安于现状的贵族，下有贫弱本分的人民，改变谈何容易？

举国上下，秦人依然将信将疑，议论纷纷。

穷则变，变则通，通则久，无论如何，不变只能是更大的危机，只能是死路一条。正如稍后的吕不韦在《吕氏春秋》中论道：

故治国无法则乱，守法而弗变则悖，悖乱不可以持国。世易时移，变法宜矣，譬之若良药，病万变，药亦万变；病变而药不变，向之寿民，今为殇子矣。

"疑行无名，疑事无功。"变法从来都不是过家家，也不应该是毛毛雨，要来就来真的，要来就来狠的。商鞅非常明白，开弓没有回头箭，唯有痛下决心，才能治病疗疾，唯有雷厉风行，才能力挽狂澜。

而面对那些将信将疑和议论纷纷，商鞅明白，当前首要的问题，应该是取信于民的问题。要让所有人看到未来和希望，让所有人相信，只有辛劳付出，才会有好的回报，只要心中有梦，最终都可以成真。

于是，在商鞅的授意下，一件怪事出现了。

一天，秦国都城南门外，忽然有人竖起一根三丈长的大木头，木头旁边贴了一张布告，布告上说：谁能将此木从南门搬到北门，可以得到十金的奖赏。

消息很快传开了，看热闹的人很多，大木头被围得里三层外三层，人们交头接耳，议论纷纷：

"这木头最多二十斤，小孩子都搬得动。从南门搬到北门，不过三里路程，搬过去就得十金，天底下有这样的好事？"

肯定是一个圈套，忽悠人吧！有人说。

还有人陆续到来，可是没有一个人愿意一试。

两天之后，木头边又贴出了一张新布告，说，谁能将此木从南门搬到北门，可以得到五十金的奖赏。

路线没有改，奖金却提高到五十金，承诺能兑现吗？

围观的人们更疑惑，新上任的左庶长葫芦里到底卖的是什么药。

一直到晚上，来了一个小伙子，歪着头看了半天布告，问负责监守的士兵："这是真的吗？"

士兵没有回答，指了指布告：白纸黑字，自己看。

怀疑归怀疑，小伙子是一个勇敢的人。管他是真是假，搬过去试试，不就知道了吗？能得赏更好，不能得赏也没关系，就当咱锻炼身体了。

小伙子扛着木头，迈开大步，穿过繁华的闹市区，将木头搬到了北门外，身后跟了不少看热闹的人。

然后，值班士兵把小伙子带进了商鞅的办公室。不一会儿，小伙子出来了，果然手捧五十金，高兴得又蹦又跳。

城门前的大木头没有骗他们，商鞅也没有骗他们。看热闹的人眼红了，同样的机会曾经就在眼前，自己为何不试一试呢？

就如一股怡人的熏风，这件事传遍了秦国的每一个角落。大家都说："左庶长说话算数，说到做到，他的话，就是金科玉律啊！"

这一著名历史史实，司马迁记述如下：

令既具，未布，恐民之不信，已乃立三丈之木于国都市南门，募民有能徙置北门者予十金。民怪之，莫敢徙。复曰"能徙者予五十金"。有一人徙之，辄予五十金，以明不期。卒下令。

商鞅立木，意在取信于民。改革，除了要有大无畏的勇气，还要有取信于民的基础，让变法真正深入人心。

言必信，行必果，商鞅以此向世人表明了自己变法的决心和诚意。商鞅要让所有人知道，即将开启的变法，货真价实，童叟无欺，只要你相信变法，做一个改革促进派，就会得到你梦寐以求的功名利禄，有一个美好的未来；同样，如果你怀疑变法，是一个改革的反对派，后果当然可想而知。

商鞅立木取信，向世人传递了一个强烈的信号：言出必有信，令出必有行。这是他变法能取得成功的第一步。

商鞅的这种言必信、政必行的精神，成了后世主张变法的改革家的榜样。同是改革家的王安石，为此写了一首《商鞅》点赞：

自古驱民在信诚，一言为重百金轻。
今人未可非商鞅，商鞅能令政必行。

全诗明白如话，言简意深。大意是说，自古以来，治理国家，驾驭民众，关键在于"诚信"二字。所以，后人不要轻易地责怪、非议商鞅。商鞅能够让改革的政令畅行无阻，就是了不起的本领。毛泽东早年在评论"立木取信"这段故事时指出：

商鞅之法，良法也。……其法惩奸究以保人民之权利，务耕织以增进国民之富力，尚军功以树国威，孥贫怠以绝消耗。此诚我国从来未有之大政策。民何惮而不信？乃必徙木以立信者，吾于是知执政者之具费苦心也。

民无信不立，国无信不强。移动一根木头并非难事，关键是以此而树立的千金难买的诚信。立木取信，如同一面旗帜，拉开了秦国大变法的序幕。

2. 铁腕与利诱：一个都不能少

面对诸多难题，商鞅抛出了两个撒手锏：铁腕和利诱。
公元前356年，商鞅推出了第一套变法措施。
首先，商鞅将魏国李悝的《法经》当成了行动的指南，在此基础上，大胆果断地进行了创新，重刑厉法，轻罪重罚。

创新成果之一：制定什伍连坐制度。

所谓连坐法，就是五家为伍，十家为什，一人有罪，多人同罪连坐。一家藏"奸"，什、伍同罪连坐。客舍收留无官府凭证的旅客住宿，主人与"奸人"同罪。

连坐法，其实就是"连累法"，一人有罪，祸及他人，把许多人的命运拴到了一起。

这是一记狠招，让你不敢违法犯罪，否则，后果真的是无穷大。

起初，秦孝公有些犹豫，担心会挨骂，可是商鞅很坚决。

这有什么好怕的，如果对国家有利，天天被人骂，年年被人骂，骂上几万年我都愿意，别说是几千年！

三天后，孝公采纳了商鞅的建议，出台了历史上著名的连坐法，将之作为秦国法律的一个重要组成部分，不但实行于乡里的居民之中，也实行于军队的行伍之中。在战场上，没有人敢不努力向前；在乡村，没有谁敢包庇不法分子。

商鞅实行连坐法的本意，或许只是要使得人民互相保证，互相监视，互相揭发，天不藏奸。可是，总会有人管不住自己，那就不能责怪刑法的厉害了。

连坐法好不好，我们或许不好评说，我们只是知道，连坐法的影响远远超出了战国时代，向下纵深二千年，直达民国时代，俨然成为治人的一条金科玉律，历代统治者都爱不释手。据说，在黄埔军校里，蒋介石就拟定了一份《革命军连坐法》，当年的北伐中，北伐军百战百胜就跟此法有莫大关系。

创新成果之二：轻罪重刑，即一个人犯了轻微的罪，也要判处严重的刑罚。

例如，公孙鞅规定：把灰丢弃在道路上的，黥，也就是在脸上刺字；偷盗马匹者，死，偷盗耕牛者，罪加一等；"步过六尺者有罚"，男六尺五寸，女六尺二寸为成年人，达到此身高者开始负刑事责任，否则不负刑事责任。

不是公孙鞅重口味，他是希望通过这种方式，以刑去刑，防微杜渐，人们只要不做小的违法行为，大的犯罪也就可以避免了。

孝公依然有点顾虑，这样规定也太重了吧？

公孙鞅依然很坚决，现在是乱世，必须用重拳，不这样规定，就不能立威，人们也就不会遵守。

铁腕之下，商鞅还坚决废除之前的世卿世禄制度，以奖励军功，整顿吏治。

按照变法后的规定，秦国建立二十等军功爵制，各级爵位都有一定的政治经济特权。法令规定，斩敌甲士首级一颗赏爵一级，田一顷，宅九亩，服劳役的"庶子"一人。爵位越高，相应的政治、经济特权越大。宗室、贵戚凡是没有军功的，不得列入宗室的属籍，不能享受贵族特权。爵位高的还可以"税邑三百家"，也可以用爵抵罪或赎罪。

这是一项振奋人心的制度，这意味着官场的大门对所有人敞开了。任何人，无论你贫富贵贱，只要在战场上勇猛杀敌，立下战功，都可以封爵当官，享受相关待遇。

这是在用法律手段剥夺旧贵族特权，逐步废除世卿世禄制度。国君嫡系以外的宗室，没有军功就取消其贵族身份。对于那些养尊处优的贵族宗室，这是一项要命的制度，没有军功，意味着你曾经的特权和待遇将不再拥有。

公孙鞅疯了。这是所有贵族的感觉，他们引以为荣的特权受到了前所未有的威胁。

混迹于社会底层的芸芸众生也认为公孙鞅疯了，但是他们对公孙鞅的疯狂感到狂喜，一系列的变法举措，让他们看到了跻身于上层社会的希望。

变法伊始，有人欢喜有人忧，然而，变化才刚刚开始，在某些领域，商鞅还要进行零的突破。

他规定，不管是谁，卿相将军也好，大夫庶人也好，犯罪了同样处罚；从前有功劳，或者做过好人好事，现在犯罪了，照样法办，一点儿也不能减轻；即使是忠臣，或者孝子，犯罪了也要制裁。

一句话，王子犯法，与庶民同罪。公孙鞅的这个做法，史无前例，绝对超前。

自古以来，"刑不上大夫，礼不下庶人"，大夫和庶人，不仅人生的起跑线差距悬殊，其社会资源的享用和国家待遇的分配，更是不可同日而语，二者一个高高在上，一个匍匐在下。现在则和原来大不一样了，商鞅提出法律面前人人平等，把所有人的身份抹掉，没有贵贱高低之分了。

变法令还规定：守法守职之吏，有不行王法者，罪死不赦，刑及三族。把这条规定翻译成现代话就是：如果官员执法犯法，死罪，并且不得赦免，另外，三族都要跟着遭殃。

商鞅认为，官吏是国家的一道门槛，决不能出问题，对官吏的违法行为要严厉打击，绝不能手软。如果任由手握生杀大权的官员们胡作非为，老百姓还能有好日子过吗？如果拿着国家俸禄不为国家出力，这样的官员何用之有？

严苛的法令之下，昔日耀武扬威的贵族们再也找不到往日的得意了；昔日狐假虎威的官吏们再也没有往日的悠闲自得了。

天下，仿佛要乱了。

乱不了，所有感到要乱的人，都是那些自身利益和既得特权受到束缚的人；只要你拥护改革，遵法守纪，保你平安无事，只要你与时俱进，勤奋有为，保你加官晋爵。

对于那些依然不思进取、不守规矩的人，商鞅有的是法子。

商鞅的办法就是：广泛发动群众；发动群众最有效的法子就是"以利诱之"。

变法令规定：如果发现官员们犯法，举报检举人员告发成功后，不分贵贱，都可以得到原来这个官员的官职和家庭财产。

重赏之下，必有勇夫。秦国吏治顿时大变，官吏们一个个兢兢业业，克己奉公，真正做到了为国做事，再也不敢徇情枉法，轻举妄动。因为他们知道，如果自己出了问题，不仅性命难保，所有的一切也都是别人的了。

严刑峻法的实行，从根本上保证了变法事业的顺利进行，在此基础上，商鞅适时推出了奖励耕织、重农抑商的措施。

变法令规定："勠力本业，耕织致粟帛多者，复其身；事末利及怠而贫者，举以为收孥。"意思是，尽力从事男耕女织的生产事业，生产粮食布帛多的，免除其本身的徭役；凡从事工商业和因不事生产而贫困破产的人，连同妻子、儿女没入官府为奴隶。

言外之意，在战场上打胜仗并不是当官的唯一途径，还有另一条路也能当官，那就是努力搞好农业生产。

商鞅规定，只要你开垦荒地多，种的庄稼产量高，或者织的布匹多，就有可能免除徭役，也就是说，官府安排的修路、挖河、建桥等杂七杂八的事儿你都可以不做了；如果你垦荒成绩特别显著，下一步的奖励措施就是封官或者加爵。

同鼓励农业相反，新规定还出台了许多压制商业的措施。

商鞅认为，商人们买贱卖贵，不愿从事辛苦的农活，又不重视乡土观念，到处迁徙，逐利而居，对国家发展不利。于是规定提高酒肉税，加重关卡和市场上的商品税，不准私自贩卖粮食。

这还只是从行业本身上进行的限制，行业之外的措施还有：商人必须向官府登记其所使用的各种奴隶（厮、舆、徒、童）的名字和数目，用来方便官府进行摊派徭役，让这些人进行无偿劳动。

这，还不是更绝的。商鞅对商人最厉害的一招是：你经商可以，赔钱不行；如果你因为经商成为了破落户，官府只能最后给你一条路：去给别人当奴隶。所谓商界有风险，下海需谨慎，古已有之。

当然，商鞅并不是天生仇视经商者，不是要故意和商人们过不去，但秦国的现状是"农者寡而游食者众"，他清醒地看到了这些矛盾。如果境内人民都跑去经商，逃避农业生产，国家离亡国也就不远了。他坚信，国家之所以能振兴，要保证国家的财源、粮源、兵源，就必须稳定小农经济，让农民安于"本业"，不弃农经商。要想使农民守在土地上，就必须给农民创造一个宽松的生存空间，让他们大有可为。商鞅的逻辑就是如此。

商鞅限制商人，并没有取消商业，他惩罚商人，也没有达到取之而后快的程度。在他看来，只有农业才是生产的，才能创造财富，除此之外，都不能找到增加社会财富的源泉。商鞅认为，商人是白吃饭的，不创造财富，"工商游食"之徒增多，只能使农业更颓废，国家更贫穷。没有农产品的极大丰富，何来商业的兴旺繁荣？

在传统的农耕社会里，没有农业的发展，商业也就成了无本之木和无源之水，过度地舍本逐末，只能带来社会经济的每况愈下。因此，后来历代"重农抑商"政策的实行，大都与此相关。

3. 血染渭河

到处都在变法，除了变法就是变法。政治、经济、军事，全方位展开，秦国历史上闻所未闻，史无前例，铁腕出击，雷厉风行。

有人因此不适应了，感到了前所未有的疼痛。商鞅笑了，几分开心，更有几分冰冷。也难怪，这些公子哥儿们，从前过的啥日子，现在过的啥日子。他们没有了往日的得意和逍遥，每日都胆战心惊，小心翼翼，仿佛听见了公孙鞅磨刀霍霍的声音。

推行新法的最大阻力和最大难题，不是广大的百姓，而是贵族、宗室、官僚这个阶层。这是一场新旧势力的较量，更是一种利益再分配中必然产生的阵痛。

要的就是这种效果，疼痛，是因为戳到了你们的痛处；之所以会痛苦，是因为你们之前太舒服！

于是，有人开始消极怠工，商鞅让有关部门把他开掉了，毫不犹豫；有人开始骂娘，商鞅让人把他的舌头割了，然后置之不理。

可是，有人开始使绊子，商鞅不能不理了。变法大计，关乎国计民生，来不得半点疏忽。对于破坏法令者，商鞅的态度是零容忍。

一天，秦国要举行立驷公子为储君的祭祀仪式。这是一个非常重要的仪式，太子驷本人竟然迟到了。

可是，太子的迟到有理由。他信誓旦旦地说，东方来的凶神恶煞要杀他，不肯当太子了，甚至说秦孝公也一定中了天狗星的蛊惑！

其实，这是秦国权贵祝欢策划的一个阴谋，他们利用太子年幼无知，希望通过假装神灵附体让太子转述神的预言，妄图使秦孝公相信所谓的天狗星就是变法的商鞅。因为他们知道，这件事如果出在其他人身上，就有杀头的危险，发生在太子身上，就给商鞅出了个大难题。

太子当时只有13岁，按照秦国新法，13岁是没有成年的小孩，不能施加刑罚。但是，如果不处罚太子，又如何面对气势汹汹的反对者呢？又如何兑现"执法不避权贵，法外永不施恩"的承诺呢？

商鞅知道有人捣鬼，故意给他出难题。他必须处理好这件事，幕后推手一定要为之付出代价。

商鞅去找秦孝公，说有人成心给变法使绊子。

谁这么大的胆子？秦孝公问道。

太子！商鞅要看到孝公变法的决心和诚意。

秦孝公也毫不含糊，说，该怎么处理，你就怎么处理！

当天，商鞅就公布了太子违法案的处理结果：负责监督太子行为的老师，也是当年对他有恩的公子虔被斩去左足，负责给太子传授知识的老师公孙贾处以黥刑，即在脸上刺字；祝欢选择仪式日期不当，贻误了祭祀，且妖言蛊惑人心，处斩首之刑。

不久，公子虔又犯了错，"劓之"，商鞅把他的鼻子也割了。从此，公子虔闭门不出八年，对商鞅恨之入骨，为以后商鞅遇难埋下了伏笔。

王子犯法，与庶民同罪，斩钉截铁的商鞅真正做到了。铁腕之下，反抗的势力虽然暂时被压下去，但"宗室多怨鞅"，他们真的甘心屈服了吗？

开弓没有回头箭，退让不是商鞅的性格。在通往梦想的路上，商鞅依然坚持着，不改初心。

他坚信，历史上从来没有不流血的变法。可是，如此高压之下，还是有人我行我素，视变法如儿戏，以身试法。

不久之后，雍地发生了一件小事，就是这件小事，最终导致了几百颗人头落地，鲜血染红了几百里的渭水。

起因很简单，某月某日，祝懂的儿子乘坐的马车把一个走路的撞死了。

祝懂是秦孝公的大臣，祝氏在秦国是望族，自从祝懂的太爷那一代起，祝家就牢牢地占据着从中央到地方的许多重要位置，祝懂的爸爸更是了不起，曾经做过大良造，国君之下的国内第一人。另外，祝家的门生故吏遍布整个国内。

要在以前，大臣撞死个人根本不算什么，可是现在，根据公孙鞅的新法令，撞死人必须偿命。

这样，简单的事情不再简单了，因为祝懂不干了。

死了一个平民百姓算什么，要人偿命，那是对下层人的规定。我们是贵族、上等人，对我们祝家来说，从来没有偿命的说法。

祝懂的火气很大。

执法官员很为难。他们去请示公孙鞅，说这规定是你定的，现在你看怎么办？

公孙鞅怎么回答的？

没有回答。只有行动。

趁着祝懂外出的机会，公孙鞅亲自坐镇，派人冲进祝懂府邸，把祝懂的儿子从家中抓出来，然后以迅雷不及掩耳之势，杀了。

祝懂因此很愤怒。

接下来，秦国国内就发生了一连串前所未闻的事件。

其一，都城雍地的粮食价格突然暴涨，且一天比一天高得离谱，远远超过人们的承受能力。最后，在几个月突飞猛涨后，市场上的粮食忽然没有了，无论出多少钱，都买不到。

雍地是首都，粮食的需求量很大，现在市场上突然没有了粮食，一时人心惶惶，谣言四起，京城一片混乱。

其二，秦国的儒生们纷纷走上大街小巷，议论抨击朝政，说政府这样做不对，那样做不好，当今世界，政府哪有这么干的，君不像君，臣不像臣，民不聊生。

其三，大约有300名贵族联名上书，要求秦孝公取消变法措施，重新按照以前的方法治国，他们认为变法前的秦国更可爱，极力要求回到从前的安逸恣肆生活。

秦孝公一眼就看穿了他们的内心，训斥他们说，你们这是在打着关心国家的幌子，为自己谋利益，根本没有考虑国家的生存与发展。

可是，训斥没有用，贵族们闹得更凶。

其四，就在贵族们联名上书后不久，发生了更大的事儿，有些激进分子试图阴谋杀死商鞅，并且要求更换国君。

事情闹到这一步，有些始料未及。面对一连串的事件，孝公和商鞅陷入沉思。虽然在变法措施公布时，他们就考虑到肯定会引起社会议论，但当这些事件突然一下子出现时，他们感觉还是低估了新措施带来的巨大震动。要是一直这样闹腾下去，变法图强从何谈起？

事态很严重，商鞅却很冷静。他认为这些事件不是孤立的，一定是有人精心策划，只要能找到幕后主使，一切问题就能迎刃而解。

凡事皆有因果，无论如何，变法是个大原因，但一般人没有这个能量和胆量，商鞅分析后认定，组织者很可能是祝懂。

人之初，性本恶。其善者，伪也。

这是荀子的告诫。人有时候是非常卑鄙的动物，商鞅一直这样认为。他要找到证据和元凶，然后让他付出应该的代价。

于是，商鞅立即行动起来，先是派人去了东边的市场，观察动静。接着，他贴出告示，重金悬赏，鼓动民众挺身而出，揭发前段时间一系列事件的主谋。最后，他回到宫中，等待大幕降落。

很快，幕后策划者祝懂浮出水面，就是他在背后捣的鬼！

商鞅如实上报，孝公把处置整个事件的权力交给了他。

绳之以法！还会有别的选择吗？

商鞅雷厉风行，以迅雷不及掩耳之势快速出击，把雍城内哄抬粮价、制造恐慌的商人和参与阴谋的贵族们统统抓入大牢。

祝懂当然也在其中。

人抓了不是结果，还要审讯，审讯不是目的，目的是依法惩治。

铁证如山！没有人可以逃得过去。

很快，历史上悲惨的一幕发生了。渭水河畔，在极端肃杀的气氛中，商鞅对违法者进行了公审公判，就地执行。

参与哄抬粮价的商人被处死了。

参与谋反的贵族被处死了。

当然，祝懂也被处死了。

不是法不责众吗？按照现行的大秦法律，死的更多的，是参与者的家人们。

当七百多名反对者的身体倒下，渭河里流淌着的，不再是往日清清的河水，而是殷红的鲜血。夕阳西下，残阳如血，三秦大地一片肃杀，空气里满是血腥。

山雨欲来风满楼，商鞅连眼睛都没有眨一下。

改革的攻坚期，正反两股力量的较量初见端倪。从此，商鞅变法畅通无阻。

四、我不下地狱，谁下地狱

1. 要国富，也要民强

秦孝公不愧为一代明君，公元前352年，又拜商鞅为大良造，全国的军政大权全部交给商鞅一手掌握；为了进一步提升商鞅的名分地位，又把自己的亲妹妹嫁给了商鞅。

商鞅的身上，开始弥漫着一层光环，神秘莫测，高深莫测。秦国上下，没有人再议论变法，更没有人再反对变法。

一人之下，万人之上，远道而来的商鞅站在了人生的巅峰之上。没有得意，更没有懈怠，有些诚惶诚恐，公元前350年，在秦孝公的支持下，商鞅再次全身心投入到变法之中。这一轮变法，主要在经济上进一步加大改革力度，以实现国富民强的大秦梦想。

其一，废井田，开阡陌封疆，农战合一。

所谓"井田"，是指田野里的道路和渠道纵横交错，把土地分隔成方块，形状像"井"字，因此称作"井田"。

井田制，是周代的一种土地国有制度，名义上土地归周王所有，周王再分封给各路诸侯，各路诸侯要缴纳一定的贡赋。所谓，"溥天之下，莫非王土，率土之滨，莫非王臣"。最底层的劳动者被强迫在井田里集体耕作，劳动成果被无偿占有。

这样的一种制度，带来了两种恶果。

第一，劳动者被完全剥夺了人身自由。

第二，劳动者毫无生产积极性。

这两大恶果的直接后果是：劳动效率极低，社会发展几近于停滞不前。

长此以往，国富民强，永远只能是一个看不见的梦想。

商鞅变法打破了这种限制。

所谓"阡陌"，指"井田"中间的灌溉渠道以及与之相应的纵横道路，纵者称"阡"，横者称"陌"。"封疆"就是奴隶主贵族受封井田的界限。"开阡陌封疆"就是把标志土地国有的阡陌封疆去掉，废除奴隶制土地国有制，从法律上废除了井田制度。

早在商鞅入秦的第三年，他就建议秦孝公下达了第一道政令——"垦草令"，荒地开垦，耕种面积扩大，粮食产量自然就会增加。对于地广人稀、土地没有获得充分利用的秦国，扩大实际耕种面积，是发展农业生产的重要途径之一。

法令还规定，允许人们开荒，土地可以自由买卖，赋税则按照各人所占土地的多少来平均负担。

"废井田，开阡陌"，废除的是一种土地制度，开发的是劳动者无穷无尽的生产潜力。实质上是承认土地私有，促进了经济的发展，推动了历史的进步。

土地制度的改革，调动了农民的生产积极性，为发展生产提供了首要前提。同时他把奖励耕织作为中心任务来抓，人民的劳动热情空前高涨，粮食布帛堆积如山，秦国渐渐变得家给人足。

在此基础上，商鞅明确地提出了"农战"的方针。

重视农业生产，在农业居于支配地位的中国古代社会，作为一个政治家，是很自然的事。但面对诸强并峙、战争纷纭的严重形势，商鞅并不单纯限于发展生产，他进一步把重农与重战统一起来，力图通过农业的发展，不断地增强国家的军事实力。

亦农亦战，农战结合，成了秦国的基本国策。重农才能富国，重农才能强兵。富国强兵，农战缺一不可。所以，《商君书·农战》中说："国之所以兴者，农战也。"

国待农战而安，主待农战而尊。把发展农业提高到"战"的地位，农业发展是战争胜利的基础，治国的首要任务，就是要农民回到土地上。获得土地、分得土地的农民，就有责任专心致志地去发展农业，勠力耕作，多产粮食。同时，也有义务服兵役，在战争中去英勇杀敌，为国立功，并保卫自己的家园。

其二、推行郡县制。

在原来"什""伍"的基础上，普遍推行郡县制，郡下设县，郡、县长官均由朝廷直接任免，代表国君对地方进行管理。

郡县制从根本上否定了分封制，是对世卿世禄制度的进一步打击和废除。也就是说，无论你以前有多牛，到现在不行了，你老子厉害，并不代表你厉害；你没有本事，也同样是老百姓一个。

这一制度不仅有利于防止地方割据分裂，有力地维护了国家的统一，也使得中央政令能较为顺利地贯彻到最基层，保证了政令的划一性，提高了行政效率，真正做到了政出一门，令行禁止。

其三，统一度量衡。

长短的计算为度，容积的测定为量，轻重的分别为衡。

变法之前，秦国各地度量衡极不统一，是货物交换流通和经济发展的一大障碍。

为了保证国家的赋税收入，商鞅统一了度量衡，制造了标准的度量衡器，下令各地严格执行，不得违反。今天我们可以看到传世文物"商鞅量"，上面有铭文记载为秦孝公十八年监造，应该是当年真实的见证。

度量衡的统一，是当时经济生活里的一件大事，从此全国上下有了标准的度量准则，为人们从事经济文化交流活动提供了便利的条件，也为后来秦始皇统一度量衡奠定了基础。

其四，执行分户令。

农耕时代，无论生产还是战争，都要有充足的人力资源。变法在鼓励农耕、发展农业的同时，也更加重视人口生产和繁育，这是一个国家将来克敌制胜的根本保证。

为彻底挖掘国内剩余劳动力，商鞅又颁布了分户令，废除大家庭制，去除秦国民间戎狄风俗，禁止百姓父子兄弟同居一室。

分户令是秦国商鞅变法过程中为了发展农业而采取的一系列措施之一，它一改秦国父子无别、同室而居的习俗，要求家有成年男子二人以上者必须另立户籍，使每个劳动力都发挥应有的潜力，并以此增加赋税来源，否则一人必须交纳两人的赋税。

转眼十几年的光阴过去了，商鞅的努力没有白费。秦国的百姓在变法中得到了实实在在的好处，真心地拥护起新法来，依托了民众的支持，新法逐步推行开来。有史书的记载为证：

行之十年，秦民大悦。道不拾遗，山无盗贼，家给人足。民勇于公战，怯于私斗，乡邑大治。

本来，在战国七雄中秦的落后是出了名的，"六国卑秦，不与之盟"，也就是说，当时的六国都羞于和秦国结盟，并很不礼貌地称秦国为西戎。可是，现在的秦国，不仅老百姓家给人足，军事力量也空前地发展起来，俨然成了一个咄咄逼人的"虎狼之国"，从而扭转了长期以来被动落后的局面。

公元前355年，秦孝公与魏惠王在杜平相会，结束了秦国长期没有资格与中原诸侯会盟的尴尬难堪局面，提高了秦国的地位。秦国还用武力逐步占有了土地肥沃、农业发展水平较高的巴蜀地区和盛产牛马的西北地区，社会生产得到迅速发展，从此奠定了丰厚的物质基础。

公元前350年，为了深化其改革，摆脱旧贵族势力的干扰，商鞅提议都城由雍城迁至新建成的咸阳城，得到秦孝公支持。次年，秦国正式迁都，揭开了秦国发展的新篇章。

国富民强，今非昔比。短短十几年的时间，商鞅如同一个呼风唤雨的魔术师，在秦国这一块土地上舞动起了一场最炫的民族风。

帝国的霸业不再是一个遥远的梦想，可以说，在未来愈演愈烈的争斗中，秦国已经做好了充分的准备。

2. 东进序曲

商鞅不仅是一个勇敢的改革家，更是一位高明的战略家。几乎所有高明的战略家，眼光无外乎体现在两个方面：一为审时，一为度势。审时而知历史的发展阶段，度势而知天下大势。

商鞅深知，近些年秦国虽国力大增，但综合实力依旧弱于魏国，于是继续加强变革，奋起直追，以图彻底超越魏国。由于新法推行顺利，秦国整体国力愈发强大，中原诸侯闻知，都对这个西方大国刮目相看。公元前343年，天子赐予秦孝公霸主称号。一年后，诸侯都来祝贺，秦国派公子少官率领军队与诸侯在逢泽会盟，朝见天子。

秦孝公这一极其风光的历史映像，《史记·秦本纪》记述如下：

十九年，天子致伯，二十年，诸侯毕贺。秦使公子少官率师会诸侯逢泽，朝天子。

秦的东方邻国韩国，时常遭受魏国侵犯，为了拉拢秦国牵制魏国，韩昭侯遂携重礼亲自前往咸阳，会见秦孝公以示恭维。

中原大国国君来朝，对秦国来说，还是头一回。韩昭侯的到来，使得秦国上下大为振奋，秦孝公心中亦是欣喜万分。一时间，秦国欣欣向荣，大有争霸中原之势。

公元前341年，齐魏战事再起，齐国军队在孙膑的率领下，在马陵打败魏军，俘虏了魏国的太子申，射杀了魏国大将庞涓。

魏军大败于马陵的消息传至秦国，秦人皆欢呼雀跃。这件事引发了商鞅的思考。他发现，秦国发展到了一个关键时期，而且遇到了一个很好的机遇。

商鞅认为，秦魏各凭天险比邻而居，目前态势可谓势均力敌，有朝一日，不是魏兼并了秦，就是秦吞并了魏。如今魏国被齐国打得大败，可以趁此良机攻打魏国。魏国抵挡不住，必然向东撤退，秦国就可乘机占据黄河和崤山险固之地，以向东进一步控制各国诸侯，最后实现一统天下的伟业。

商鞅一席话，孝公听得心花怒放，拍案而起。事不宜迟，不久，商鞅再次领兵攻打魏国，魏惠王命其子公子卬率兵迎战。

闻知公子卬担任魏军主将，公孙鞅心中大喜："吾计成矣！"商鞅在魏国的时候，同公子卬混得很熟，相处得也不错，于是，他写了一封信，差人前往魏营送给公子卬。

他在信中说，当初，我们相处的时候，那是何等快乐啊！如今，竟然率兵在战场上干起来了，这是一件多么不幸的事情啊！想到我们过去的友谊，难道真的要在战场上杀得你死我活吗？约个时间吧！聚一下，痛痛快快地喝几杯，订立一个盟约，然后各自撤兵，两国从此相安无事！

魏军统帅公子卬是公孙痤一手培养起来的魏国名将，他与商鞅是曾经的朋友，他觉得商鞅说得有理，同时，他也没有把昔日那个中庶子放在眼里。公子卬欣然接受了商鞅"议和"的邀请，带了一小队卫兵，冒冒失失地到秦军大营喝酒来了。

商鞅一番部署之后，亲自出营迎接公子卬。好友相见，自然无比高兴，约定不醉不归。秦军帐内，酒令和笑声不绝于耳。

可是，大营外的秦军却悄无声息地出动了，以迅雷不及掩耳之势，偷袭了失去统帅的魏军大营。魏军胡乱抵挡一阵之后，糊里糊涂地做了秦军的俘虏。

醉意醺醺，把酒言欢，公子卬兴致正高，一群秦军一拥而入，将他团团围住，公子卬只能束手就擒。

商鞅活捉了公子卬，派人给魏惠王送信，要他让出河西之地与秦国议和。魏惠王捶胸顿足地说："我好恨啊！悔当初没有采纳公孙痤的意见！"可惜世上从来没有后悔药。

就这样，秦国不费一兵一卒，夺回了河西之地，然后秦军一鼓作气，攻占了魏国都城安邑，魏国只好迁都大梁（今河南开封）。

商鞅的胜利，仿佛来得不太地道，司马迁的《史记》里，对此颇有微词。但他们忘了，在他们之前的孙武早就说过："兵者，诡道也。"兵家，玩的就是声东击西，出其不意，何况是在一个弱肉强食的虎狼圈里。

经此一战，秦国打出了名头，连强大的魏国都不是秦国的对手，诸侯国对秦国真要另眼相看了。

取得河西之地后，秦国版图和人口大为扩张，势力重新达到黄河西岸，俨然与当时的齐国并列为西、东霸主。

秦孝公圆了强国之梦，于是遵守当年招贤承诺，将秦国东南於、商一带的十五个城邑赏与商鞅，封他为於、商之地的君长。时人因此称公孙鞅为商君或商鞅。

乱世议和只是一种手段和策略，经过一年休整，秦孝公见兵强将勇，士卒皆愿征战立功，于是再次调集大军，出兵攻打魏国。未几，秦军渡过黄河，在岸门之地（在今山西河津南）大破魏军，活捉敌方主将魏错。

岸门大捷后，秦孝公班师回国，本想休整数月，等待时机再攻魏国，不料突犯重病，自此一病不起。

3. 英雄末路

商鞅，一个身世多舛的少年，怀揣梦想，不远千里来到几近于蛮荒的秦国。秦孝公，一个同样怀揣梦想的帝王，励精图治，在商鞅的辅助下，在一步步实现着自己的强国梦。

他们的努力终于有了结果，变法让无数人看到了希望。

可是，革故布新，力挽狂澜，从来都要付出巨大的牺牲和代价。

商鞅变法，面对的是整个秦国的旧制度，他是在和顽固无比的旧势力作斗争。变法为秦国的富强做出了不可估量的贡献，却也因此触动了太多人的利益。

当初，商鞅闻知秦国名士赵良贤明，想与之结交。然赵良认为商鞅为秦国宗室贵戚怨恨，与其交往必受牵连，于是婉言谢绝，并善意劝告道："昔日秦穆公时，五羖大夫百里奚因受百姓爱戴，出入国都，从不带侍卫。而您一离开卫队，就不敢迈出府第半步。您自恃拥有封地，自称寡人，只知用严刑酷法来统治百姓，而不用礼仪道德来教化国民。您如今已然是人心尽失，众叛亲离，秦国上下对您皆恨之入骨。您大祸临头之日，已然为期不远。水满则溢，月盈则亏。依在下之见，您不如乘早将封地交还国君，然后隐居乡野，远离国政是非，如此方能保住性命。"

商鞅叹道："先生好意，寡人心领了。我治理秦国二十余年，亲手将一个西陲穷邦改造成能与中原大国相媲美的富庶强国，若要半途而废，实在是于心不忍。"

赵良见商鞅执迷不悟，于是不再多言，当即告辞远遁。

无论如何，商鞅引起了太多人的怨恨，因为，他的改革变法触动了秦国宗室贵族集团的利益。正如司马迁所言：

商君相秦十年，宗室贵族多怨望者。

商鞅变法二十余年，不知有多少贵族被剥夺了爵禄，也不知有多少官员因触犯法令遭受严厉惩罚而家破人亡。这些人对商鞅的厌憎，犹如活火山里积压许久的岩浆，随时都将愤怒地喷发。

商鞅也知道自己积怨甚多，有人要对他下毒手，所以，他的防范措施很到位。每次出门"后车十数，从者载甲，多力而骈胁者为骖乘，持矛而操闟戟者旁车而趋"，也就是说，每次出行如临大敌，气氛十分紧张。

面对如此处境，不少人对他提出了善意的劝告，商鞅当然心知肚明，可是他更明白，自己已经没有退路了。

退缩和放弃不是他的性格，商鞅只能选择一条路，不管有多大危险，将改革进行到底。

可是，人算不如天算，几个月之后，病中的秦孝公突然不行了。孝公知道自己的日子到了尽头，他最放不下的，还是秦国的变法大业。临终前，把商鞅叫到病床前，要把国君之位传给他。

商鞅深深一拜，坚辞不受。

不久，雄才大略、知人善任的秦孝公去世，时年为公元前338年。

太子驷继位，这就是后来的秦惠王。

曾经一起并肩战斗的老君主不在了，除了悲伤，商鞅隐隐感到了几丝不安。于是，商鞅向新国君提出了辞呈，可是迟了，天下换了主人，这事儿由不得他了。

商鞅想走走不了，厄运跟着也来了。

因为，那些反对者一下子活跃起来了。

有人对秦惠王说："现在，秦国连妇女小孩都知道商鞅，只知商君之法，不知君王之法，这岂不是商君变成了国君，国君变成了臣下吗？何况商君本来就是你的仇敌，为何不趁早收拾他呢？"

八年没有出门的公子虔突然站出来了，直接给秦惠王上书，说商鞅要谋反。

谋反，当然罪大恶极，杀无赦。

新即位的秦君驷多年来亲眼目睹秦国因推行新法而笑傲于诸侯，他打心眼里非常认可新法。但商鞅冷酷无情，曾严厉处罚了他的两位老师，对于此事，秦君驷一直耿耿于怀。此时，他又见秦国多半官民都对商鞅咬牙切齿，顿感众怒难犯，为了团结贵戚大臣，巩固君位，于是下令派兵捉拿商鞅。

世界变得太快，商鞅只能连夜逃走。

逃到边境关口，天色已晚，只得找旅店投宿。

店小二不认识商鞅，问，带了身份证吗？

出门太急，忘带了。现在他是通缉犯，身份证能拿出来吗？

对不起，商君有令，住店的人没有证件，店主要负连带责任判罪。店小二说，我们不敢留你。

商鞅仰天长叹。这是我制定的法律，难道真的要自己以身试法吗？无奈之下，只得连夜再逃，向魏国方向前进。

可是，这次他又犯了一个常识性的错误。

当年收复河西之地，他用欺骗的手段打败魏军，这是国恨，魏国人拒绝收留他。

商鞅只得再逃，可魏国人不答应了，他们认为，商鞅是秦国的逃犯，如果强大起来的秦国知道商鞅逃到魏国，又从魏国逃走，追究下来，那可要吃不了兜着走，于是从原路把他送回秦国。

英雄末路。商鞅辗转回到了自己的封地商邑。

与其坐以待毙，不如反戈一击。商鞅纠集兵马，开始抗击秦兵，他和他的部属发动邑中的士兵，北攻郑国谋求生路，但最终还是被秦军抓住了。

在郑国黾池，满怀未了的变法图强梦想，一代改革家被就地正法。

稍后，秦惠王把商鞅五马分尸示众，并警告说："不要像商鞅那样谋反！"

这位当年的太子驷，终于出了一口怨气。

依据秦法，商鞅被满门抄斩。时为公元前338年，商鞅约58岁。

为了梦想而来，生于忧患，死于悲情。

起于变法，死于"谋反"，"秦人不怜"。

我不下地狱，谁下地狱！这是商鞅的悲情与不幸，也是秦国的不幸与悲剧。

正是由于商鞅变法，秦国才得以魔术般地崛起，成为诸侯国中的强国，为以后统一六国奠定了基础。

假如商鞅当年没有遇到秦孝公，也许不会有如此惨烈的下场，但，如果秦国当年没有商鞅，秦国以后的历史一定会被重新书写。

无论如何，秦驷下决心杀商鞅，却并未废除商鞅之法，秦国的

崛起并未因商鞅之死而中断。无论如何，秦惠王不因人废法，实为明智之举，秦国从此进入了大发展时期。

一位坚定不移的改革英雄，一个劳苦功高的帝国设计师。

我们今天如此定位商鞅，大约不会过分。正如毛泽东的论断所言：

商鞅是首屈一指的利国富民伟大的政治家，是一个具有宗教徒般笃诚和热情的理想主义者。商鞅之法惩奸宄以保人民之权利，务耕织以增进国民之富力，尚军功以树国威，孥贫怠以绝消耗。此诚我国从来未有之大政策。商鞅可以称为中国历史上第一个真正彻底的改革家，他的改革不仅限于当时，更影响了中国数千年。

"身死而法未败"，为大秦奠基，为自己掘墓，这是一代改革家商鞅的决绝和悲情。在商鞅奋勇开拓出的道路上，秦人继续追求着自己的帝国梦想。

历|朝|变|法|往|事

第二章 汉武帝

"大一统"的坚定奠基者

汉武帝,两千年历史上屈指可数的大有为帝王。爱江山,也爱美人,雄才大略的汉武帝,也有着代代相传的风流故事。

文景之治,名为盛世,政治上却疲软不堪。初生牛犊不怕虎,上任伊始,武帝大兴改革,力振国威,轰轰烈烈的建元新政却有始无终,偃旗息鼓。

太后离世,武帝亲政,我的江山我做主。经济上,汉武帝遇到了商业奇才桑弘羊;政治上,大儒董仲舒则为汉帝国打造了一套"大一统"的系列工程——推恩令、官山海、算缗令、五铢钱。政治、经济,帝国强大的两大支柱,武帝再次推动了卓有成效的大改革。

凝聚力离不开主流文化,文化自信源于价值认同。政治、经济、思想文化,"铁三角"完美构成。时代成就了汉武帝的梦想,同时,他也成就了一个时代。

无疑,这个时代对中华民族的影响弥足深远。

一、爱江山，也爱美人

1. 称帝：缘于女人的战争

公元前156年七月初七，长安未央宫猗兰殿，太子刘启的姬妾王娡生下了一个儿子。这个儿子就是刘彻，后来的汉武帝。

刘彻乳名彘，他的降生颇有点神话意味。

据说，王娡怀胎的时候，曾做了一个吞日的异梦，令刘启大为惊喜，认为是极祥之兆，说明不但要生儿子，而且还要生一个不同凡响的儿子。

这个儿子凡响不凡响，当然是以后的事，眼前能够看到的是，彘儿出生后不久，刘彻的爷爷文帝死了。

文帝去世的后果有两个：

其一，刘彻的老爸刘启当上了皇帝，也就是景帝。

其二，他的老妈王娡很快被擢升为"美人"，成为当时后宫中仅次于皇后一级职称中的一员，位比列侯。

公元前153年，薄后无子，刘启最初遵照"立长"的传统，立自己的庶长子刘荣为太子，史称"栗太子"。同时，刘彻被封为胶东王。

这一年，刘彻4岁。

第二年，同样因为无子，薄后被废，大汉王朝的皇后空缺。

照常理，继任的无疑应该是太子刘荣的生母栗姬，似乎，没有第二个女人比她更有资格。然而，意外发生了。

让一切发生转变的起因，在于小皇子刘彻的第一桩婚姻。这桩婚姻的女主角，是历史上大名鼎鼎的陈阿娇。

陈阿娇是谁？

阿娇的母亲，是汉景帝同胞长姐馆陶公主刘嫖，阿娇的父亲，是堂邑侯陈午。堂邑侯这个封爵，起自汉高祖刘邦的大将陈婴，陈午正是陈婴之孙。

陈阿娇比刘彻大，因此应该叫她表姐。

其实，在馆陶长公主最初的心思里，最中意的乘龙快婿并不是尚不谙世事的小侄儿刘彻，而是大侄儿太子刘荣，一位意气风发的英俊少年。

问题就出在刘荣的母亲栗姬身上。

栗姬模样出众，而且一连为景帝生下了几个儿子，自然是景帝后宫中极得宠的一个，加上她的长子刘荣被封为太子，她本人离皇后宝座也仅有一步之遥，在后宫中的风头更是一时无两。然而作为皇帝的女人，她有一个致命的弱点：嫉妒，而且是毫不掩饰的嫉妒。

但是，栗姬的嫉妒事出有因。

馆陶长公主刘嫖，作为窦太后的亲生女儿、景帝刘启的胞姐，自然是汉王朝当时最有影响力的女人之一。在景帝刘启的后宫里，数不清的宫娥美女们都希望自己能够被皇帝看中，从而脱离普通宫女身份进而成为妃嫔之一，她们都不约而同地想到了馆陶长公主，纷纷向她赠送金钱礼物，希望她能够为自己在皇帝面前加以推荐。

于是，在馆陶长公主的努力下，一个又一个的美女来到了景帝的身旁。栗姬看在眼里，急在心里，她因此恨透了馆陶长公主。

馆陶长公主自然不是傻子，她身为女人，当然知道栗姬对自己不满。但是她毕竟是窦太后的宝贝女儿，母亲和弟弟都对自己言听计从，她心里也没怎么把栗姬的怨气当一回事。不过现在栗姬的儿子成了太子，馆陶长公主自有打算。

她的主意就是：要把自己的宝贝女儿陈阿娇嫁给刘荣做太子妃。

这样一来，不但能与未来的皇后化敌为友，亲上加亲，更能让自己的宝贝女儿成为以后的大汉国母，自己的荣华富贵就更是登峰造极牢不可破了。

栗姬应该对馆陶长公主的这个主意举双手赞成——因为这桩婚姻能让她与窦太后、景帝、长公主等人结下更深的关系，不但能让她顺利登上皇后之位，更能让皇后之位牢固不移，自己不至于日后

成为薄皇后第二。

可栗姬就是个猪脑子，她一门心思都钻在冲天醋劲儿里出不来。

面对馆陶长公主的提亲，她的反应是：现在你看到我的存在了，门儿都没有！

馆陶长公主是谁？真是给面子不要！刘嫖转而把目标投向了王美人，她要把阿娇嫁给胶东王刘彻。以馆陶长公主的身份，王美人当然会求之不得，二人一拍即合。

接下来，两人的任务就是，想法把栗姬搞臭。

说干就干，从此，馆陶公主只要见到景帝，就不停地在弟弟面前揭栗姬的短儿，不停地推荐新晋美女，在她的作用下，这些美女受宠的程度远远超过了栗姬。

面对这样的情形，自认为应该是后宫之首的栗姬怨气更盛，醋劲愈发地汹涌，做出了很多失控到愚蠢的举动来。

馆陶公主等的就是这个。她抓住栗姬的每一个纰漏，每天都向景帝做汇报。

景帝这时早已被众多新鲜美女迷得七颠八倒，怎么能够容忍年长色衰的栗姬诅咒自己的新宠呢！

馆陶公主觉得火候已到，便不住地在景帝面前说胶东王刘彻的好话，为改立太子吹风。

其实，刘彻天生聪颖过人，慧悟洞彻，更能赢得景帝的喜爱。

刘彻三岁的时候，有一次景帝把他抱到膝上问："乐为天子否？"刘彻对曰："由天不由儿。愿每日居宫垣，在陛下前戏弄。"

小刘彻信口而应的回答，让刘启更加对这个儿子另眼看待。

对于长公主的进言，景帝越听越有道理，再回想王美人当初的吞日之梦，更是觉得栗姬和刘荣不值得托付天下大事，这等重任应该让王娡母子担当才是正理。

景帝决定立新太子。

然而废立太子毕竟是天下大事，景帝一时拿不定主意。王娡察觉到了丈夫的心思，决定帮他做个了断。

于是，一日负责礼仪的大行官在朝会之上当众向景帝进言："常言道'子以母贵，母以子贵'，如今太子已定，其母却尚未晋封，宜立为皇后，母仪天下。"

这可真是哪壶不开提哪壶，景帝当场大怒："这是我的家务事，轮得着你来管吗！"当场便将倒霉的大行官关进大牢，不久便砍了他的脑袋。

他认为这一定是栗姬或太子刘荣勾结朝臣干的，因此趁势也就将太子刘荣同案处理，废为临江王。

栗姬早已因为丈夫的冷漠而恚恨成疾，儿子被废的消息无疑是雪上加霜，她在挣扎着发出一连串的诅咒之后，吐血身亡。

就在刘荣被废三个月后，公元前150年四月里的一天，景帝册立王娡为他的第二任也是最后一任皇后。

十二天后，王皇后七岁的儿子刘彻被封为皇太子。

一切顺理成章，毫无悬念。

接下来的事情水到渠成，在长公主的努力和景帝的授意下，陈阿娇成为名正言顺的太子妃。

九年后，公元前141年正月，景帝在未央宫驾崩，太子刘彻即位，史称汉武帝，尊祖母窦氏为太皇太后，生母王氏为太后。

这一年，刘彻16岁。

2. 文景之治：机遇实在难得

刘彻的出生，是不是一种天意，我们当然不好猜测，而刘彻的继位，则实在是缘于一场女人的战争。

几乎可以肯定的是，没有长公主刘嫖，没有陈阿娇，没有幕后的窦太后，刘彻能否登上皇位，真的要打一个问号。

接下来，可以展开合理想象的是，假如没有汉武帝，没有刘彻继位以来一系列的大动作，汉代的历史乃至中国的历史一定会被重写。

两汉400多年，出了30多位皇帝，平均在位时间都不长，最短的刘贺只有27天，而武帝刘彻，从16岁登极到70岁去世，一共在位54年，只有清朝的乾隆和康熙皇帝超过他。后人评价汉武帝的雄才大略，有好事者赶时髦，评选过一个"中国最有作为皇帝排行榜"，武帝名列第五。

中国历史上的皇帝，像刘彻这样能干的还真是不多。

无论如何，刘彻的历史功绩，有太多的因缘机遇成就了他。而更多的历史事实证明，刘彻之所以如此成功，首先是有一个好爸爸。

汉景帝不仅给了刘彻一个帝王的位子，同时也为他留下了一份空前稳定富庶的家业。文景之治，留给他的，除了万里江山，何止万贯家财！

刘彻的老爸景帝，以及景帝的老爸文帝，都有一个好习惯：节俭，绝不摆谱。在刘彻的老一辈短短几十年的统治间，集聚起了大量物资财富。无疑，这是少年天子刘彻最大的幸运，也是他日后得以功成名就的强大支撑。

因为历史原因，文帝和景帝注定要做一个资源积累者。

兴，百姓苦；亡，百姓苦。秦朝立国短短十五年，年年横征暴敛，处处大兴土木，天下可谓"苦秦久矣"。秦末，不堪忍受的人们揭竿而起，起义的烽火遍燃中原大地，社会生产力湮灭殆尽；之后，长达四年的楚汉之争，各地社会经济更是雪上加霜，惨不忍睹。

此番历史背景之下，西汉初立，其惨淡经营可想而知。

社会动荡不安，生产严重破坏，经济贫困不堪，到处都是饥荒，甚至发生了人吃人的现象，百姓死者过半。当皇帝虽说富贵威武，但也坐不上四匹纯一色的马拉的车子，将相们则只能坐牛车。

前事不忘，后事之师。恢复和发展社会经济成为汉初的当务之急，于是，崇尚清静无为的"黄老之术"应运而生，轻徭薄赋、与民休息势在必然。

文帝时期，贾谊作《过秦论》，指出秦亡教训为"仁义不施，攻守之势异也"，提出此时治国的根本方针为"牧民之道，务在安之"。这股要求安民的社会思潮，是自汉初以来朝野共同的要求，也是巩固西汉统治的需要。

汉文帝二年和十二年分别两次"除田租税之半"，文帝十三年，还全免田租。同时，对周边敌对国家也不轻易出兵，维持和平，以免耗损国力。

汉文帝生活十分节俭，宫室内衣服没有增添，衣不曳地，车类没有增加，帷帐不施文绣，裁减侍卫人马，下诏禁止郡国贡献奇珍异物，贵族官僚不敢奢侈无度，从而减轻了人民的负担。文帝曾经想做一个露台，预算报上来，需要百金，他一看便放弃了。他说："百金相当中产人家十家的财产总和了，我继承先帝的宫室，还常觉得羞耻，怎么能再花百金建露台。"

景帝即位，继承了文帝休养生息、轻徭薄税的政策，曾多次下诏不接受地方贡献的锦绣等奢侈物品，并禁止地方官员购买黄金珠玉，否则以盗窃论罪。为了安抚匈奴，还把南宫公主送去和亲。

说是和亲，其实是一种不得已的妥协，对于威仪天下的大汉天子来说，与其说是一种难言的痛，不如说是一种不得不接受的屈辱。

据说，汉朝送给匈奴的第一位真正的公主，是刘彻的亲姐姐，这一点，在少年刘彻的心中，留下了挥之不去的阴影。刘彻继位不久，就发起了抗击匈奴的战争，不能不说和这一点有莫大的关系。

其实，这一时期国家在经济和军事上已经比汉初好了许多，真要和匈奴打仗也不是不可以，但景帝还是忍了。

景帝在位只有16年时间，汉朝的国力继续得到增强，给刘彻留下了一个富庶繁荣、安定平稳的国家。此外，他还不动声色地搬掉了一个又一个可能不利于刘彻的人（比如名将周亚夫），使刘彻这个CEO一上任就能集中精力对付匈奴。刘彻所做的事，应该是景帝想做却没有条件做的。在这段历史画卷上，景帝打下了草稿，武帝再施以浓墨重彩，才有我们所看到的威风八面的大汉朝。

由于汉初休养生息政策的继续和发展，到景帝后期时，西汉社会生产日渐得到恢复并且迅速发展，出现了多年未有的稳定富裕的景象，这是中国两千年古代史上的第一个治世。当时盛况，司马迁在《史记·平准书》中十分形象地描述说：

非遇水旱之灾，民则人给家足，都鄙廪庾皆满，而府库余货财。京师之钱累巨万，贯朽而不可校；太仓之粟，陈陈相因，充溢露积于外，至腐败不可食。

经济基础决定上层建筑。文景之治，是在汉朝统一王权的统治下，统治阶级顺应历史发展，采取与时代相应的统治政策，符合当时社会的发展状况，因而促进了政治的进步和经济的繁荣，出现了中国历史上的空前盛世，从而为汉武帝的大一统奠定了坚实的物资基础。

显而易见，这不再是天意，而是汉武帝刘彻得以大展宏图的资本。

汉武帝的名字，超出了两千年中国历史上的大多数皇帝，汉武盛世是中国历史上的三大盛世之一。前前后后，两千年的历史，大大小小，长长短短，几十个王朝，武帝一朝的大有为，有哪一个朝代做到了？

可是，似乎所有的皇帝都风流，不风流他就不是皇帝，雄才大略的刘彻也没有例外。

3."金屋藏娇"的谎言

郎骑竹马来，绕床弄青梅。
同居长干里，两小无嫌猜。

这是李白诗《长干行》里的句子。汉朝到唐朝，近千年的时空距离，可是这样的文字用在少年刘彻和表姐陈阿娇身上，仿佛再诗意不过了。两人的婚姻，除了有政治因素的影子，据说最早肇始于一段两小无猜的恋情。

一个风光旖旎的午后，未央宫内，馆陶长公主带着女儿阿娇和侄儿小刘彻在一起玩耍。长公主问小刘彻："彘儿长大了要讨媳妇吗？"

小刘彻歪歪头，说："要啊。"

长公主于是指着左右侍女问："你想要哪个？"

小刘彘摇摇头，说都不要。最后长公主指着自己的女儿陈阿娇问："那阿娇好不好？"

小刘彘就笑着回答："好啊！如果能娶阿娇做妻子，我就造一个金屋子给她住。"

因为这风光旖旎的一幕，刘彻有了他此生的第一位妻子陈阿娇，与此同时，为中国历史增添了一段"金屋藏娇"的著名典故。

那一年，刘彻3岁，陈阿娇7岁。

我们如今已经很难确认，陈阿娇是什么时候正式嫁给刘彻为太子妃的，只知道在刘彻16岁登基为帝之前，她就早已经嫁过门并当了好几年太子妃了。

无容置疑，他们有过一段恩爱缠绵的日子，但这一段早年的美好恋情，却结出了一枚苦涩的果实，最终刘彻还是离开了阿娇，无论陈阿娇如何苦苦等待和央求。

刘彻离开阿娇的理由，应该有下面三条：

第一，陈阿娇与生俱来的的骄横。

第二，多年的婚后无子。

第三，武帝的喜新厌旧。

刘彻能够登上帝位，长公主当然功不可没，陈阿娇因此愈发地刁蛮骄横，盛气凌人。

应该说，陈阿娇初期还是相当成功的，很长的时间里，她都是名副其实的皇后，除了她之外，刘彻几乎没有接近其他宫女的机会。陈阿娇不但专宠，而且恃宠而骄，由骄而横，将刘彻管得严严实实。

然而，"无子""无育"的尴尬，始终是刘彻和陈阿娇不得不面对的现实难题。陈阿娇想的自然是要更严密地控制丈夫，将所有的生育机会都留给自己；而刘彻却是满肚子的花花肠子，这不但是因为他疑心陈阿娇不育，更重要的是好色之心已经开始蠢蠢欲动，他一门心思地计划另起炉灶。

况且，虽然上有窦太后，自己还没有亲政，但刘彻绝不是一个愿意任人玩弄于股掌间的傀儡帝王。

不久，机会来了。

创造机会的，是刘彻的姐姐平阳公主。

大约是公元前139年的三月初三，刘彻到渭水之畔举行"修禊"的开春祭典，在返京的途中绕道前往平阳侯府，专程看望姐姐。

平阳公主夫妇自然喜出望外，准备了丰盛的宴席，并且将自己精心培训过的十余名美女唤出来歌舞助兴。

遗憾的是，年仅19岁的汉武帝，对姐姐准备的这些美女毫不动心。平阳公主心里暗暗着急，顾不得那么多，只好让自己的家婢歌女出场试试。

事情果然峰回路转，这群出身卑微的奴婢刚进门，刘彻一眼就盯上了长发黑亮的卫子夫，卫子夫一双如水的美目，也静静地看住了他。然后，刘彻将卫子夫带上了自己的车驾，并送给了平阳公主1000斤黄金作为答谢。

然而，满怀期望的卫子夫刚进宫门，就遇上了怒气冲冲的陈阿娇皇后。刘彻对卫子夫也许本来就不过是一时的新鲜，卫子夫也就被丢到了宫女群中，泯然众人矣。

这一丢就是一年多，卫子夫连刘彻的面都见不着，四百多个日日夜夜，足够她将希望变成绝望。

终于，皇宫由于各色宫女人满为患，不得不遣散一批，已经完全绝望的卫子夫也流着眼泪加入了申请出宫的人群里。

机会就这样再一次降临在卫子夫身上。当刘彻看到梨花带雨的卫子夫时，立即回想起了初次相遇的情景，不禁心生怜惜。为了避免再次被陈阿娇察觉，刘彻将卫子夫安置在上林苑居住，时常前去看望。

旧情复燃的结果，是卫子夫竟然立即就怀上了身孕。刘彻龙颜大悦，卫子夫也因此身价倍增。

但偷情不久，还是东窗事发，阿娇大发雷霆。

可是，已是昨日黄花的陈阿娇，再也引不起刘彻的兴趣。面对日益骄横的陈皇后，他连看都懒得多看一眼。

近乎绝望的阿娇转而乞灵于巫术，希望能够借助神灵的力量挽回丈夫的爱。但巫术并没有拯救她的命运，反而给她带来了厄运。

公元前130年，27岁的刘彻颁下了废后诏书：

"皇后失序,惑于巫祝,不可以承天命。其上玺绶,罢退居长门宫。"

十几年的夫妻情份，至此戛然而止。长门宫咫尺千里，陈阿娇再也无缘面见自己的夫君。

阿娇被废两年后，卫子夫为刘彻生下了长子刘据。高兴不已的刘彻遂于公元前128年三月册立卫子夫为嫡妻，空缺两年的大汉皇后宝座有了新主人。

卫子夫的到来，还给刘彻带来了一个重量级人才，卫皇后的弟弟卫青，为后来反击匈奴立下了汗马功劳。

关在长门宫里的陈阿娇，仍然念念不忘往日的旖旎温情，她痴心地盼望丈夫能够有回心转意的那一天。于是，她找到了一个人：司马相如。因为司马相如的赋写得极好，更因为刘彻非常喜欢司马相如的文采。就此,陈阿娇又在历史上留下了一个感人的典故：千金买赋。

司马相如妙笔生花，《长门赋》读来凄恻动人。刘彻被深深感动了，陈阿娇被再次召幸。

不过，这也是最后一次，刘彻再也没回头。此后，美丽高贵的阿娇在长门宫内苦苦等待了四五年之久，最后在寂寞哀怨中死去。

汉武帝和陈阿娇的恩怨，有个人感情的因素，更多地是政治上的利益。没有陈阿娇，刘彻或许登不了帝位，可是有了陈阿娇，却

又让一代帝王刘彻很没有面子，因为陈阿娇以及她身后的人太骄横，也太危险了。阿娇被废，与其说是刘彻风流无情，不如说他是有心防患外戚之乱。咫尺长门闭阿娇，人生失意无南北。至此，金屋崩塌，"恩""情"皆负。此后，先后又有几位美妙绝伦的女子被武帝纳入宫中，但都因种种原因不得善终。

在这些美丽可人的女子之中，汉代音乐家李延年的妹妹李夫人最让刘彻动情难忘。李夫人的出现，是因为李延年的一首《佳人歌》：

北方有佳人，绝世而独立。
一顾倾人城，再顾倾人国。
宁不知倾城与倾国？
佳人难再得！

这一阕短短的的诗歌，名动京师，让雄才大略的武帝闻之而动心，立时生出一见伊人的向往之情。接下来，李延年的妹妹，就因此成为汉武帝最宠爱的一个妃，她就是妙丽善舞的李夫人。

佳人有多美？我们谁也不曾见过，我们只能在自己的想象里描摹着她们的美貌和妩媚，我们只是知道，武帝因此神魂颠倒，和李夫人形影不离，令后宫女子妒忌无比。

然而好花不常开，不久，李夫人便因病早逝，年仅20岁左右。

李夫人冰雪聪明，在她去世后刘彻满脑子都是她的迷人形象。他因此伤感万分，为了表示自己的情意，他下令为李夫人举行皇后级别的葬礼。这还不算完，刘彻仍然觉得没有表达够自己对李夫人的思念之情，又让画师画了她的像，挂在甘泉宫里时常追忆。

"毕竟君王非好色，江山情重美人轻"。汉武帝的一生，有那么多女人，也有那么多轰轰烈烈的爱情，但说到底，他最爱的还是自己，还是他的大汉江山。爱江山，也爱美人，风流归风流，刘彻绝不糊涂。真正想要什么，他自己当然知道。

二、我的江山我做主

1. 新政一度搁浅

公元前141年，景帝下世，武帝登基，改年号为"建元"。

汉景帝虽然给刘彻留下了万贯家业，仓廪丰实，府库饶财，黎民淳厚，但存留下来的问题也不少，社会经济状况改善了，国家政治统治却因此疲软了。国内亟待解决的问题就有：国政糜烂，外戚专权，法制荒疏，王公贵族嚣张，官制世官世守，诸侯骄恣，豪强坐大，割据势力业已形成。而在对外关系上，"和亲"政策并未换得真正的和平，北方的匈奴依然不断地骚扰汉朝边境。

武帝明白，这都是这些年"无为而治"的结果，自己再也不能坐视不管，经济、政治都要抓，两手都要硬。

文帝、景帝、窦太后，都有一个共同的爱好，喜欢清静无为的黄老之术。这是一种与汉初经济现实相适应的政治策略，休养生息，恢复战争创伤，不与民争利，这才有了"文景之治"。由此，也才让汉武帝上台伊始，底气十足。

可是，时代不同了，国家到了一个关键的发展时期，这个使命历史地落到了汉武帝的身上。他不再需要这样的修养和清静，长此以往，国威何在，皇恩何在？

这绝对不是刘彻的性格。登基之后，他开始按照自己的意愿实行一系列的改革。

改革第一步，招募人才，下诏举贤良，广开言路。

建元元年新年伊始，武帝即"诏丞相、御史、列侯、中二千石、二千石、诸侯相，举贤良直言极谏之士"。一时应举者百余人，大汉王朝一片欣欣向荣的美好气象。

第二步，调整中央领导班子。

壮志凌云，蓝图在手，汉武帝一即位就迫不及待地起用了两位重量级人物：窦婴为相，田蚡为太尉。

窦婴何许人？何以为相？

第一，他是窦太后的亲侄子。

第二，窦婴尊儒。武帝不像他的祖辈喜好黄老，武帝骨子里好儒，窦婴恰恰"好儒"，因为共同的信仰，他们走到了一起。

第三步，改革"弊政"。

何为当时最大的弊政？

诸侯王的威胁，这是刘彻最大的一块心病。

楚汉相争阶段，刘邦迫于形势，分封了异姓王。刘邦称帝后，实行郡国并行制，诸侯国的政治地位远远高于郡，诸侯国疆域广大，人口众多并位于经济发达地区。诸侯王的地位仅次于皇帝，在封国内独揽大权。诸侯国拥有强大的武装，由诸侯王随意调遣。此外，还自行征收赋税、铸造钱币，成为实际上的独立王国，最终成为中央集权的最大障碍。

汉初共有异姓王七人，刘邦在总结秦亡的历史教训时，认为秦亡的原因是没有分封同姓子弟为王。因此，他一面消灭异姓诸侯王，一面又陆续分封了九个刘氏宗室子弟为诸侯王（同姓九王），并与群臣共立非刘姓不王的誓约。汉初的同姓诸侯国，土地辽阔，户口众多，但由于同姓诸王与高祖血统亲近，效忠汉朝，起着拱卫中央的作用，所以干弱枝强的问题这时并不突出。

文帝以高祖庶子继统，地位本来不很牢固，而汉初所封诸侯王，已经历了两三代的更迭，与文帝的血统关系逐渐疏远，政治上已不那么可靠，因而一再发生叛乱。

汉景帝二年（前155年），御史大夫晁错上疏《削藩策》，提议削弱诸侯王势力、加强中央集权。晁错指出："今削之亦反，不削之亦反。削之，其反亟，祸小；不削，反迟，祸大。"

汉景帝采用晁错的建议，于次年冬天下诏削夺诸侯王封地，引起了那些早就想反叛的诸侯王们的不满，以吴王刘濞、楚王刘戊为首的七国之乱开始了。七国诸侯王以"诛晁错,清君侧"为借口叛乱,欲夺天下,景帝在众臣的压迫下,诱晁错上朝,押出腰斩。但晁错死后,七国之乱不但没有停止,反而越演越烈,占领了不少土地。景帝无可奈何,只得派大将周亚夫、窦婴镇压,不久叛乱被平定。

景帝以来,七国之乱虽已被平定,但是分封的诸侯仍然没有彻底解决。武帝年少登基,老谋深算的各列侯占据京城,违法乱纪,对"乳臭未干"的武帝根本不放在眼中。

为了打压诸王侯的气焰,集中皇权,武帝毅然向他们发飙。

第一,列侯就国。

列侯,就是有封国的诸侯;就国,即回到自己的国土上去。

一方诸侯不回自己的封国,上哪儿去呢?

原来,汉代封侯,把一个县封给某个人,这个县名是什么,这个人就叫什么侯。各诸侯理应坐镇当地,教化子民,守土有责。分了一亩三分地,这些纨绔子弟们也笑纳谢恩,走马上任;可就职程序一办完,他们就赖在京城不走了!这是为什么呢?

首先讲待遇。加官晋爵谁都不会拒绝,但是,谁愿意放弃长安繁华,跑到不知名的小县城里做一个穷庙里的富方丈呢?

其次为婚姻。汉代相当多的异姓诸侯王还有一个身份:尚主。什么是尚主?就是娶公主做妻子。皇帝的女儿也愁嫁,最愁找不到门当户对的夫婿。公主金枝玉叶,找丈夫当然得高标准:既要青年才俊,又得达官贵人。这样,问题就出现了:皇帝的女儿一大群,哪里找那么多一二十岁的金龟婿?公主们首先到地方诸侯王中去选,一个个成了侯夫人。虽说嫁鸡随鸡嫁狗随狗,可都是些过惯了皇宫生活的公主,你那点小林子怎么养得起金凤凰呢?尚主诸侯王们也不得不留在京城陪伴娇妻。

最后是奔前途。不到京城不知自己官小,想在仕途上不断"进步",据守京都,结交上流社会,成功系数要大好几倍。分到边远的县里,远离权力中心,肯定不是好事。为前途计,还是留在京城保险一些。

武帝一上来，要求列侯就国，把诸侯都赶回各自封国，显然触动了既得利益者。

第二，除关。

"关"指函谷关，"除"是解除；"除关"就是解除进入函谷关的关禁。

秦朝严刑峻法，为了保卫首都咸阳的安全，没有一张正式的公文作为特别通行证，不得出入函谷关，这就是关禁。到了汉代，政通人和，盗贼、叛乱虽未绝迹，却已经不是社会的主要矛盾了。汉武帝为了彰显太平，遂令解禁函谷关，这是打破地方割据的重要举措。

第三，检举。

检举谁？宗室及诸窦违法者。"宗室"就是刘姓皇族，"诸窦"就是窦氏宗族；简单来说，鼓励检举皇亲国戚中违法乱纪的人，以维护社会稳定，巩固中央集权。

这就是革故鼎新的建元新政。这三条"除弊政"，除了第二条纯属亲民之举，其余两条，刀锋所向，直指权贵。于是，大汉王朝的权贵们闹情绪了，要上诉，讨个说法。找汉武帝，政策正是他定的，无异虎口拔牙。一番分析比较，他们将眼光一致投向窦太后！

窦太后一直是黄老之学的忠实信徒，而汉武帝这一揽子"除弊政"，又是打着"独尊儒术"的招牌，这不是公开挑战祖母窦太后的个人信仰和政治思想又是什么？

窦太后不高兴了。

窦太后本来很有风度，并未过问孙子新政"三把火"，只是一句话引起了她的警觉和愤怒。

这句话就是：从此国家大事不必请示东宫。

矛头直指太皇太后！

窦太后是历经三朝的老太后，汉文帝的皇后，汉景帝的皇太后，汉武帝的太皇太后。大汉天子都是她的至爱亲人，大汉皇宫就是她的家。你汉武帝不过孙子辈，我还没有咽气，就要踢我出去？

是可忍，孰不可忍！

窦氏大怒，派人暗中调查。

很快，结果出来了。

两个给皇帝出歪主意的大臣，一个是武帝的老师，御史大夫赵绾，另一个也是武帝的老师，郎中令王臧。

看来，老师非常关心学生的前途。可是已经身为帝王的学生，却无力保护自己的老师，赵绾和王臧马上被投入大狱，后在窦太后的威逼下自杀。

随后，窦婴、田蚡被罢免，轰轰烈烈的建元新政就此偃旗息鼓。

新政失败后，当时看到武帝居心的窦氏刘氏贵族纷纷要求窦太后更换皇帝，但是窦太后并未如此。这或许是出于一片爱心；又或者她已明白黄老之术已走向末路，自己只是苦力维持，而她也只想在自己的有生之年不失掉权利而已。

无论如何，手握大权的窦太后总算慧眼识真，终于没有废黜刘彻，实为汉王朝之幸事，历史之幸事。

2. 皇恩浩荡，中央集权

在等级森严的皇权统治里，皇帝可以金口玉言，一手遮天，但皇帝之上还有一人，太皇太后，历史的很多时候，她才是统治权力的最高峰。

刘邦去世后，出了一个刚劲残忍的吕后，现在，刘彻的身后，有着一位老谋深算的窦太后。

刘彻是极其聪明之人，建元新政流产后，不仅"老实"了很多，且马上转而"恩礼"长公主、陈皇后。从建元二年至建元六年间，他四处游玩射猎，不再过问大政方针，俨然"无为而治"。

无论如何，先保住帝位最要紧。建元新政，就当是一次预演吧。

公元前135年，71岁的窦氏去世，刘彻的帝权得到恢复。

于是，他再度改元，将年号命名为"元光"。所谓"元光"，这一年号显然是具有象征意义的，而且，此后数十年间，刘彻每隔六年即更改一次，表明建元六年之间的失败记忆对他留下的印象是多么深刻！

无论如何，终于可以展开拳脚大展宏图了。

接下来，刘彻最想解决的依然还是诸侯王的问题。至武帝初年，一些大国仍然连城数十，地方千里，骄奢淫逸，阻众抗命，威胁着中央集权的巩固。

公元前127年，善于"揣摩圣意"的大夫主父偃向汉武帝进献"推恩"之策。武帝采纳了主父偃的建议，颁行"推恩令"。

"推恩令"，又称雨露均沾法，是汉朝汉武帝时期推行的一个旨在减少诸侯的封地、削弱诸侯王势力范围的一项重要法令。主要内容是将过去由诸侯王只能把封地和爵位传给嫡长子的情况，变更为允许诸侯王把封地分为几部分传给几个儿子，分别形成直属于中央政权的更小的侯国，达到分化、削弱大诸侯国势力的效果。

推恩令吸取了晁错"削藩令"引起七国之乱的教训，规定诸侯王除以嫡长子继承王位外，其余诸子在原封国内封侯，新封侯国不再受王国管辖，直接由各郡来管理，地位相当于县。这使得诸侯王国名义上没有进行任何的削蕃，避免激起诸侯王武装反抗的可能。于是"藩国始分，而子弟毕侯矣"，导致封国越分越小，势力大为削弱，从此"大国不过十余城，小侯不过十余里"。

简单来说，"削藩策"是明着昭告天下，要削弱诸侯的力量，也就自然而然地引起了所有诸侯的不满，而"推恩令"好比糖衣炮弹，表面上是让诸侯的所有子嗣都能够有机会成为藩王，而实际上是使诸侯的领土分散缩小，从而达到削弱其力量的目的，两者的目的是相同的，但是后者明显比前者高明许多。推恩令得到了不少不是长子的诸侯子嗣的支持，也没有引起像七国之乱那样的大战乱。

可惜的是，由于竭力推行"推恩令"，主父偃还是引起了太多人的嫉恨，亦不得善终。

恩威并施的"推恩令"是一种非常高明的政治智慧，兼顾了各方利益，同时加强了中央集权，这样，诸侯王强大难制的问题进一步得以解决。

然后，汉武帝先后出台了一系列的政治制度，无一不对后世影响深远。

其一，察举制与考试相结合的选官制度。

察举，即先行考察，再举为官之意。它源于高祖，而明文规定则始于武帝。武帝令郡国举孝、廉各一人，每年一次。孝廉即孝子和廉吏，是察举的两个科目，后来混为一科。察举的对象是通晓儒学的儒生，其出路是到中央任郎官。察举的科目除孝廉外，还有茂才、贤良方正、贤良文学、明经、明法等。

选官的另一种途径是以博士弟子员入补官吏。元朔五年，丞相公孙弘奏请，让博士弟子员受业一年，经过"射策课试"，能通一经者就可以补文学掌故之缺，课试高第者可以任郎中。

这样的选官制度，保证了"独尊儒术"的推行，进一步扩大了选拔官吏的范围，为加强专制主义中央集权的统治迈出了重要的一步。

其二，中朝预政。

中朝预政加强专制主义中央集权，包括两个方面的内容：一是加强皇帝控制朝臣的权力，二是加强朝廷控制各地的权力。而这些都要靠封建官僚机构来实现，汉武帝作为一位有作为的帝王，在政治体制上开设了中、外朝，形成两个官僚系统：一个是由大将军、尚书等组成的中朝，又称内朝或内廷，是决策机关；一个是以丞相为首的外朝，是政务机关。

以上加强中央集权的措施，对后来的中国政治产生了深远的影响，在很多方面，似乎还可以看得到武帝的影子。

中、外朝体制形成的根源在于汉初政治制度本身所存在的矛盾，换言之，它是君权与相权斗争的产物。汉初承袭秦制，以丞相辅佐皇帝，丞相权势之大，到了无以复加的地步。这种形势在汉武帝即位之初仍然没有什么改变。他即位不久，丞相田蚡掌握任免大小官吏的大权，可谓权倾朝野。汉武帝对此十分不满。一日，田蚡入宫奏事，武帝问他："君除（任命）吏尽未？吾亦欲除吏！"仅一语便表明武帝不满丞相权柄之重，决心削弱相权，建立中朝。

中朝预政是朝廷政治体制的重大改革，它加强了皇权对国家各方面的控制，而且大大精确了中央决策的内容，使工作效率得以提高，同时也便于众人对武帝意图的理解。

其三，加强监察，建立刺史制度。

统治一个幅员辽阔的大帝国，就必须驾驭一支庞大的官僚队伍，使他们尽心效力、忠于职守。然而由于汉景帝以来，职官、司法制度日益废弛，奢侈成风，吏治败坏，结果征敛不止、民不聊生，加剧了社会危机。

公元前106年，汉廷正式颁行刺史制度，以便考察郡国治政，加强对地方行政的控制。朝廷将全国划分为13个州部，每州设刺史一人，负责监察所属郡国。刺史由朝廷派遣，秩仅六百石，属于低级官员，但是职权很重，有权监察二千石的郡守和王国相，还有地方的强宗豪右，稍后甚至可督察诸侯王。刺史受御史大夫所属的御史中丞直接领导，在人事上是独立的，在地方查明官吏的不法事实后，自己不能擅自处理，只能上报御史中丞，请求上级处理。

我的江山我做主。这是一个紧密而高效的统治网络，汉武帝高踞顶端，只需轻轻一抖，就可以把权利紧紧掌控在自己的手中。

三、有钱才是硬道理

1. 如何才能"不差钱"

武帝的成功，绝不是偶然的，因为他是幸运的。

因为有了一位好老婆（陈阿娇），刘彻继承了大汉江山；因为有了一个俭朴的好爸爸，刘彻得到了一个富庶无边的太平盛世。

现在，羽翼渐丰，猛志常在，汉武帝又遇到了一个牛人：桑弘羊，此人堪称汉武帝的财政部长和理财专家。

有钱才是硬道理。正是这位桑弘羊，为汉武帝的文治武功奠定了更加坚实的物质基础，其理财思想也对后世产生了巨大影响。

桑弘羊出生于洛阳的一个商人家庭，西汉时期洛阳已有5万多户，约30万人口，政治和经济的发展，带来了商业和文化的繁荣。桑弘羊生活在这样的环境里，接触到了各种各样的人物，耳濡目染了工商业的种种活动。

汉景帝末年（约前142年），年仅13岁的桑弘羊以"精于心算"名闻洛阳。汉廷诏书，特拔桑弘羊入宫，任为侍中，侍奉汉武帝兼陪读。桑弘羊的入宫对他的一生产生了重大影响。这使他没有再像他的父辈那样走上商贾的道路，而是踏上了仕途。新的环境，不断培育着他新的思想，而长期在武帝身边伴读，使桑弘羊与武帝形成了亲密的君臣关系，并逐渐成为武帝的得力助手。

桑弘羊入宫不久，武帝开始逐渐实施"独尊儒术"的政策，在学习上对经学表现出很大的积极性。在这样的环境下，桑弘羊也开始研读《五经》，并有很深的造诣。借助在皇宫伴读的有利条件，桑弘羊还得以广泛涉猎儒学以外的诸子百家学说，尤其精通法家和管商之学，从老前辈管仲和商鞅身上，桑弘羊学到了独到而实用的财政手段。

汉武帝是一个敢想敢干的人，无论对内对外都力求进取，"兴树功业"。在经济上，他不断地采取新措施，打击富商大贾为代表的兼并势力，力图解决西汉前期以来不曾触动过的社会问题。

桑弘羊出身于商人家庭，对商人逐利的门道非常清楚，而他所处的政治地位，更使他深刻地认识到，商人这样搞会危及自己所附属的皇权统治。

他的政治见解和"内法外儒"的汉武帝高度一致，君臣之间相处得非常融洽，得到了汉武帝的信任和欣赏。

汉武帝知道桑弘羊是一个数学天才，经常把财政经济上那些账目拿来叫桑弘羊计算。因此，桑弘羊虽然身居内宫，对国家的财政经济状况却非常清楚。每当西汉政府在财政上发生困难的时候，他就能适时地提出合理的建议，逐渐地显露出理财的卓越才能。

不久，汉武帝遇到了巨大的财政危机，起因是武帝发动了抗击匈奴的战争。

公元前135年，匈奴再次来请求"和亲"。一下子，刘彻又被戳到了痛处。

如何应对？武帝召集大臣商议对策。商议的结果，一战一和，但主战者少，主和者多。面对唯唯诺诺不争气的大臣们，武帝很愤怒。

桑弘羊的一席话，让他坚定了抗击匈奴的决心：

"汉朝有匈奴的存在，就像木头里有蛀虫存在一样，又好比一个人生了病，不治就会使病加重。春秋战国的时候，诸侯国之间也常常订立盟约，但从来没有一个盟约是坚固的，更何况是反复无信的匈奴！只有用武力解决，才能使边境的老百姓得到安宁。"

这些话，说到了刘彻的心里。一个字：打，我们已经忍你多年了！

公元前133年，汉武帝调动30万人伏击匈奴，从此，大规模的连年战争开始。

打仗是一件非常耗钱的事，开启了战争之门，真金白银就像水一样哗啦啦地向外流。

战争开始后的第四年，大农令(主管财政经济的长官)郑当时就不得不考虑扩大财源，决定对商人的车船征税。

公元前127年，建立朔方郡，参加筑城的有十几万人，费用达数千亿钱。

元朔六年，除战争消耗外，对有功官兵的赏赐，就需黄金20余万斤(黄金一斤值一万钱)。

各处都需要钱，国库早已经入不敷出！

于是，财政部长郑当时向武帝打了报告，说财政收入已经耗竭，"犹不足以奉战士"，建议采取用钱买爵及赎罪的办法增加财政收入，武帝同意了这个建议。但战争耗费太大，仅靠几个卖官的钱，也只是杯水车薪，政府穷得有时连军饷都发不出去了。

公元前120年，山东又发生特大水灾，无数人陷入饥寒之中，无奈之下，政府把七十多万百姓迁徙到边郡安置，所花费用不可胜计，财政更加困难。

还有，几处刚刚开始的水利建设正嗷嗷待哺，否则即将半途而废。

政府几近于山穷水尽，主持财政的郑当时已经束手无策。危机当头，战争还要继续，不解决财政困难，只能前功尽弃。

可是，钱从哪儿来？

农民的负担已经够重，再在农民头上打主意，将会官逼民反，发生更大的危机。

桑弘羊敏锐的目光，盯上了那些富比王侯的盐铁商人。

当年，管仲向齐桓公提出了"官山海"，实行盐铁国家专营。山和海，本来就是属于国家的，依靠晒盐和炼铁富裕起来的盐铁大商人却"不助公家之急"，面对国家困难，他们无动于衷，对此，武帝无比反感。

到了与这些富商大贾算账的时候了。

盐铁专营，把当时两个获利最丰厚的行业收归国有，把他们过去占有的经济利益转化为国家的财政收入。

桑弘羊果断提出了自己的建议。他说，盐铁专卖之后，寓税于价，使人民避免不了征税，又感觉不到征税，政府便可财源滚滚。

如此好事，武帝当然乐意，下令将盐铁的经营收归官府，实行专卖。在产盐和产铁的地方，分设盐官和铁官进行管理。盐专卖采取在官府的监督下由盐民生产，官府定价收购，并由官府运输和销

售。铁专卖采取官府统管铁矿采掘、钢铁冶炼、铁器铸造和销售等一切环节。

盐铁官营，任何人都不得私自煮盐、制铁，违者受"钛左足"的刑罚。

"钛左足"，就是用铁打造一种像袜子一样的刑具，给犯人穿在脚上。刑具重达好几斤。据说，这种刑罚是代替以前的刖刑，即砍一只脚。现在不砍脚了，改成给犯人穿铁袜子，这应该是一种进步。但是，犯人不管干什么，走路、干活、吃饭、睡觉，一天到晚都穿着这么一只沉重的铁袜子，滋味恐怕也不会比砍掉一只脚好受多少。

桑弘羊亲自抓盐铁以后，盐铁官营事业蒸蒸日上，为汉武帝的文攻武卫提供了越来越多的财政收入。汉武帝从财政危机的泥潭中走了出来，继而成为"不差钱"皇帝。

司马迁的《史记·平准书》中记载了这样一件事，说的是一个叫卜式的人，说了一句很雷人的话："烹弘羊，天乃雨！"卜式的意思是：把那个桑弘羊下油锅给炸了，老天爷就下雨了。

原来，当时久旱不雨，卜式说天不下雨的原因，是因为桑弘羊作恶多端，只要把桑弘羊给杀了，天就下雨了。

卜式的话，代表了当时的盐铁巨商的仇恨，但不采取这项措施，汉武帝的帝国大厦有可能就此崩塌，而且盐铁专营对历史产生了深远的影响。

这一年，桑弘羊被任命为大农丞，正式开始了他的理财家生涯。

2. 两手抓，两手都要硬

在推行盐铁官营的同时，汉武帝也在积极整顿国家经济机构，寻求其他的财政来源，以满足和稳定国计民生。

其一，切实搞好税收工作。

这一天，汉武帝正同桑弘羊讨论财政问题，御史大夫张汤进来了，汉武帝叫他不忙于汇报工作，先讨论一下当前最头痛的财政问题。

张汤说，没钱向富人要嘛！

要钱也得有个说法啊，汉武帝说，总不能下令，让你们去抢吧！如果真是这样，我不就成了强盗皇帝吗？

那你们就再弄出个名目来吧！武帝说。

张汤想了想说，就叫"算缗令"。

缗，是穿钱的绳子。古代的铜钱是一枚一枚的，为了便于携带，就用绳子穿起来，一千文铜钱穿成一串，称一贯，也叫一缗。所以在古代，铜钱习惯上又称"缗钱"，缗，这里指的是财产。

"算"，是征收的意思，因此，"算缗"，就是向工商业者征收财产税的法令。

公元前119年，汉武帝颁布了"算缗令"，地主和农民的税率仍维持原来的标准不变，工商业者的税率则大大提高。其中，商人的税率6%，手工业者的3%。

张汤还建议，商人不仅要缴纳财产税，还要单独缴纳车船税，不在算缗之内。现代也有车船税这个税种，车船税这个税种，是由张汤发明的。

"算缗令"计征的基础，是纳税人的财产，这样就出现了一个大问题：如何知道谁家的财产多，谁家的财产少？不弄清楚这个问题，算缗令就是一笔糊涂账。

张汤又建议汉武帝颁发了一个法令，法令规定：纳税人都要主动向政府申报自己的家产，如果隐瞒不报，或者申报不实，要罚他戍边一年，并没收其全部财产。

可是，"算缗令"颁发了好长时间，主动申报家产的人并不多，即使申报，也是大大缩水，更多的富商大贾则是千方百计地装穷，想方设法隐瞒家产，偷税漏税。

除了来自富商大贾的抵制外，朝廷内部的意见也不统一，其中最具代表性的是大农令颜异和右内史义纵。

大农令是国家主管财政的最高长官，连这样的人物也反对算缗令，要想使这项法令顺利实施，那就真的是难上加难了。后来，这两个人被处死，但算缗令却被延续下来了。

公元前113年，桑弘羊出任大农丞，针对"算缗令"执行不力，适时推出了"告缗令"。

"告缗令"，实际上是一个号召群众检举揭发那些隐瞒个人资产、偷逃财产税者的一个通令。这项法令规定，凡是举报属实的，立即把被告人的一半家产奖励给举报者。

群众的眼睛是雪亮的，谁家有钱，谁家没钱，老百姓了解得最清楚，"穷"是装不下去了。而且，重赏之下必有勇夫，举报一个富豪的家产，能得到一半家产的奖赏，这意味着一夜暴富啊！这样的诱惑实在太大了，有多少人能够抵挡住这样的诱惑？

一场声势浩大的算缗、告缗运动，迅速在全国各地轰轰烈烈地展开了，到公元前111年宣布告缗停止，前后仅三年的时间，告缗便取得了巨大成效。

不难想象，当时那种互相检举、揭发的气氛是多么惨烈。由于算缗告缗得到的钱财数以亿计，还有大量的土地和奴婢，再加上盐铁的收益，这就使得国家财政有了很大改善，基本上解决了财政危机的问题。

其二，适时进行币制改革。

汉承秦制，法定货币也是黄金和铜钱，汉初铜钱仍继续名为"半两"。由于经济凋敝，国家对铸钱采取了放任自流的政策。此举虽然对恢复和发展经济曾起到一定的作用，但也导致了货币轻重不一、币值混乱的问题。

到了文帝五年（前175年），政府更撤除了禁止私人铸钱的命令，因而盗铸钱的风气盛行，影响了经济的正常流通；一些地方割据势力也借此极力扩张自己的经济实力，以作为与中央王朝相抗衡的资本。

汉武帝即位以后，财政上捉襟见肘，政府开始铸钱，市场上一时官钱、私钱并行，各种钱币轻重不一，而且钱多物少，物价暴涨，商人乘机浑水摸鱼，从中牟取暴利。

汉武帝曾采纳御史大夫张汤的建议，打算"更钱造币"以佐国用，发行了几种新币如皮币和白金，但由于新钱与旧钱的比价过高，违背了价值规律，而且是时兴时废，致使当时的盗铸之风蔓延到全国，问题变得越来越严重。

桑弘羊出任大农丞后，从现实教训中认识到，物价上涨，社会动荡不安，是由于币值不稳、盗铸严重、私钱盛行造成的。只有稳定币值、稳定物价，才能使人民生活安定。因此，不能靠铸钱来弥补财政亏空，稳定币值才是最重要的。

怎样使目前混乱的币制趋于稳定呢？

桑弘羊认为，必须让货币的面值与实际重量相一致，以前的皮币和白金，不增加货币的重量，只提高名义价值以增加财政收入的做法不能采用。但是，仅从法律角度上规定货币面值与实际重量相一致，仍然放任货币私铸，这种混乱的局面依然难以改变。要彻底解决问题，唯一的办法就是集中铸钱权，由中央政府统一铸钱。

公元前113年，汉武帝采纳了桑弘羊的建议，决定对币制实行改革。一方面下令禁止郡国和民间铸钱，一方面统一货币，命令郡国销毁以前的各种旧钱，熔成铜输送给中央，由中央另造新钱"五铢钱"。规定五铢钱为唯一流通的货币，其他一切货币禁止流通。

五铢钱是方孔外廓的圆钱，由掌管上林的水衡都尉的属官——钟官、技巧和辨铜分工铸造，不仅制作工艺讲究，而且轻重适宜，当时称为"三官钱"，由于重量和面值都是五铢，故称为"五铢钱"。此后直至隋代的七百多年间，各个朝代都铸行五铢钱，只是大小、重量不同而已。

五铢钱是中国历史上数量最多、流通时间最久的货币。

这次币制改革，是中国历史上第一次把铸币权完全收归中央。

它的意义不仅限于铸钱本身，更重要的在于，为稳定经济和市场，增加财政收入，国家以积极主动的姿态干预货币的流通，给后世留下了可资借鉴的经验。

税收和货币，可谓国民经济的命脉，只有两手抓，两手都要硬，才会有国计民生的健康长远发展，才会有社会的长期稳定繁荣。无论何时，有钱才是硬道理，汉武帝的财政改革大获成功，各路财源因此滚滚而来，桑弘羊功不可没。

3."均输""平准"两不误

盐铁专卖，统一货币等经济措施之外，桑弘羊又创行了均输制度和平准法，进一步扩大官营工商业的范围。

均输法，就是封建政府利用各地贡赋收入作底资，对某些大宗商品进行地区之间的远程贩运贸易，调剂物资余缺的一种商业经营方式。

汉代，各郡国按规定都必须向朝廷贡纳一些土特产品，也就是所谓的"土贡"。由于交通不便，加之不懂经营，路程远的郡国把这些贡物运到京师，按市价计算，很可能不足以抵偿运费，加之长途运输出现的损耗，费用更大。有的贡物在当地是上品，运到京师和各地同类产品比较，很可能变成了次品，老远地运到京师，很不合算。有些贡物并不是当地出产的，需要到远方去采购，更难免受到商人的中间剥削，并增加了运输费用。由于运费在赋税收入中冲抵，中央政府也因运费开支过大在财政上遭受损失。

桑弘羊洞察到贡输过程中存在的这些弊端，决心进行改革。

怎样改革？这个商人家庭出身，懂得经商之道的桑弘羊，灵活地运用商人在地区间从事商品贩运贸易的经验，创设了均输法。

均输法的具体做法：凡郡国应向朝廷贡纳的物品，按照当地正常市价，折合成当地出产的土特产品，上交给均输官。然后由均输官将这些土特产品运往其他不出产这些土特产品的地区高价销售。除了一些体积小、价值高、质量优、轻便容易运输且中央政府所需要的土特产送往京师外，其余的都不必由郡国长途跋涉远赴京师长安。

这种做法，解决了过去实物贡输时因路程有远近、输送劳逸不均的问题，所以称为"均输"。同时，把贡物商品化了。当地丰饶的土特产，价格一般比较低，折收的均输实物数量是一个很可观的数字，再将这些土特产运往其他的地方销售，能以一个较高的价格出手，一进一出的转手贸易，赢利一定很大。

西汉政府不必增加一文本钱（盐铁专卖要花本钱），就可以从土特产品的辗转贸易中获得巨额的利润。同时，还可以减除过去花在贡物运输上的巨额运杂费用，间接增加了财政收入。

均输如同商人长途贩运商品一样，根据市场规律，将商品从价格低的地方收购起来，运往价格高的地方出售，在很大程度上抢占了商人的市场份额。

由过去以行政手段、实物输送的形式办贡赋，改为以经济方式，通过物品货币的转换使贡赋"商品化"，这样的做法，桑弘羊是首创。

从这种意义上说，"均输"是桑弘羊在经济改革中的一大创新，也是中国经济史上的一件大事。

商人儿子的智慧，果然非同凡响，大脑里充满了商人的理念，并将这种理念运用到处理国家财政问题上，开创出了石破天惊的新政策。在商业上，桑弘羊无疑是一个天才。

公元前110年，桑弘羊出任主管财政的最高长官之后，在全国普遍推行均输，而且搞得风生水起，人们才开始认识到这项经济政策的意义。

自元封元年全面推行均输法后，在短短一年之中即取得令人鼓舞的成效。史载国家向急需粮食的地区调运粮食，而大农诸官则都向京城运送粮食，结果使山东漕运由汉初的数十万石竟猛增到六百万石。同时，太仓和甘泉仓这两个著名的国家粮库都装满了粮食，边郡粮库也都有余粮，通过均输所直接获得的赢余有五百万匹帛。

均输法在实施过程中也存在一些弊端。主要表现在两个方面：一是有些均输官征收贡物，不是征收当地能够生产的土特产品，而是征收当地没有的物品。二是在上交物品的验收上有些均输官故意刁难百姓，在买卖货物时又往往采取欺诈手段，低价买进，高价卖出，给农民造成了更大的负担和痛苦。

桑弘羊在大力推行均输法的同时，还采取了一项新的经济政策——"平准"。

这里所说的平准，就是由政府控制全国的物资和买卖，平抑物价。为了保证平准政策的贯彻实施，政府专门设立了平准署这样一个机构，并配备了平准令等一批专职物价工作人员。大农诸官以各地均输的物品和工官生产的车船、器具为后盾，当京城某种商品过分涨价时，就以平价向市场抛售，使其物价下降；反之，如果某种商品价格过低，就大量买进，促使物价回升。

桑弘羊实施平准法的目的主要是为了稳定物价，但也有营利作用。它与均输相辅相成，是控制市场、平抑物价政策的两个不同侧面。平准要靠均输来提供货源，均输官所征收或收购的物资，运往京师后也要通过平准出售，两者如影随形，有着不可分割的联系。

平准法的推行，对于稳定物价、打击投机商操纵市场的不法行为具有比较明显的作用。但同样也出现了一些弊端。一方面，官府乱发号令，强迫收购各种物品，导致物价上涨，为商贾牟利创造了条件；另一方面，官吏直接从事贸易，也必然会出现营私舞弊、官商勾结甚至囤积居奇的现象。

从公元前110年到公元前101年，十年间，桑弘羊独掌西汉政府财政大权，大力推广盐铁、均输、平准政策，再加上其他收入，使国家财政变得钵满盆满，太仓、甘泉仓的粮食多得无处存，在此基础上，西汉王朝的国势也达到了顶点。

公元前110年，汉武帝率18万铁骑巡视边境，至朔方，临北河，旌旗招展绵延达千余里，向匈奴人示威。匈奴人被这种气势所震慑，不敢再和汉军开战。

同年五月，汉武帝又东到"泰山，巡海上"，所过之处，用于赏赐的帛达百万匹，钱数以亿计，这些费用开支，都是由大农提供的。

依仗雄厚的财力物力，关中地区的水利工程也纷纷完工，顺利地渡过了齐、赵地区的自然灾害；北方防御力量也加强了，边境保持了一个长时期的稳定。

所有这些，都是以桑弘羊的经济政策所取得的巨大财政收入为基石的，就连主张经济自由，对桑弘羊的经济干涉政策颇有微词的司马迁，也不得不承认桑弘羊做到了"民不益赋而天下用饶"。

在中国历史上，桑弘羊是一位理财高手，但不要忘记，无论桑弘羊有多么大的本事，如果汉武帝不给他施展本事的平台，他也将一事无成。如果说桑弘羊是理财高手，那么，汉武帝就是赚钱大王，他才是真正的老板。

四、"罢黜百家，独尊儒术"

1. 目不窥园，心忧天下

在所有的几何体之中，三角形的稳定性最好，一个王朝的统治也是如此。政治、经济、思想文化，就是一个社会的三角组合，三者缺一不可。任何一个角的缺失，都可能带来未来发展的隐忧或者混乱。

武帝的祖辈和父辈们，信奉的是清静无为的黄老之术，奉行的是休养生息的统治政策，这是一种和汉初国情相适应的决策，事实已经证明，"文景之治"的出现不是偶然的。

武帝即位，面对盛世美景，怎样在物质丰富、GDP大幅增长的基础上实现大治？这个使命历史地落到了汉武帝的身上。汉武帝的继位，给西汉社会带来了新气象，他要寻求一种更加合理的思想文化寄托。

就这样，又一个重量级人才来到了武帝的面前，一个寂寞的书生也因此走进了历史。

喜欢武帝的汉粉们应该都知道了，这个人叫董仲舒。

我们也许还知道，儒学自成一家之后，第一个尝到儒学甜头的，是高祖刘邦。

天下初定，汉高祖曾起用叔孙通制定朝仪，初尝儒雅的美味，后由于忙于剿灭"残匪"，干戈未解，未暇大兴儒教。

文景之时，"窦太后又好黄老"，诸博士不仅难以儒业得幸，而且还有触忌犯讳之虞。

一次，窦太后问博士辕固生《老子》之书，辕固生说，《老子》是浅俗的"家人之言"，窦太后愤而骂五经为"司空城旦书"（犹言刑徒之书），并把辕固生关了起来，然后让他徒手斗野猪，幸而景帝偷偷给他一柄利剑，才免于横死。

众博士看在眼里，惧在心上，哪里还有心思宏扬儒业，经世先王！有的竟纷纷找借口辞掉博士之职，逃之夭夭。

在此期间，董仲舒也韬光养晦，政治上一无建树。

据说，这是一个出了名的"书呆子"。

这个著名的书呆子在景帝时已经做了博士。不过，中国古代的"博士"跟我们现在的"博士"不一样。现在的博士是一种学位，那时候的博士是一种职官，实际就是皇帝的学术顾问。

知名学者董博士有一所花园套房，可他整天钻在书房里，研读儒学。春日，万紫千红开遍，看不见；夏夜，禽鸟百虫争鸣，听不见。寒来暑往，三年没有踏进后花园一步，因此，人们称赞他"三年不窥园"。"三年不窥园"后来精炼为成语"目不窥园"，形容一个人专心苦读，心无旁骛。

但他并没有消极避世，他一方面广招生徒，私相传授，为汉朝培养了一批推行儒学的合格人才。《史记》说董仲舒弟子通经学者"以百数"，而且都很出色，司马迁也曾师从董仲舒。另一方面，董仲舒又谨慎地观察现实，潜心地研讨百家学说，特别是深研汉初以来一直占统治地位的黄老之学。

他要构建一个前所未有、兼容诸子百家的新儒学体系，以适应西汉社会大一统局面，以求积极有为之效。

目不窥园，却心忧天下。他要待价而沽，应时而出！

2. 董博士的思想政治课

汉武帝刚继位那几年，作为一个雄心勃勃、精力旺盛的少年天子，对于老一辈清静无为，甚至无所作为的作风，早就看不下去了，建元元年新年伊始，就开始下诏招募人才，踌躇满志地要重振国威。

一时，应者云集，想干点事或者借此整点功名的人，都跃跃欲试，站了出来。

可是，武帝还是有些失望。

来京城面试的才子们，虽满腹经纶，口若悬河，滔滔不绝，却没有说到武帝心眼里去。

这一次，董仲舒没有出现。

他没有出现的原因有两个：

第一，窦太后还在，董仲舒不想惹她也不敢惹她，不想因此惹祸上身，重蹈覆辙。

第二，他要彻底摸清武帝的心思，知己知彼，百战不殆。

公元前134年，窦太后终于老去了，武帝真正获得了自由，完完全全解放了，再次下诏征求治国方略，不设门槛地选用人才。

蛰伏了几年之后，董仲舒做足了揣摩的功夫，终于应时而出。

就这样，低调的董博士遇到了高调的汉武帝。

初次相见，武帝说，你不要像他们一样，拿那些陈词滥调忽悠我。

据说，董仲舒有些口吃，说话不太利索，但就是这张笨嘴，楞把武帝说动了。

董仲舒是一个了不得的人，他和武帝之间一共有三次对话，每次对话都让武帝听得如痴如醉，心花怒放，击节叫绝。

第一次，董仲舒说，你的权力不是窦太后给的，也不是你老爸给的。

武帝一头雾水。

董仲舒不紧不慢地说，你的权力是上天给的，君权神授。

武帝有些明白了。

董仲舒接着说："天者，百神之君也。唯天子受命于天，天下受命于天子。"

天是宇宙间的最高主宰，天有着绝对的权威，人君受命于天，奉天承运，进行统治，代表天的意志治理人世，一切臣民都应绝对服从君主。

皇帝的权利是上天赐予的，天子不是任何人可以做的。所谓"改正朔，易服色"，只不过是"以顺天命而已"。

说得好，武帝很兴奋。君权神授，正是武帝需要的。

董仲舒离成功已经很近了。

第二次，董博士给一向好儒的武帝上了一堂地地道道的儒学课。因为上一次的感动，武帝这一次听得更认真。

儒家的精华是什么？董仲舒开始发问了。

武帝还真不知道，虽然对儒家的敬仰之心早已有之。

三纲五常。董仲舒说，很肯定，也很坚定。他接着说道：

"三纲"者：君为臣纲、父为子纲、夫为妻纲。"五常"者：仁、义、礼、智、信。

君主是臣子的领导，父亲是儿子的领导，老公是老婆的领导，这个秩序不能变，如此，自会有秩序和权威。

在秩序和权威存在的情况下，所有人在仁、义、礼、智、信的理念下行动，天下自会太平。

董仲舒还说，三纲五常可求于天，不能改变，是君主维持社会伦理秩序的根基。

普天之下，莫非王土；率土之滨，莫非王臣。这样的一番对话，武帝能不高兴吗？

看到武帝高兴的样子，董博士对自己简直佩服得五体投地。

今天到此为止，好听的还有，下次再聊。董博士开始吊胃口了。

第三次对话，董仲舒提出了一个名词：大一统。

这个武帝肯定明白，大一统，就是不搞分裂，大权牢牢抓在我的手里，政通人和，国本牢固，天长地久，天下统一。

这一点与武帝的政治理想一拍即合。景帝一朝，不仅有"七国之乱"，堂堂大汉竟赖和亲苟安，这些都令他痛恨不已、如鲠在喉。中央集权，一统华夏，是汉武帝一生孜孜以求的夙愿。

武帝关心的是，靠什么达到这个目的？

"罢黜百家，独尊儒术！"

董博士终于喊出了这样的口号。只有儒家才能帮助武帝达到这样的伟大目的。

董仲舒不仅是一个用功的学问家，又实在是一个极好的宣传家。他接着强调，尊儒不是目的，它的目的是树立一种国家唯一的统治思想，用思想上的统一来为政治上的大一统服务。

武帝不由得击节叫好。

三次对话，堪称完美。董仲舒实在是一个人才，据说，后来他辞职回乡，居家著书，朝廷每有大议，武帝仍令使者及廷尉就其家而问之，对其很尊重。

为了选拔合适的统治人才，董仲舒还提出建立太学，改革人才拔擢制度，即"兴太学，举贤良"。

就如武帝遇到董仲舒，任何时候，人才都是稀缺资源；所以，古有伯乐，今有猎头。怎样发现人才？只有将选才制度化、规范化，才能保证人才输送的长期、有效、有用。

太学就是设立在京城的国家最高学府，是中国历史上第一所国立中央大学。此外，在京城之外也开办了很多学校。

而且，上学读书，一定要把儒家的书读好，因为现在儒学就是各位的粮票！做官、做人一个都不能少。

雄才大略的汉武帝在百家之学中，通过董博士，再次体会到了儒学的魅力。从此，本为民间一家的儒学被指定为官方思想，戴上了皇冠，拥有了权杖，影响中国两千多年。而曾经目不窥园的书生，则实现了他儒学与皇权联姻的政治理想。

当然，汉武帝真正实践的，是"外儒内法"的统治策略，"独尊儒术"不过是一种旗帜和号召。

但，儒学却因此成为一种主流文化，也成为一种共同的价值认同和集体信仰，大大增强了国家的凝聚力，对中华民族的影响尤其深远。

我们这个国家，经过两千多年，始终没有出现大的分裂，这么多民族能凝聚成一个整体，和儒家长期统一中国的文化思想关系密切。

从这个意义上来说，董仲舒功不可没，汉武帝功不可没。

至此，汉武帝的"大一统"工程完美竣工，政治、经济、思想文化的"铁三角"巍然挺立。

时代成就了他的梦想。同时，他也成就了一个时代。正如电视剧《汉武大帝》片头如此评价汉武帝：

他建立了一个国家前所未有的尊严；他给了一个族群挺立千秋的自信；他的国号成了一个伟大民族永远的名字。

历|朝|变|法|往|事

第三章 魏孝文帝
一场与时俱进的汉化进程

年少登基,"娃娃皇帝"拓跋宏有着鲜为人知的幸与不幸。立国伊始,社会动荡,腐败横生,治天下比得天下更加让人忧虑。改革,迫在眉睫,不改就是死胡同!

新账旧账一起算,那些官场老规矩,现在不行了。谁以身试法,谁就是改革的绊脚石和国家崛起的历史罪人。

国泰民安,"不患贫而患不均"。农耕时代,均田制对后世影响可谓深远。一统天下,永远是每一个强悍雄主的梦想。孝文帝迁都,可谓北魏发展史上的大事件。

文明终究会战胜野蛮,先进终究要替代落后。向汉文化致敬并一步步靠近,这是一种勇气和自觉,也是一种智慧和力量。

"一万年太久,只争朝夕。"只可惜天妒英才,南征途中,孝文帝走完了传奇人生的最后征程。

一、黎明前的黑暗

1."娃娃皇帝"的幸和不幸

敕勒川，阴山下，
天似穹庐，笼盖四野。
天苍苍，野茫茫，
风吹草低见牛羊。

公元386年四月里的一天，美丽辽阔的漠北草原，少年气锐、志向远大的鲜卑族拓跋部代国国王拓跋珪毅然诏告草原各部，将代国国号更改为魏，自称魏王，改元立国，北魏建立。

公元398年，北魏迁都平城（今山西大同），拓跋珪称皇帝，即北魏道武帝。

公元439年，几十年艰苦卓绝的战争后，魏太武帝拓跋焘统一北方。

公元467年，拓跋宏生于当时的北魏首都平城（今山西大同北），两年后被立为太子。

公元471年，拓跋宏即帝位，年仅5岁，在平城皇宫的太华殿前举行隆重的登基大典时，他是被人抱上皇帝宝座的，名副其实的娃娃皇帝。

在我们的感觉和记忆里，历史，似乎就是这样一些次第排列的数字，那些真正的历史真相我们却看不到，因为那些曾经栩栩如生的人和事，那些惨烈的争斗和杀戮，早已经随着岁月的流逝被淹没得几乎无影无踪。

一系列的数字，近一百年的光阴逝去了，这是从北魏立国到孝文帝拓跋宏继位的历史距离。逐水草而居的游牧生活，一定不会一如诗歌般的美丽动人，如果回溯古老的鲜卑族不断艰苦奋争的历史，又何止几百年。

我们的述说，就由此开始。

拓跋宏年少登基，娃娃皇帝似乎很幸运。

其实不然。

拓跋部建立北魏后，学会了中原王朝维持皇权统治的某些做法，并定为制度严格执行。这个制度就是，后宫产子，一旦该子被立为太子，其母就要被赐死。"子贵母死"，其用意在于避免皇帝年幼即位，大权落到母系外戚手中。

因此，两岁的拓跋宏被立为太子时，母亲思皇后李氏即被"赐死"。这一野蛮的做法不仅给拓跋宏幼小的心灵蒙上了一层阴影，也仿佛预示着他日后家庭生活的凄凉与不幸。

失去亲母的拓跋宏，从此便由祖母冯太后抚养。

不幸的事还在后边。

孝文帝拓跋宏的父亲拓跋弘即位时，年仅12岁，北魏孤儿寡母，政局不稳，冯太后初露锋芒，平定关中叛乱，临朝称制，掌握了朝政大权。孝文帝拓跋宏刚一出生，冯太后即摆出"罢令，不听政事"的姿态，将政权交给了其父献文帝拓跋弘。

当献文帝拓跋弘亲政后，开放山泽之禁，开仓救济灾民，带兵北伐柔然，很快就显出了他年轻有为、桀骜不驯的风姿。但权欲旺盛的冯太后坐不住了，干预北魏政事成了她的家常便饭。

太后再度干政，自然会引起献文帝的不满，加之他们并非血亲母子，于是，一场司空见惯的宫廷权力斗争于不知不觉间就爆发了，结果是根基深固、极富政治谋略的冯太后获胜。

于是，在冯太后的威压下，献文帝被迫"禅位"给年仅5岁的太子拓跋宏。

当时献文帝只有19岁，正是血气方刚的年龄，退位后的他却总是蠢蠢欲动，不甘心从此变得一事无成。随即，他就以太上皇的身份亲自率兵出击柔然，并不断地巡视各地，"国之大事咸以闻"，还将冯太后罢黜的一名旧臣重新起用。

所有这些，又引发并加深了他与冯太后之间的矛盾。冯太后迫他逊让退位、送上一顶太上皇的头衔就已经是手下留情，很不错的了。可献文帝毕竟年轻，未能领悟到冯太后的深远用意。

公元476年，冯太后干脆一不做二不休，毫不客气地将献文帝毒杀了。这一年，孝文帝拓跋宏10岁。献文帝一死，冯太后即被尊为太皇太后。直到她于公元490年去世为止，一直都在临朝称制，没有放弃手中的权力。

这样的人生际遇，对于年幼的北魏孝文帝来说，幸耶，还是不幸？

一方面，孝文帝还太小，冯太后临朝听政稳定了大局，北魏政权没有陷入混乱的泥潭。又一方面，冯太后性格坚强，做事果决，《魏书·皇后列传》说她"多智略，猜忍，能行大事，生杀赏罚，决之俄顷"，颇具政治家风采。在她的主政下，北魏经济政治继续良性发展，而且她还按自己心中的理想培养着新登基的小皇帝，对拓跋宏寄寓了深切厚望。

这正是孝文帝不幸中的大幸运。尤其，冯太后是汉族人，受过汉族传统文化的教育。拓跋宏的血管里流着的虽然是鲜卑族拓跋氏的血液，但他从小受到的却是汉文化的熏陶与教育，围绕在他身边的大臣也是一批具有极高文化修养的汉族士大夫。

他自幼爱好读书，手不释卷，天分极高。冯太后还亲自创作《劝诫歌》《皇诰》等文章督促他阅读、背诵，将儒家的忠孝、仁爱、礼义等封建道德思想传授给拓跋宏，并用自己的言行感染、影响他。比如冯太后生活节俭，"不好华饰"，对待下人比较宽慈，拓跋宏也依样仿行。儿时的生活积淀在拓跋宏内心深处，影响了他的整个人生。此后，拓跋宏一辈子爱好诗文，并创作了大量的诗赋文章（约40卷）；他为政勤奋，励精图治，个人生活相当节俭；他提倡封建伦理道德，讲究孝悌、仁义、忠信，不仅身体力行，也要求臣民如此。

这些，都是他日后推行全盘汉化政策的内在基础与指导思想。

当然，拓跋宏并未完全放弃鲜卑习俗。况且，当时南北对峙，战争频仍，也需要帝王具有带兵打仗的卓越能力。因此，拓跋宏在习文的同时，也练就了一身武功。他从小善射，"及射禽兽，莫不随所志毙之"；臂力也好，十多岁时即能以手指弹碎羊的肩骨。如此成长起来的拓跋宏既具骑射武功，又富汉文化修养，可谓文武兼备之才。

一个马背上的民族，一个铁蹄践踏出来的国家，我们当然不能漠视它的存在，却可以想象它立国之初混乱不堪的样子。

百废待举，雏鹰试飞，但孝文帝真正面对的，却是一个危机四伏的烂摊子。

2. 危机四伏

没有人怀疑，鲜卑拓拔部在军事上是胜利的征服者，但在社会发展的文明程度上，拓跋部却是个后进者，南朝人因此称北魏政权是"胡风国俗，杂相揉乱"。

也许，南朝人的讽刺还不是最重要的，最要命的，鲜卑人的马蹄踏过之处，是触目可见的矛盾和无处不在的危机。

首先，是两种统治制度的对立。

北魏从建国时起，就实行一种分部制，将拓拔部分为六部，各设国部大人统领，其他各族人民则被编入八部，设外部大人管辖。诸部大人作为部众的代表，在政治上享有很高的地位，拥有参与朝政和决策军国大事的权力。

进入中原，建立起胡汉统治者联合专政的政权之后，这种分部制继续存在，拓拔贵族在政权中占有主导地位，并极力抬高拓拔部族人的社会地位，将其称之为"国人"。"国人"可以在经济上和政治上得到特殊的保障，享有免除赋役负担的特权。

另一方面，广大汉族人民及部分汉化程度较高的少数民族人民则实行一种中国古代颇为独特的制度——宗主督护制。

这项制度是特定时期的历史产物。它的产生与十六国北朝时期北方汉人中宗法关系的强化和宗族观念的深化密切相关。长期的战乱，长期的流离失所，让那些同宗同族同姓的人走到了一起，借此，他们可以互相依靠，共渡难关，久而久之，形成了一种牢固的习俗。

当时北方人十分注重宗族关系，在宗族组织内，地主豪强世代占据着宗主的位置，他们通过宗法把族人束缚于贵贱、亲疏、长幼之礼等形形色色的羁绊中。不仅如此，他们还利用宗族的势力争强称霸，形成把持一方的强宗大族。

北魏对中原实行的基本上是武力征服与野蛮掠夺的政策，野蛮的徙民和军事占领激起了中原地区的普遍反抗，北魏政府不得不改变政策，继续推行宗主督护制，拉拢汉族大族，稳定它在中原地区的统治。

事实证明，宗主督护起到了这样的作用。由于拓拔部统治者与宗主豪强的矛盾相对缓和，促使中原社会迅速地安定下来。

不过，宗主督护制度的维持，毕竟只是羁縻宗主豪强的权宜之计，它给拓拔部统治者带来的好处是相对的、暂时的；随着时间的推移，隐患日益暴露，宗主督护的消极作用逐渐显现。

随着宗主豪强的经济势力的发展，他们的政治势力也膨胀起来。这些人不仅父子、兄弟相继世为宗主，而且为了共同的政治经济利益，通过结盟、联姻等方式互相勾结，形成为势力更猛的强宗大族。这些强宗大族正是高踞于社会之上的门阀势力的基础。强宗大族往往凭借其号令一方的势力，不断地向拓拔部统治者争取更高的政治地位和社会地位。

拓拔部统治者与宗主豪强之间的矛盾在经济上突出地表现为对赋税与人口的争夺。加之拓拔部进入中原后对农业不重视，听任土地荒芜，以便放牧，使农业生产遭到严重破坏。北方地区人口大为减少，经济空前衰退，许多地方呈现出"良畴委而不开，柔桑枯而不采"的荒凉景象。

显然，拓拔部统治者如果再不对日益发展的宗主豪强势力加以遏制，不仅会直接影响政府的财政收入，而且要削弱乃至威胁它在中原地区的统治了。

其次，政治和经济的矛盾，势必又让民族矛盾再度激化。

拓拔部在进入中原地区后，曾极力笼络汉族贵族，以巩固自己的统治，许多汉族士大夫也因此受到任用。但是，在北魏政权中，汉族地主的传统地位毕竟比过去明显降低，他们试图挽回失去的地位和特权，必然要触犯拓拔贵族及其皇族的利益。

这种矛盾尖锐化的结果，是一些汉族大族代表人物遭到排斥打击，甚至被无情地被杀害。汉族地主忍无可忍，不断进行反抗斗争。

又一方面，被征服的各族人民在阶级和民族双重压迫下，处于十分悲惨的境地，阶级矛盾和民族矛盾的尖锐，引发了大规模民族起义。公元445年至446年，关中卢水胡（胡族的一种）盖吴联络汉、氐、羌诸族，进兵威胁长安。北魏太武帝拓拔焘"御驾亲征"，才把这次起义镇压下去。

到孝文帝即位以后，各族人民的起义更是连绵不断，孝文帝在位的前12年，竟发生了20多次起义，遍及中原各地，震撼了北魏的统治。

第三，拓跋部统治阶级内部冲突不断，官吏腐败。

鲜卑族统治阶级内部分化日益严重，落后的拓拔贵族与逐渐封建化的拓拔贵族代表人物之间面临着极大的冲突。一些守旧拓拔贵族的传统地位和权力受到削弱，引起了他们的强烈不满，流血事件屡次发生。

同时，完成北方的统一后，鲜卑贵族居功自傲，圈地为王，各地官员更是公开贪污受贿，大肆搜刮民脂民膏。吏治腐败，财政匮乏，国家机构遭到严重蛀蚀，贵族们贪图享受，昔日的犷悍善战之风也在逐渐消失。

这是任何一个朝代开国皇帝都要面临的主要问题，北魏历代皇帝对此深感不安，多次下诏惩治不法官吏，采取严厉的抓、罚、杀戮政策，可根本解决不了官员腐败这一老大难问题。

立国伊始，社会一直动荡不安，治天下比得天下更加让人忧虑。

长此以往，国将不国，何谈一统南方？

穷则变，变则通，通则久。改革，迫在眉睫，非改不可，不改只能是死胡同！

二、除旧布新，民生至上

1. 新账旧账都要算

吏治的腐败，除了会让社会变得越来越混乱，更大的危险是，它还会让所有人对它产生厌倦和绝望。

但，对于北魏政权，这种可怕状况的产生，事出有因，也史出有因。弊端的产生，源于这个游牧民族的一种古老习俗：北魏官吏没有俸禄。

没有俸禄怎么办？

当然有的是办法。

中央官吏，按等级可以得到战争中获得的财物和劳动人口；这些财物和人口，大多来自疯狂掠夺和强行占有。

地方官吏，只要上交一定数量的租税和绢帛等实物，就可以再去任意搜刮百姓。

在这样的一种制度下，不乱才是怪事情。

这是以前的老规矩，我们的祖辈就是这么干的。

不用多加猜测，我们就可以明白，这是这个游牧民族一直以来的习性，和逐水草而居的马背生活相适应，和他们艰苦卓绝的掠夺与被掠夺生涯相适应，能者多劳，多劳多得，战利品除了要进贡之外，就是最大可能地据为己有。

但，现在不行了，凭借当年的剽悍和英勇，流动的部落已经占据了中原的半壁江山，马背上的那一套不再适应现状。

习惯的力量，真的无法估量，现状依然是，吏治黑暗，搜刮贪污成风，后果很严重，直接威胁到了北魏政权的稳定。

所以，我们除了应该敬仰那些开国帝王的雄才大略，更应该感叹那些顺应潮流、敢于创新的改革者。

从一个娃娃皇帝成长起来的孝文帝，就是这样一个应该永远被历史记住的人。

"马上得天下，安能马上治之乎？"在冯太后的大力支持下，孝文帝决心澄清吏治，巩固统治。公元484年，他颁布诏书，下令实行俸禄制。

俸禄制，一改北魏官吏无俸禄的陋俗，由国家征收统一的租调，筹集禄银，按级别高低发给官吏，不许官吏自筹。

俸禄制之外，是严厉的惩治措施。法令规定"禄行之后，赃满一匹者死"。

可是，就是有人不愿意相信，改变，已经开始。

据说，每一个习惯的养成，大约需要二十一天的时间。面对拓跋部几百年养成的贵族作风，改变和废除，谈何容易。因此，历史上几乎任何一次变法或者改革，都会有流血，因为总是会有人以身试法。为此，孝文帝采取一系列措施，整顿吏治，惩治腐败。

在反贪问题上，孝文帝态度坚决，毫不含糊。无论皇亲国戚，还是功臣英雄，只要触犯了红线，一律惩处。秦益二州刺史李洪之是孝文帝的亲舅祖，有司奏劾他"受赃狼藉，又以酷暴"，孝文帝在太华殿召集群臣讨论，决定让李洪之归家自裁。皇室成员临淮王拓跋提、章武王拓跋彬、汝阴王拓跋天赐、京兆王拓跋太兴、济阳王拓跋郁、赵郡王拓跋干等人，由于贪墨腐化，先后以"贪纵""贪婪""贪残""聚敛肆情""赎货""贪淫"等罪被惩处。幽州刺史张赦提曾是功勋卓著的剿匪英雄，由于纵容妻子受贿，逐渐蜕化为贪官。散中大夫李真香出使幽州，发现张赦提贪赃枉法，随即上奏朝廷。张妻自恃朝中有人，反而进京诬告李真香。事实澄清之后，张赦提被判大辟极刑，孝文帝念他任游徼军将时剿寇有功，赐他在家自尽。齐州刺史高遵，性极贪鄙，四处敲诈勒索，亲属倚仗他的权势，横行乡里，争取货利；高遵的罪行被举报到朝廷，他用大量钱财请人出面说情，希望宽大处理，但遭到孝文帝的拒绝,当即被赐死。

这一年，一同被诛杀的，还有40多个，都是形形色色的贪官污吏，或者屡教不改者。

孝文帝强力推行改革与反贪，给北魏政治带来了清新的局面。史书称赞孝文帝时代："肃明纲纪，赏罚必行，肇革旧轨，时多奉法。"事实已然如此，说明孝文帝的改革是成功的，反贪是有效的。改革之所以成功，关键在于他具有高度的自觉性与坚定性，毅然肇革部落文明的旧轨，对接华夏文明的新轨；反贪之所以有效，关键在于肃明纲纪，完善制度（俸禄制）与法律（北魏律），承认并保障官吏的合法利益，依法惩治贪腐，做到赏罚必行。

在其位，谋其政。除了大力惩治贪污腐败，孝文帝认为，为官者毫无作为，没有建树也应受到惩处，新账旧账都要算。

公元494年，孝文帝在官员管理方面推出一项重大举措：每三年考评一次官员，并将被考评者分为上中下三等，其中上等和下等再分为三等，上等中之上者才提升，下等中之下者罢免，中等的原位不变。考评结束，孝文帝亲临朝堂，宣布对众臣百官的罢黜或提升，使低能者不妨碍忠贤者上进，使有才能者不总是处于低位，以让人尽其才、才尽其用。他对诸位尚书说："尚书是关键性的要害职位，并非仅仅是管管总务，处理一下文书而已。朕的成败得失，完全关系于尚书。你们担任这职务，已经好几年了，但从来没有向朕建议过什么事可为，什么事不可为，没有推荐过一个贤才，撤换过一个不称职的人，这是罪过中之最大者。"

于是，尚书们因不称职或被降职，或被罢黜官位，或被削去俸禄，立即执行。尤为出人意料的是，孝文帝对录尚书事广陵王拓跋羽说："你是朕的弟弟，处在执掌要害部门的位置上。但是，你没有勤勉为政、恪守本职的声誉，却有结党营私的行迹。现在，罢免你的录尚书、廷尉之职，只担任特进、太子太保。"接着又对尚书任城王拓跋澄说："叔叔，你趾高气扬，骄傲自大，所以解除少保职务。"

应该说孝文帝对官员的考评是很有魄力的，也是高明的、公平的。在孝文帝之前，北魏考评官员的做法，虽然也是每三年考评一次，却要连续考评三次，也就是要九年后才根据情况对官员进行罢免和提升。孝文帝认为九年时间太长，该罢免的没有及时罢免，贻误工作，该提升的未能尽快提升，耽误了人才。于是就果断地打破"惯例"，每次考评都罢免和提升。这实在是一种不因循守旧、难能可贵的改革精神！

孝文帝既敢于改革"祖制"，还对官员的政绩有独到的见解。在他看来，"无功就是过"。因此，他既处罚犯有错误的官员，又处罚没错误也没功绩的官员。那时的尚书们，四平八稳，没有过失，但由于没有在本职岗位上推荐贤才，建功立业，没有撤换庸才，实质上就是"过"，就该惩处。

无功也是过，这又是一记重拳！要来就来真的。从此，没有人再怀疑改革，也没有人再阻挡改革的继续进行。

2. 耕者有其田

白骨露于野，千里无鸡鸣。
生民百遗一，念之断人肠。

这是曹操的文字，描摹的是一种和《敕勒歌》的田园风光完全不同的北方战后惨淡风景。

战乱，连年不息的争斗，除了人员的大量伤亡，还遗留了一个严重的问题，那就是土地的大量闲置和荒芜。

兵戈不息，民不聊生，百姓只能抛弃赖以生存的土地，到处流亡，以致"千里无人烟"，一片凄凉。

除了战乱引起的土地大量荒芜，北魏初年，一个更大的社会问题是土地的严重兼并，而土地兼并的根源在于当时的宗主督护制。

西晋八王之乱，北方众多少数民族入侵，建立了许多个国家和政权，史称五胡十六国。这些国家和政权相互攻战，相互争夺地盘，闹得遍地狼烟四起，战火纷飞，民不聊生。有钱人一部分逃到了南方，另一部分寸土难离，便以家族为基础在村庄周围磊墙筑堡，依靠他们手中控制的大量土地，招收难民为奴隶为佃户加以武装，既耕且战，进行自卫，应对外来的入侵。这种且耕且战的堡垒，史称坞壁。一时间战火纷飞的中国北方大地上到处都是坞壁，而且坞壁与坞壁之间有着密切联系，称作联堡。比如10联堡、12联堡垒、15联堡垒，以至数十联堡。其中又有总指挥，形成强大的武装集团来进行自卫。北魏立国后，打败了不少强大敌人，对坞壁却没有办法。坞壁数量之众无以数计，无奈之下只好向它们妥协，给这坞壁主封官，名为"宗主督户"，让他们给征租赋，维持社会治安。

但北魏的税赋是以户进行征收的。这些大大小小的坞壁，其中往往是千人共籍，百户为一家。大户之内包荫着许多小户，小户受大户的控制和欺凌。每年向国家缴纳的租赋，全是豪强大户向小户征收，然后由豪强大户再交国家。他们不只向下收得多，给国家缴得少，甚至在粮中掺沙拌水作弊，上欺国家，下坑包荫户，成为地方上的一害。他们对国家的一些政令，往往采取实用主义态度，有利的就执行，没利的不执行，影响着中央集权的统一。北魏政府感到坞壁可恶，企图把他们解散，也把一些坞壁的首领和富豪迁至京畿加以控制，却引起骚乱，最后则以安抚告终。坞壁势力的发展越来越大，有的跑马圈地，有的开矿煮盐，武装成千上万，独霸一方。他们隐丁漏口，逃瞒租赋，上欺国家，下坑百姓，致使租调锐减，国库空虚。冯太后对此也早有所虑，因此她多次下令检查户口，查出了不少包荫户，对那些坞壁主和豪强大户加以惩戒。但国内有千千万万的坞壁，如何能查得过来？所有坞壁主和豪强大户又都是一路货色，可总不能都把他们治罪。特别是那些构成集团性的坞壁势力，不只独霸一方，还组织暴动、率众起义，威胁一方的安全。在冯太后临朝称制的近二十年间，各地大大小的小起义事件就十余次，差不多两年就有一次。

坞壁的发展，已成为北魏的一大祸患，必须妥善加以解决。但坞壁是特定历史条件下的产物，既不能将那些豪强大户迁走，把坞壁解散，又不能派官员去管理，更不能用武力征服，毕竟他们还是一方衣食父母。

相州刺史李安世得知此事，便向朝廷上疏，其内容是："土地的占有历来国之大事，量地划野，经国之大式。西周井田之兴，其来已久，田莱（田野）之数，制之以限。坞壁人口众多，土地则为豪强大户占有，这便是坞壁存在的要害。若要解决其上欺国家、下凌百姓、为乱一方之患，依臣愚见，应澄清户口，均分其土地。使佃民获有资生之益，豪强则无地利可求。并宜年限断，令均分之田永免侵夺。如此则以强凌弱，称霸一方，欺骗朝廷的坞壁之祸，如抽薪之釜，断源之流，自然消除。"

李安世是北魏很有影响的名士，自任相州刺史之后，看到坞壁主各霸一方，隐丁漏口，偷逃租赋，上欺国家，下凌百姓，心中愤愤不平，便派人反复清查户口。对一些残掠百姓，公私成患的豪强大户，严加制裁。并没收他们的土地，均分给百姓，深受广大百姓的拥戴。他的上疏可谓是雪中送炭、救火之水，深受冯太后、孝文帝和众臣的赏识。因而采纳了他的建议，便于太和九年（485年）下诏，将所有土地收归国有，为广大的百姓进行均分，这便是历史上所说的均田制。

均田制，顾名思义，就是把田地按人口分配均匀，按一定标准重新分配给老百姓，耕者有其田。

均田令一再强调，土地不得买卖，不种则由政府收回。同时，鼓励开垦荒地，发展生产。

北魏的均田制是人类历史上一场了不起的革命，也是我国历史上最有声誉的一次改革。这一改革的成功，使北魏社会由乱到治，由动荡变安定，经济繁荣，百姓丰衣足食，国库盈实，推动北魏发展到鼎盛时期。

由于措施到位，落实有力，均田制的推行影响深远。

首先，在一定程度上使无地农民获得了无主的荒地，农民有了安居乐业的可能，生产积极性提高，大片荒地被开垦出来，粮食产量不断增加，从而积极推动了北方经济的恢复和发展。

其次，均田制是国家土地所有制，并未触动大地主利益，有利于国家征收赋税和徭役，也从根本上巩固了北魏的统治。

再次，极大地推动了北方内迁各族改变原先落后的游牧生活，向先进的生产生活方式的转化，推动了这一时期北方民族大融合高潮的出现。

还有，均田制对后代田制也有很大影响，先后为北齐、北周、隋、唐所沿用，施行时间长达三百多年。这一制度的选择、推行为中国封建鼎盛时期的出现奠定了雄厚的物质基础。

均田制是孝文帝改革的重要经济措施，是一个马背上的游牧民族走向封建化生产方式的象征。

在此基础之上，孝文帝又及时推出了一些配套措施。

为配合均田制的推行，强化对地方的控制，公元486年，朝廷采纳大臣李冲的建议，实行三长制，以取代原来的宗主督护制。

法令规定：五家设一邻长；五邻设一里长；五里设一党长，选择本乡"强谨"的人充当。

三长制是北魏基层行政组织。其职责是检查户口，征收赋税，征发兵役和徭役，推行均田制。

三长制的推行健全了从中央到地方的行政体制，保证了国家对人民有效的控制，有利于推行均田制。

在实行三长制的同时，又颁布了与均田制相适应的新的租调制。规定一对夫妇每年向政府缴纳粟二石，帛或布一匹。

这一制度使农民负担大为减轻，许多受庇于豪强的农民也纷纷转向政府，成为国家的编户农民，增加了政府的收入。

至此，以均田制为中心的一整套政治经济制度完全推行，这些制度彼此影响、互相作用，有力促进了北魏经济的恢复和发展，巩固了北魏的政权，为孝文帝后期推行更深层次的改革奠定了雄厚的政治经济基础。

三、向汉文化看齐

1. 迁都不是小事

公元490年，果敢强悍的冯太后病逝，孝文帝亲政。

冯太后陪伴辅助了孝文帝二十三年，让他欢喜让他忧，冯太后的离去，除了可以让他不再顾虑、大展手脚之外，孝文帝没有感到丝毫的轻松和自在。

因为，改革还要进行，一统天下的梦想还没有最后完成。

我们现在已经知道，上天留给孝文帝的时间，最多还有十年。

现在，改革进入了新阶段，孝文帝有一件最想干的事：迁都。

为了便于学习和接受汉族先进文化，进一步加强对黄河流域的统治，拓跋宏决心把国都从平城迁到洛阳。

平城，已经越来越不适应北魏进一步前进的步伐。

在政治上，平城是鲜卑贵族元老集中的地方，保守势力强大，民族隔阂相当深，而为了加强对中原地区的统治，迫切需要汉族地主的合作，所以在旧都平城，改革的进一步发展必然会遇到重重阻力。

更重要的是，孝文帝是一个有作为的政治家，他不愿仅仅做"夷狄"君王，还要做中国人的君王。要想做中国人的君王，自然要把国都定在中国正统的国都所在地更名正言顺。

在经济上，平城偏北地寒，六月风雪，风沙常起。当时流行的歌谣也这样唱道："纥于山头（今山西大同市东）冻死雀，何不飞去生处乐！"恶劣的气候环境，难以适应经济的发展，而且又无水陆漕运，在人口日益增加的情况下，粮食供给经常出现困难。

军事上，与北边的柔然相比邻，时受骚扰，很不安全；平城偏北的位置更不利于北魏对整个中原地区的统治。

洛阳是汉人的历代统治中心，那里才是称霸中原的最佳选择。

可是，迁都，谈何容易？那帮子自以为是的老臣会答应吗？

有一次上朝，孝文帝忽然说想大规模进攻南齐，并严肃地说："我让有关部门给算了一卦，卦象显示的是'革'字，说明上天要我行汤、武之事，闹革命，促统一，是大吉之卦啊。"

大臣们却纷纷反对，最激烈的是任城王拓跋澄。

孝文帝很恼火，说："国家是我的国家，你想阻挠我用兵吗？"

拓跋澄据理力争，说："国家虽然是陛下的，但我是国家的大臣，明知用兵危险，哪能不讲。"

孝文帝不再言语，宣布退朝。

回到宫里，单独叫来了拓跋澄，跟他说："老实告诉你，刚才我向你发火，是为了吓唬大家。我真正的意思是觉得平城不是个用武的地方，不适宜改革政治。现在我要移风易俗，非得迁都不行。这回我出兵伐齐，实际上是想借这个机会，带领文武官员迁都中原，你看怎么样？"

拓跋澄恍然大悟，马上同意孝文帝的主张。

孝文帝宣布全国进入战时动员状态，征调军队，在黄河上修筑大桥，反正以后迁都也得需要搬运粮食器具、锅碗瓢盆，倒也不算做无用功。

公元493年八月十一日，一切准备停当，孝文帝让几乎所有的王公贵族随驾，统率30万步骑，从平城出发，浩浩荡荡开始南下。

一个半月之后，大军抵达洛阳城。

也许真的有所谓天意，大军正好碰到秋雨连绵，足足下了一个月，到处道路泥泞，行军万分困难。

九月二十八日，孝文帝见这天的雨下得尤其磅礴，便整装上马，命令大军接着南下。文武官员听说后，精神立即趋于崩溃的边缘，大家黑压压地跪在皇帝的马头前，磕头如捣蒜，请求孝文帝收回成命。

要的就是这个效果！

孝文帝当然看在眼里，喜在心里，却仍旧戴盔披甲骑马出城，下令继续进军，而且严肃地说：

"这次我们兴师动众，如果半途而废，岂不是给后代人笑话。如果不能南进，我提个建议，大家看怎么样。"

大家听了，满头雾水。孝文帝说，就把国都迁到这里。诸位认为怎么样？

大家听了，更加面面相觑，不再言语。

孝文帝登上高台，环视了一周，说："不能犹豫不决了。同意迁都的往左边站，不同意的站在右边。"

一个贵族说："只要陛下同意停止南伐，那么迁都洛阳，我们也愿意。"

这句话代表了大多数人的心声。许多文武官员虽然不赞成迁都，但是听说可以停止南伐，也都只好表示拥护迁都了。

孝文帝把洛阳这头儿安排好了，又派任城王拓跋澄回到平城去，向那里的王公贵族宣传迁都的好处。后来，他又亲自到平城，召集贵族老臣，讨论迁都的事。平城的贵族中反对的还不少。他们搬出一条条理由，都被孝文帝驳倒了。

最后，那些人实在讲不出道理来，只好说："迁都是大事，到底是凶是吉，还是卜个卦吧。"

孝文帝说："卜卦是为了解决疑难不决的事。迁都的事，已经没有疑问，还卜什么。要治理天下的，应该以四海为家，今天走南，明天闯北，哪有固定不变的道理。再说我们上代也迁过几次都，为什么我就不能迁呢？"

贵族大臣被驳得哑口无言，迁都洛阳的事，是仿效先祖的美事，就这样决定下来了。

公元495年,北魏正式将都城迁到洛阳。

洛阳是历代帝王建都立业之所,也是汉文化积淀深厚之地,迁都洛阳首先有利于巩固前期改革的成果,其次有利于进一步推行深层次的改革。迁都洛阳是整个改革的关键和后期改革的前提。

孝文帝迁都洛阳的举措,不仅展现了一代帝王的雄才大略,其结果使洛阳在曹魏、西晋之后再度繁华、辉煌。

当然,这是后话。

2. 胡汉一家

避开锋芒,巧妙设计,迁都的事总算定了下来。

应该说,从平城到洛阳,孝文帝迈出了一大步,是北魏发展史上的一个里程碑。但,随着迁都的进行,大批鲜卑人源源不断地涌入内地,新问题跟着也就来了。

洛阳是什么地方?天子之都,中华文化的读本。

当年,周公曾说"此天下之中,四方入贡,道里均焉";汉高祖刘邦说"吾行天下多矣,唯见洛阳"。

难怪那个阴雨绵绵的秋天,孝文帝带领的30万大军到此再也不愿走了。

但洛阳再好,似乎和这些鲜卑人没多大关系。

服装各异,语言不通,习俗迥然不同。且新迁之民初来洛阳,居无一椽之室,食无担石之储,不擅农业,人心恋旧。

一句话,占领不是拥有。文明和野蛮,先进和落后,就这样给了桀骜不驯的鲜卑人迎头一击。不是洛阳不接纳,是鲜卑人自己还融不进去。

问题比想象的要严重。如不及时解决这些问题,将会严重地阻碍各民族之间的交往和经济文化的发展,不利于北魏政权的巩固。

在王肃、李冲、李彪、高间等汉族士人的支持下，迁洛之后，孝文帝立即着手改革鲜卑旧俗，全面推行汉化。主要措施有：

改官制。孝文帝废除了鲜卑族原来的政治制度，让名儒王肃仿照南朝齐，重新制定了一套官制礼仪，修订法律，改革官职名称等。他还参照汉族门阀制度的做法，来确定鲜卑族的门第高低，并按照门第高低来选拔人才，任命官吏。

易服装。公元495年十二月二日，下诏禁止士民穿胡服，规定鲜卑人和北方其他少数民族人一律改穿汉人服装。孝文帝自己带头穿戴汉族服装，并在会见群臣时，"班赐冠服"。

讲汉话。孝文帝宣布以汉语为"正音"。称鲜卑语为"北语"要求朝臣"断诸北语，一从正音"。六月，正式发布诏令："不得以北俗之语，言于朝廷，若有违者，免所居官。"下令官员上朝时要讲汉话，但30岁以上的官员一时难改，可仍讲鲜卑话，暂不处罚；30岁以下官员必须严格执行法令，否则要降职。

改汉姓。公元496年正月，孝文帝下令改鲜卑复姓为单音汉姓。他在诏令中说："自代郡迁到洛阳的诸功臣旧族，姓或重复，都要更改。"于是，当时，他带头将拓跋氏改为元氏，因为北人称土为拓、称后为跋，魏主认为他们祖先出于黄帝，以土德王，就姓了拓跋。而土是黄色的，它是万物之元，所以改姓为元。其余鲜卑姓氏也改为汉姓。改姓以后，鲜卑族姓氏与汉姓完全相同。

通婚姻。为使鲜、汉两族进一步融合，孝文帝还大力提倡鲜卑人与汉人通婚。他带头纳范阳卢敏、清河崔宗伯、荥阳郑羲、太原王琼、陕西李冲等汉族大士族的女儿以充后宫，六个弟弟的王妃中，除次弟之妻出于鲜卑贵族外，其余都是中原的著名汉族大士族。

孝文帝的"联姻"政策是其改革的重要组成部分，其结果不仅使鲜卑统治者赢得了汉族地主阶级的信任，把两族统治者的利益和命运紧密联系在一起，而且对接受汉文化、巩固和深化改革、促进民族融合都是巨大的推动。孝文帝对鲜卑族的封建化和中华民族的发展做出了不可磨灭的贡献。

改籍贯。孝文帝发布诏令，规定迁到洛阳的鲜卑人，死后要葬在河南，不得还葬平城。于是，从代郡迁到洛阳的鲜卑人开始经营起小块土地，筑起数间房屋，逐渐成为中原地区的个体农民。自从魏孝文帝建都洛阳起，先后有四位北魏皇帝葬在洛阳北郊邙山一带，即有魏孝文帝的长陵，魏宣武帝的景陵，魏孝明帝的定陵，魏庄帝的静陵。

彻头彻尾，能改的几乎全改了。

一个马背上的民族，在他们最高统帅的指引下，几乎要全部舍弃旧有的习俗，破除世袭已久的信仰，在一步步向中原的汉文化靠近，也在一步步地实现着一代人的强国梦想。

这是一种自觉，也是一种力量；一种落后走向先进的自觉，一种蒙昧蛮荒仰慕文明繁荣的力量。

这是一种勇气，更是一种智慧。英姿勃发的孝文帝，正如一位鬼才般的导演，完成了一部史诗般的青春励志剧。

3. 大义灭亲

细数历史上的大大小小的变法或者改革，难度之大，覆盖之广，非孝文帝莫属。

其一，用一个专业术语，这是一次从一个社会（奴隶社会），向一个更高级社会（封建社会）的过渡和跨越。

其二，这是一个几乎未开化的民族，向一个已经高度发展和文明的民族的接触和融合。

难度，比史书上的任何文字记载都要高；阻力，远比我们了解到的那些事例大得多。

所以，我们说，孝文帝不是一般的伟大。对于这些难题和阻挠，这位伟大的改革家就一个态度：逆我者，卷铺盖走人。

实际上，卷铺盖走人还是小事，历来成功的改革，哪一次没有冲突和流血？

迁都半年后，一场反对改革、反对汉化的武装叛乱便发生了。

主角是别人或许还好说，但这个人是太子元恂。

公元496年八月，孝文帝巡幸嵩岳，太子元恂留守金墉城。元恂素不好学，体又肥大，最怕洛阳的天气，每每追忆旧都，常思北归；又不愿说汉语、穿汉服，对所赐汉族衣冠尽皆撕毁，仍旧解发为编发左衽，顽固保持鲜卑旧俗。孝文帝让他学习汉族文献，他却钻研骑马打猎。

中庶子高道悦多次苦苦相劝，他不但毫无悔改之意，反而怀恨在心。

孝文帝的全盘汉化，目的就是让整个鲜卑族整体融入汉族中去。这种天雷级的大改革，毫无疑问会受到守旧势力的激烈反对。而让孝文帝始料未及的是，他的太子元恂，竟然跳出来充当了反对势力的急先锋。

孝文帝出巡给了他可乘之机，遂与左右合谋，秘密选取宫中御马3000匹，阴谋出奔平城，并亲手杀死高道悦于宫禁之中。

事发后，领军元俨派兵严密防遏各个宫门，阻止了事态的发展。

第二天清晨，尚书陆琇驰马奏报，孝文帝闻讯大惊，中途急急折返洛阳，当即引见元恂，怒不可遏，列举其罪，亲加杖责，又令咸阳王禧等人代替自己打了元恂一百多杖，直打得皮开肉绽，才拖出门外，囚禁于城西别馆。

一个多月后，元恂伤势有所好转，方能起床行走。十月，孝文帝在清徽堂引见群臣，议废太子恂。

太子的两个老师太傅穆亮、少傅李冲一齐脱帽叩头请罪，孝文帝说："你们请罪是出于私情，我所议论的是国事。'大义灭亲'，古人所贵。今日元恂想违父叛逃，跨据恒、朔二州，犯了天下的头条大罪！这个小子今日不除掉，乃是国家大祸，待我百年之后，恐怕又要发生晋末的永嘉之乱。"

十二月，废元恂为庶人，囚禁于河阳无鼻城，派兵看守，给些布衣粗食，不至饥寒而已。元恂就在那里过起了一箪食、一瓢饮的生活。

次年四月，孝文帝巡幸长安，御史中尉李彪秘密上表，告发元恂又与左右谋反。

孝文帝得报，急派咸阳王禧与中书侍郎邢峦率人赶赴河阳。

这两人带来了一样东西：毒酒。

元恂被迫自尽，时年15岁，敛以粗棺常服，就地埋葬。

真正的大义灭亲！

然而，事情远未就此结束。

元恂被废的当月，恒州刺史穆泰、定州刺史陆睿合谋，暗中勾结镇北大将军元思誉、安乐侯元隆、抚冥镇将鲁郡侯元业、骁骑将军元超及阳平侯贺头、射声校尉元乐平、前彭城镇将元拔、代郡太守元珍等人，阴谋推举朔州刺史阳平王元颐为首领，起兵叛乱。

元思誉，汝阴王元天赐之子，景穆太子之孙；元业，平阳公元丕之弟；元隆、元超皆为元丕之子。这些人大都是鲜卑旧贵及其后裔，他们不满意孝文帝亲近中原儒士，他们对于迁都变俗、改官制服、禁绝旧语都抱着反对的态度。

元丕甚至公然在盛大的朝会上独穿鲜卑旧服而毫无顾忌，孝文帝看他年老体衰，也不强责。迁洛之初，元隆、元超还曾企图劫持太子元恂留居平城，起兵割据雁门关以北的恒、朔二州，阴谋虽未得逞，但叛逆之心不死，这次又与穆泰等人酝酿更大的叛乱。

元颐佯装许诺，以稳住穆泰等人，暗中却将叛乱阴谋密报朝廷。

时任城王元澄卧病在床，孝文帝立即召见，授给元澄节、铜虎符、竹使符，配给部分禁卫军，让他代领恒州刺史。

元澄受命，倍道兼行，经雁门往北直趋平城（恒州治所）。先遣侍御史李焕单骑入城，出其不意，晓谕穆泰同党，示以祸福，叛党顷刻瓦解。

穆泰无计可施，仓促率麾下数百人攻打李焕，后败走城西，束手就擒。

最后，穆泰同党和陆睿等百余人被捕下狱，元澄将平叛始末写成奏章上报朝廷。

公元497年正月，立皇子元恪为太子。

二月，孝文帝北巡，准备到平城亲自看看那里的情况。不数日，来到平城，劳问任城王元澄等人，引见穆泰、陆睿及其党羽，经讯问，没有一个喊冤叫屈的，人们都很佩服元澄明断。

穆泰及亲党全部被杀；陆睿赐死狱中，妻子流徙到辽西为民；元丕免死，留下后妻、二子，一同发往太原为百姓，杀元隆、元超与同母兄弟乙升，余子发配敦煌。

这次叛乱，留在平城的鲜卑旧贵族，只有于烈一族没有被卷入。

孝文帝丝毫未念旧情，违法者无一免罪。至此，保守势力消声退隐，汉化改革得以继续实施。

一次，新都洛阳华林园宴席上，从来不吃北方食物、性情孤傲的琅琊王氏王肃竟然大嚼羊肉，畅饮酪粥。

孝文帝元宏奇怪地问道："你喜欢中原口味，羊肉比鱼汤怎样？饮茶比酪浆如何？"王肃幽默地回答："羊肉是陆产之最，鱼乃水族之长，所好不同，都是珍品。从味道上讲，各有千秋。羊好比齐、鲁大邦，鱼好比邾、莒小国，唯茶不中，与酪作奴。"

孝文帝大笑。

经过孝文帝的努力，胡汉已经一家。

4. 最后的征程

借口征伐南齐，孝文帝完成了迁都洛阳的历史使命，也为他以后大举南伐埋下了伏笔。踏平江南，饮马长江，一统华夏，是北魏的百年梦想，更是孝文帝孜孜以求的目标。

"一万年太久，只争朝夕。"不久，机会就来了。

公元494年十二月，驻守襄阳的南齐雍州刺史曹虎请降，请求北魏派兵接应。

事发仓促，估计是一个圈套，有人劝孝文帝不要盲目出兵。

孝文帝对北魏军队信心十足，认为曹虎真降假降并不重要，既然定都洛阳，就当像统一北方的祖先一样，"奋征伐之气"，慨然向南齐用兵，以求早日一统天下。

于是，尽管新都洛阳各处还在营建，孝文帝不肯错过机会，仍然派遣四路大军南征。

曹虎果然没有投降动作，投降只是一个幌子，诱敌出兵才是目的。一时，北魏各路大军与南齐不断到来的援军陷入对峙状态。

两个多月后，江淮一带春雨绵绵，江河春潮渐起，气候和环境越来越不利，北魏各路大军接连失利。原本准备饮马长江的孝文帝，战而不胜，不得不下令班师北归。

初战失利，但这次南征，北魏军队形象却大为改观。

以前进入敌国境内，抢劫掳掠被视为战争手段，是补充军需、鼓舞士气必需的。这次孝文帝严格约束军队，禁止侵掠，"犯者以大辟论"。并且命令部队不得损害百姓庄稼、树木，需要砍伐树木时，"皆留绢偿之"。

为了统一大业，为了赢得民心，孝文帝希望他的军队成为真正的"王者之师"。

公元497年九月，经过周密的准备，孝文帝再次亲率20万大军南伐，这次他不再分兵，集中兵力攻打南阳盆地。

孝文帝先派大将包围赭阳（今方城东），亲自领兵夜袭宛城（今河南南阳），当夜攻占外城，南齐之南阳太守房伯玉退守内城。孝文帝留下大将继续攻城，自己率大军继续南下。

为解围城之困，房伯玉使出了一招"斩首行动"，派敢死队埋伏在宛城东南一座桥下，放过魏军前部，待孝文帝走过时，突然袭击，孝文帝赶忙令身边神射手放箭，方在此逃过一劫。

随后，北魏军开始攻打新野。第二年正月，大将李佐攻克新野，擒新野太守刘忌，将其押送宛城之下斩杀。当时新野是南齐汉水以北的重镇，该城失守，南阳一带震动极大，附近各城守将相继弃城南逃。二月，魏军攻克宛北城，房伯玉"自缚出降"。

三月，孝文帝乘胜南下，攻打樊城，在邓城（今襄阳樊城西北）大败南齐平北将军崔惠景的援军。这可以说孝文帝取得了一个大的胜利。

在取得了樊城大捷后，北魏的军队并没有乘胜追击，但这时南齐皇帝萧鸾病故，又逢北方草原爆发高车叛乱，孝文帝遂宣布"礼不伐丧"，引兵而还。

归途中，文帝忽然身染重病，十多天不能引见侍臣，经过急救，方才转危为安。

公元499年一月，孝文帝风尘仆仆地回到洛阳，尽管病魔缠身，但还是坚持上朝理事。

第二天，他在宫中引见大臣，问任城王元澄："营国之本，礼教为先。朕离京以来，旧俗多少有些改变不？"

元澄见问，心中惶恐，低声答道："圣上教化日新。"

孝文帝斥责说："朕昨日入城，看见车上的妇人还头戴帽子、身着小袄，怎能说得上日新！若是如此，你等为何不加查看？"

戴帽、穿小袄，是鲜卑妇女旧服，故被责问。元澄解释说："穿旧服的少，不穿的多。"

孝文帝一听，心中十分不快，继而说道："太奇怪了！任城的意思是想使洛阳全城尽着旧服吗？这不就叫作一言可以丧邦吗？可令史官记下。"

元澄与留守百官面面相觑，一齐脱帽请罪。

公元499年正月，不甘心失去南阳的南齐，派太尉陈显达北伐。北魏大将元英率军南下增援，但南齐兵势很盛，元英有些招架不住。

二月，孝文帝决定再度带病御驾亲征，但这时，他已"疾患淹年，气力惙弊"。

南北双方在顺阳（今淅川东南）僵持，孝文帝令两员大将攻击侧后，欲截断南齐军归路，然后正面攻击，多次击败南齐大军。南齐太尉陈显达大感不妙，一天深夜，与崔惠景、曹虎等率军遁逃。第二天，北魏军攻入空营，缴获大量军用物资，诸将率骑兵紧急追击，在汉水边赶上南齐军，"斩获及赴水而死者十八九"。

但这场大胜，并不能挽救孝文帝的生命。没几天，"帝疾甚"，自感再也回不到洛阳，征太子元恪南来，在鲁阳（今鲁山）即位。

四月初一日，孝文帝崩于谷塘原之行宫，时年33岁。

因距离前线不远，北魏秘不发丧，"至鲁阳发哀，还京师。上谥曰孝文皇帝，庙曰高祖。五月丙申，葬长陵"。

白日光天无不曜，江左一隅独未照。

这是孝文帝生前留下来的文字，慷慨豪迈，霸气昭然，但也透露着无尽的遗憾，写出了魏孝文帝未能实现统一的惆怅之意。

天妒英才，一代雄主，终究没能跨过长江，梦想成真。

就个人生活而言，孝文帝十分不幸，自幼父母双亡，为了国家大业，不得不下诏杀掉长子，就在弥留之际，最喜欢的女人又背叛了自己，他内心的凄苦可想而知。

北魏的帝王历来短寿，孝文帝也没能逃过这一劫，否则，以他的雄才大略，立足中原，一统江山，真的不好说。

遗憾的是，历史，从来不让人假设。

无论幸和不幸，北魏孝文帝无疑是非常伟大的一代帝王！

孝文帝改革，是西北地区各民族陆续进入中原后民族融合的一次总汇，对中华民族的形成和发展起了重要的作用。

可以肯定的是，在中华民族的历史上，北魏孝文帝的汉化改革，留下了浓墨重彩的一笔。

第四章 唐玄宗

不忘初心，梦想成真

年少老成的李三郎，不仅有着惹人眼目的高傲身世，也有着不同凡响的人生志向。

武后一朝，怎一个"乱"字了得：元气大伤，朝政废弛，吏治腐败，潜规则横行。武则天之后，李隆基力挽狂澜，注定要再造一个传奇。

文治武功，威加四海，天下太平，大国风度。不忘初心，梦想成真，"开元盛世"的到来，正是缘于唐玄宗大刀阔斧的全方位改革。

一、往事，不堪回首

1. 这个"阿瞒"不一般

当皇帝的，大都有两大爱好，除了江山，就是美人。但，唐玄宗还有一大爱好，喜欢音乐，而且天分特高，标准的文艺男，所谓"梨园"就是他的首创。

天阙沉沉夜未央，碧云仙曲舞霓裳；
一声玉笛向空尽，月满骊山宫漏长。

想当年，骊山下，华清池，一曲"霓裳羽衣舞"，多少风花雪月，多少情天恨海。

我们已经知道，这是后来玄宗和杨玉环的缠绵和浪漫。

可是，现在，玄宗还没有那么地开心和幸福，一出生，面对的就是有史以来的第一个女皇。

皇帝的后宫，绝对不是一般人待得住的地方，能够从后宫登上龙椅，更不一般。

武则天，就是这个不一般的人。

李隆基是睿宗李旦第三子，而李旦是武则天第四子，因此，可以肯定地说，武则天是李隆基的奶奶。

公元 685 年，李隆基生于洛阳，这时候，武后废掉了中宗李显，改李旦为帝，但武后已经临朝称制，睿宗毫无实权，形同虚设。

公元 490 年，武则天干脆又废掉李旦，自己做了皇帝。

和父辈们的孱弱无能相反，李隆基小小年纪，就胸怀大志，意志坚定，面对错综复杂的宫廷政变，面不改色，心静如水。

幼年的李隆基，人称三郎，他的偶像，除了近在眼前的这位强悍能干的祖母，还有一个人：曹操。

曹操小字阿瞒，在宫里李隆基也就自诩为"阿瞒"。面对武后乱政，面对武家人专权，李家人不被看重，"阿瞒"依然自信满满，高调张扬。

在他七岁那年，一次在朝堂举行祭祀仪式，当时的金吾大将军（掌管京城守卫的将军）武懿宗大声训斥侍从护卫，李隆基马上怒目而视，喝道："这里是我李家的朝堂，干你何事？！竟敢如此训斥我家骑士护卫！"

李隆基随之扬长而去，看得武懿宗目瞪口呆。

如果是别人，如此言语或许就没命了。武则天得知后，不但没有责怪李隆基，反而对这个年小志高的小孙子备加喜欢，到了第二年，加封李隆基为临淄王。掌权的武氏族人哪里瞧得上这个小不点儿，居然还讥笑李隆基"人小鬼大"，只有武则天心中很安慰，说："此儿为吾家麒麟矣！"

武则天这样说，其中大有深意。

虽然，武则天迁都洛阳，号为武周，但是，朝野上下仍心向李唐皇室。武则天做了大周皇帝之后，曾经被"谁可接班"的问题困扰了许多年。

李姓子嗣，该杀的都杀了，自己的亲生儿子又都如此的不争气，李隆基的到来，让她心中一喜。

因此，她除了给自己起了一个名字"曌"之外，"隆基"两字，就是她的杰作，寄托了自己莫大的期待。

公元696年四月，武则天为封禅嵩山做准备，亲自撰写了一曲《曳鼎歌》：

羲农首出，轩昊膺期。唐虞继踵，汤禹乘时。天下光宅，海内雍熙。上玄降鉴，方建隆基。

然后铸九鼎，搬放于通天宫。

此鼎铭文以李隆基的名字收尾，大有讲究。

《曳鼎歌》准确无误地向朝野发出了两个信息，一是武则天为自己的君权正名，我做皇帝，归功于天，我的君权属于神授，这是上天降下的符瑞，叫我建立隆盛的大周基业；二是为接班人人选做政治铺垫，能够继承我的基业之人，唯有孙子李隆基。

这一年，李隆基十一岁。

后来的事实证明，李隆基的确没有让这位老祖宗失望。

2. 怎一个"乱"字了得

公元705年正月，82岁的武则天的病情加重，朝野一片混乱，正是由此开始的混乱，给了李隆基机会。

武则天执政十五年，除了留下了"贞观遗风"的美誉，还有一大亮点，就是个人生活的淫逸迷乱。

特别是晚年，武则天显然有些疲倦，她的注意力已经从政治事务上移开，转向因多年事务繁忙而被忽视的个人生活。

这时一对名叫张易之和张昌宗的兄弟，成为她生活中两位重要的人物，他们因容貌俊美而受到武则天的宠爱，许多投机者趁此机会对他们大加奉承，曾有人赞美张昌宗（六郎）的容貌如莲花一般俊美，但随即就有人反驳说，倘若表述为"莲花似六郎"会更加恰当，这个人因此得到了武则天的称许和封赏。

这位曾经对政治拥有高度热情和惊人判断力的女皇，如今忽然显得极为慵懒，由于她表现出的对政事的懈怠和意兴阑珊，张氏兄弟借机逐渐掌握了对政事的处理权。

不要说大臣们，就是宰相们和太子也很难见到女皇了，在身边常陪侍她的，是男宠张易之兄弟俩。

老臣们很担忧，担忧的不仅仅是这位女皇的病情，更担忧大唐的江山社稷。宰相们害怕武则天一旦病逝，张易之兄弟借机作乱。

于是，宰相张柬之联合其他大臣和京城的将军，领兵五百前去请原来的中宗李显即位。但李显天生就是一个软蛋，害怕得要命，说什么也不去，最后是属下将他抱到了马鞍上。

政变因为谋划得好，又有军队支持，取得了全胜。张易之兄弟被杀，然后，张柬之对武则天说，张易之兄弟要谋反，已经被诛杀，请求她让位给中宗李显。

病榻上的武则天只好同意了。她让出了皇宫，自己搬到皇城西南的上阳宫养病。二月初四日，中宗正式恢复了大唐的国号，武则天建立达十五年的"周"王朝到此结束。旗的颜色也从大红色改回到唐朝原来的黄色，将长安重新定为首都，洛阳去掉了"神都"的名号，还是陪都。武则天终于远离了政治纷争，度过了近一年的平静生活，这年冬天，她以82岁高龄去世。

武则天去世，又一个女人开始活跃起来了，她就是韦皇后。中宗李显继续保持着无能而且无为的作风，在韦皇后的安排下，韦氏家族的人进入了中央的政府机构。为了巩固地位，韦皇后还和武三思勾搭成奸，武三思最后成了控制政权的实际上的天子。

原来领导政变的宰相们见此情景，便秘密觐见中宗，要求诛杀武三思。昏庸的中宗不但不听从，反而将事情告诉了武三思。

武三思没有杀掉张柬之，而是把他流放陇州，让他自己气愤致死。

没有了作对的宰相，武三思便一手把持了朝政。为了确保中宗和韦皇后的信任，武三思和他们极为信任的秘书上官婉儿勾搭在了一起，促使后宫淫乱之风再起。

中宗很大方而且大度，对武三思毫不介意，和韦皇后一同听政。回到后宫后，武三思和韦皇后在床上下棋，中宗就站在一边观看，没有了君臣之礼，其可怜和可哀可见一斑。

中宗的无能和放纵，也让他的公主们像得到解放一样，气度和权势都超过了皇子们，这也许是武则天示范作用的结果。

她们纷纷卖官鬻爵，竞相建造豪华宅第，还像男子拥有众多妻

妾一样，广纳男宠。

在所有的公主之中，最张扬跋扈和不甘心的，是安乐公主，安乐公主的驸马，是武三思的儿子武崇训，如此，二人更加地为虎作伥，为所欲为。

安乐公主恃宠骄恣专横，势倾朝野，她曾将自己草拟的诏敕，掩住正文，请中宗在文后签署，中宗竟不看诏文，笑而署敕。

可是，太子李重俊看不下去了。

而且，太子李重俊，非韦氏所生，遭到韦后厌恶；武崇训还唆使安乐公主请中宗废太子，立她为皇太女。

太子李重俊当然不干了。

公元707年七月，李重俊发动部分羽林军杀死了武三思与武崇训，又进攻后宫，想杀掉韦皇后和安乐公主。韦皇后和上官婉儿弄着中宗逃到了玄武门的门楼上，中宗采纳了婉儿的主意，下诏重赏杀掉太子的人。结果，太子被倒戈的将士们杀死。

公元710年的六月，韦皇后和安乐公主暗中将毒药放进中宗喜欢吃的馅饼里，中宗中毒而死。

中宗终于没有躲过一劫。然后，中宗最小的儿子，只有16岁的太子李重茂暂时被送上皇位。韦皇后临朝摄政，改元唐隆，准备做第二个武则天。

李唐宗室再一次面临生死考验。

李隆基绝不是那种坐以待毙的人，遂联合太平公主发起"唐隆事变"，韦氏集团被一网打尽。

睿宗李旦再一次被迎立为皇帝。

真够乱的。何苦生在帝王家！

可是，在李隆基登基之前，麻烦事还有很多。

首先，是立太子的问题。

在父亲李旦第一次登基的时候，大哥李成器被立为太子，这次重立，名正言顺。然而，这位大哥很知趣，也很有父亲的礼让风范，再三请辞说："储副（皇太子）者，天下之公器也。时平则先嫡长，国难则归有功。若失其时，海内失望，非社稷之福，臣今敢以死请。"

李成器也许是想到了当年玄武门喋血的惨剧，才有如此谦让之举。睿宗再三犹豫，李隆基再三推辞，但机遇和责任来到的时候，挡都挡不住，李隆基被立为太子。

李成器一生平安，病逝后，被玄宗追谥为"让皇帝"。清人何亮基曾有诗叹道："宫中喋血千秋恨，何如人间作让皇。"

重新坐上龙椅的睿宗日子并不好过。

多年宫斗的结果是，外则北方侵扰不断，内则水旱为灾，户口逃散，民不聊生。

或许，最让李旦头疼的，还不是这些，因为他看不到，他首先要考虑的事情是：如何平衡好太子李隆基和妹妹太平公主的关系。

因为，这两个人都太强了。在他们的心里，皇帝根本就不是皇帝，只是一个符号和影子而已。

每次大臣奏事，李旦总是先问："这事和太平公主商量过吗？"然后接着问："这事问过三郎了吗？"

这皇上当得真是到家了。可是没办法，两边都伤不起。唯一的办法就是忍和让，如果没有足够的力量爆发，这是最理智的选择。睿宗决定一让到底。

对太平公主而言，李隆基被立为太子实在是最大的威胁，于是屡次散布流言，声称"太子并非皇帝的嫡长子，因此不应当被立为太子"。公元712年，太平公主借助天象，又在散布流言，说现在的太子不利于君主，意在夺位。早已厌倦了的李旦，索性下诏把帝位传给了太子，说："传德避灾，吾意决矣。"

如此一来，太平公主反而成就了李隆基。

作为武则天最为宠爱的小女儿，太平公主继承了母亲的优点，也继承了母亲的缺点，当然也想像她老妈一样，登基当女皇。这就是太平公主的梦想。

太平公主，从来就不曾太平过，睿宗让位，三郎登基，更加剧了他们之间的矛盾。双方都在积蓄着力量，一心准备除掉对方。

　　睿宗李旦虽传位于李隆基，但一直不曾放权，又受太平公主蛊惑，曾密谋要让新天子巡边，趁机废了李隆基。

　　公元713年七月三日，早有耳闻的李隆基果断出手，老皇帝李旦仓皇逃跑，后来李隆基承诺不杀他，他才放了心。

　　太平公主急忙从京城逃入南山，过了三天才敢出来。李隆基派人包围了太平公主的住宅，太平公主看到再也没有活下来的希望，最后自杀身亡。一同被杀的，还有太平公主的两个儿子和手下骨干几十人，倾向太平公主的官员也全部罢官废黜。

　　当初，太平公主并没有把这个小侄子放在眼里，以为这个每天听听音乐、扮扮戏子的三郎，不过就是个纨绔子弟，想不到这些年来，在打打杀杀的皇宫里，当年的小"阿瞒"不可遏止地成长起来了，最终成了她最强劲的对手。

　　往事，仿佛有些不堪回首。这一段历史，怎一个"乱"字了得。经过这一番折腾之后，贞观遗风早已大打折扣，李唐王朝元气大伤，朝政废弛，吏治腐败，一切亟待治理。

　　无论如何，唐玄宗李隆基终于掌握了皇帝应有的权力。当年，唐玄宗把年号改为开元，"改中宗之政，依贞观故事"，表明了自己励精图治、再创唐朝伟业的决心。"开元盛世"的美好图景非常诱人，但是，现在不是，玄宗还有很多事要做。

二、一朝天子一朝臣

1. 名相安国

　　玄宗李隆基是在各派政治势力激烈的倾轧之中登上帝位的。一方面，他要捍卫得来不易的皇权，断然对诸王、功臣采取严格限制的措施，以防不测；另一方面，更要改革自武后以来的诸种积弊，整饬朝纲，以求天下大治。

开元元年（713年）十月，李隆基狩猎渭水之滨，在新丰举行盛大阅兵式。二十万军队漫山遍野，旗帜相连五十余里，但军容不整，秩序紊乱，玄宗因此大怒，下令把阅兵式总指挥宰相兼兵部尚书郭元振罢官流放。

然后，大臣姚崇被召进骊山行营。

当时，姚崇正被贬官外任，在同州担任刺史，距离新丰不到三百里。唐玄宗密召姚崇前来见驾，姚崇指挥卒伍，呼鹰放犬，投枪射箭，进退有序。玄宗看后很称意，即拜姚崇为兵部尚书、同中书门下三品，代替郭元振做宰相。

如此礼遇，姚崇却并没有立即行礼谢恩，玄宗很奇怪。姚崇接着上奏了十条意见，说玄宗如果做不到，自己这个宰相就不能做。

姚崇所说的十条，大意如下：

第一，自你当皇帝以来，朝廷以严刑峻法治理天下，以后要改成以仁义先行。

第二，朝廷自在青海被吐蕃（古藏族）战败以来，从来没有后悔之意，今后在数十年内不求边功。

第三，自从武则天太后临朝称制以来，往往由宦官代表朝廷发言，今后不要让宦官参与公事。

第四，自从武氏诸亲窃据显官要职，继之以韦后、安乐公主、太平公主用事，官场秩序混乱；请求以后不准国戚在朝廷要害部门做官，以前巧立名目任命的官吏一律撤销不用。

第五，近来，亲近佞幸之徒，触犯法律的，都因为是宠臣而免予惩处，以后依法办事。

第六，近年以来，那些豪家大族，凭着同乡的关系，向上送礼行贿，以至公卿、方镇们也这么干；以后除租、庸、调等赋税而外，其他一切摊派都要杜绝。

第七，武后造福先寺，中宗造圣善寺，上皇（睿宗）造金仙、玉真观，皆耗资巨万，坑害百姓；以后禁止建造寺观宫殿。

第八，前朝皇帝玩弄大臣，有损于君臣之间互相笃敬的常礼；希望陛下对臣下以礼相待。

第九，前朝大臣直言进谏者，有的就丢了性命，从而忠臣都感到灰心，以后凡是做臣子的，都可以犯颜直谏，无所忌讳。

第十，西汉与东汉，外戚乱政，后世感到寒心，而唐朝的外戚专政，则更加厉害；希望将这种事情写在史册上，永远作为前车之鉴。

这十条意见，就是历史上著名的"十事要说"，玄宗认真听后，都毫不犹豫地答应了。

姚崇是一位极富政治经验的正直大臣，之所以没有立即接受玄宗的委命，就是希望测试一下新皇帝是否有勇气改弦更张。姚崇提出的十件事，实际上是开元初年的施政十纲领。

以上十件事，桩桩都针对先朝的弊政而发，涉及内政、军事、选官、用人、法制、纳谏以及限制外戚等诸多方面，无不切中时政要害。从玄宗应允的急切语气看，求治之心，溢于言表。

姚崇任宰相时，曾经在玄宗面前按升阶次序进用一个郎吏，玄宗扭头旁顾，根本不理他，姚崇再三进言，希望玄宗批示一下，但是玄宗始终不答复一声，姚崇越发惶恐，急忙退出。

高力士上前奏道："陛下刚开始继承帝业，宰臣请示的事情，就应该当面回答可否。姚崇向您请示，您却不理睬，宦臣们必然害怕恐惧。"玄宗说："我既然把政事交给姚崇，大的事情应当禀奏，由我与他共同决断。进一个小官，姚崇自己不能做主，而来麻烦我吗？"

姚崇回到中书省，正惶恐不安。高力士来告之其事，说明了玄宗的意思，姚崇才解了恐惧，心情欣喜起来。听到这事的大臣，都认为皇上英明大度，深得任人之道。

姚崇任宰相三年，实行了选贤任能、奖励清廉、精简机构、裁减冗员、惩治贪官、爱护百姓的清明政治，为"开元盛世"奠定了良好的基础，被世人称为"救时宰相"。对于皇亲国戚，姚崇也不进行照顾。当时薛王李业的舅舅王仙童欺压百姓，为非作歹，姚崇奏请玄宗批准后，惩办了王仙童。

开元四年（716年），山东地区发生蝗灾，百姓只知设祭膜拜，却不敢捕杀蝗虫，任由蝗虫嚼食禾苗。姚崇上奏请求派出御史为捕蝗使，督促各地灭蝗。

当时，朝议鼎沸，都认为蝗虫不宜捕杀，否则将忤逆天道，唐玄宗犹豫不定。姚崇进言道："庸儒拘泥不化，不知变通。事物的发展常有违反经典而切合潮流的，也有违反潮流而合乎权宜的。古时曾有蝗灾，只因不肯捕杀，以致发生饥荒，百姓相食。如今飞蝗遍地，反复繁殖，河南河北家无宿粮，若无收获则百姓流离，关乎国家安危。灭蝗即使不能尽灭，也比留下来形成灾患为好！"唐玄宗深以为然。

唐玄宗虽被说服，但百官仍疑惧不安。黄门监卢怀慎道："蝗虫乃是天灾，岂是人力所能除。况且杀虫太多，有伤天和。"姚崇道："楚惠王吞蛭治好痼疾，孙叔敖斩蛇得到福报。如今蝗虫可以驱除，若任其成灾，粮食将被食尽，到时百姓怎么办？灭蝗救人，如果天降灾殃，有我姚崇承担，绝不会推诿给您。"卢怀慎无言以对。

地方官员对灭蝗之举仍有反对意见。汴州刺史倪若水进言道："只有修德才能消除天灾，前赵刘聪除蝗不成反而招致更大的危害。"他拒绝御史的指挥，不肯灭蝗。姚崇写信责备道："刘聪篡逆之君，德不胜妖，陛下圣明之主，妖不胜德。古时州有良守，蝗虫不敢入境，如果说修德可以免除蝗灾，发生蝗灾就是无德造成的么？"倪若水不敢抗拒，只得配合捕杀蝗虫。在姚崇的坚持下，蝗灾的危害被减小到最低限度，虽然连年蝗灾，也没造成大面积的饥荒。

开元某年的一日，大雨不停，道路泥泞。唐玄宗在便殿休息，想与姚崇讨论政务。但这种天气，年纪不小的姚崇要进入皇宫是很不方便的。于是，唐玄宗命令侍者用皇帝的御辇抬姚崇进宫。当时，姚崇为翰林学士，朝廷内外都以为这是莫大的荣誉。

可是，敬重归敬重，几年后，姚崇还是从相位上离开了。

姚崇虽是一代贤相，但却教子无方。其子姚彝、姚异广交宾客，招权纳贿，遭到舆论的非议。

姚崇的一个部属犯了法，被定为死罪，恰好遇到京师大赦，据说姚崇有心保他，但玄宗特意把这个人排在了赦免之外。姚崇当然明白，玄宗此举，目的已不在这个罪犯，而是在他姚崇本人了。

是自己没有管好下属，怪不得玄宗无情。姚崇于是就请求辞去宰相职务，并向玄宗推举了一个人代替自己：宋璟。

宋璟任宰相时，依然赢得了朝野上下的赞扬。有一年，宫廷设御宴，招待文武百官，唐玄宗把自己所用的金筷子赐给宋璟。宋璟虽然接受了赏赐，但不敢致谢。玄宗说，"所赐的物品，不是赐给你金子而是筷子，是表彰你正直无私呀！"于是宋璟才下殿拜谢。

宋璟为官期间，宽刑减征，修好邻邦，奉公守法，不徇私情，为"开元盛世"的到来做出了不可磨灭的贡献。

相传，他叔父宋元超当了"选人"（候选官）后，要求吏部予以优先照顾，宋璟得知后，不但不予优先录用，并手示吏部"不能私害公"。

又据史书记载，唐代规定，每年地方各道派人定期向皇帝、宰相汇报工作。使者进京，往往多带珍贵宝货，四处送礼，拜结权贵，许多官吏收礼受贿，使者也多有因此得以晋升。宋璟对此则异常不满，并面奏玄宗同意，勒令所有礼品一概退回，以绝侥求之路，削杀收礼受贿之风。

他为防奸佞小人私下在皇帝耳边进谗言，提出百官奏事，必定要有谏官、史官在旁的规定。这样不仅使下情得以上达，而且防止和纠正了唐玄宗的不少过错。唐玄宗曾派人到江南一带捕捉水鸟，有人上谏，认为这样做妨碍农作，"道路观者，岂不以陛下贱人贵鸟乎"？唐玄宗看到如此尖锐的言辞，不仅不怪罪，反而予以奖励，并立即停止捕捉水鸟。

宋璟与姚崇并称贤相，号"姚、宋"。史称"崇善应变以成天下之务，璟善守文以持天下之正。二人道不同，同归于治"。

2. 刷新吏治

唐景龙以后，政出多门，设官冗滥，多者逾旧时十倍，宰相、御史、员外官多至办公时连座位都没有，故时戏称为"三无座处"。可见当时朝纲腐败、吏治混乱到什么程度。

去奢省费，轻徭薄赋，选用廉吏，使民衣食有余。

这是当年太宗的教诲，玄宗登基伊始，拨乱反正，刷新吏治，更加把它发扬光大了。严以律己，清正自处，从谏如流，闻过则喜。作为一个王朝的最高统治者，能真正做到者，大概没有几人。

玄宗在位期间，名相辈出，只做了10个月宰相的韩休让唐玄宗记忆尤其深刻，因为韩休也是一个犯颜直谏的主儿，被宋璟誉为"仁者之勇"。韩休在进谏方面英勇到了什么程度？我们看看玄宗的反应就知道了。

一次，喜爱歌舞的玄宗要举行一场大型的歌舞晚会，问左右的人："韩休知否？"就在这时，韩休的上疏已经呈上来了。以至于唐玄宗每次稍有过失，就担心被韩休知道后提意见。

一天，唐玄宗照镜子，见自己脸庞消瘦，闷闷不乐，旁边的宦官进谗言道："陛下用韩休为相，凡事力争，弄得陛下心情不好，何不将其罢免，改用萧嵩为相。"

唐玄宗正色答道："朕貌虽瘦而天下必肥。萧嵩为相，凡事唯唯诺诺，从不提出自己的见解，他退朝下去后，我总是夜不能寐，唯恐事情办不好。韩林为相,诸事力争,他朝退下去后,我睡觉很踏实。"

自己瘦了,国家肥了,这是玄宗的名言。写到这里,我们无论如何也要为玄宗鼓一下掌。"正人先正己",皇帝天子也不能例外。

当然,那些吃皇粮的官吏们更不能例外。

一朝天子一朝臣,吏治是立国的根本。为了大国崛起的梦想,除了从自身做起,玄宗还要打造一支属于自己的公务员队伍,革弊端,清顽疾,打破官场潜规则,提高行政效率。

第一,精简机构,裁减多余官员,把武则天以来的许多无用的官员一律裁撤,不但提高了效率,也节省了朝廷支出。

从武后、中宗、韦后以来,官吏的正常铨选阻塞,内外斜封官充斥,"政出多门,滥官充溢"。这是一支队伍庞大、素质不高、办事效率低的官僚队伍。按照姚崇的建议,整顿吏治先从裁汰冗官冗员、精简机构入手。开元二年(714年)五月,玄宗下令免去全部员外官、试官、检校官,除非有战功,或特诏录用外,吏、兵二部不得任用。撤销合并闲散司、监、署十余所,"大革奸滥,十去其九"。在精减机构和裁汰冗员的同时,玄宗任人唯贤,严格选拔官吏制度,剔除以往选官陋规,定额内外文武正员官18805人。

第二,确立严格的考核制度,加强对地方官吏的管理。在每年的十月,派按察使到各地巡查民情,纠举违法官吏,严惩不贷。

玄宗专门颁布了《整饬吏治诏》,明确规定:"每年十月,委当道按察使较量理行殿最,从第一等至五等,奏闻较考,仍使吏部长官总详核。"考评的结果作为官吏升降奖惩的依据。例如,刺史考核列第一等,"量与京官",若在州未能升迁者,"紫微黄门简勘闻奏,当加优赏"。健全监察机构是确保吏治改善的重要措施。在中央发挥御史台监督百官的作用,支持御史纠弹贪暴不法的京兆尹崔日知。在地方各道设采访使,督察地方。开元二十一年(733年),玄宗下令把太宗时在全国设置的监察区10道扩充为15道,每道设采访使,成为地方常设机构,代表朝廷,"以六条检察非法",纠察该地违法官吏。这对肃清吏治起到了积极的作用。

第三，京官和地方官实行定期轮换制度，使内外官吏特别是高级官吏都能亲知百姓疾苦，保持清廉自觉并提高从政能力。

唐初以来，有一股重京官、轻外任的不良风气。玄宗降诏曰："选京官有才识者，除都督、刺史；都督、刺史有政迹者，除京官，使出入常均，永为恒式。"内外官员互相交流，将任地方官作为简选京官的一项条件，鼓励官员外任，有利于吏治风习的转化。

第四，重视县令的任免。

唐玄宗认为郡县的官员是国家治理的最前沿，和百姓直接打交道，代表了国家形象。所以，玄宗经常对县官亲自出题考核他们，确切地了解这些县官是不是真正地称职。如果考试优秀，可以马上提拔，如果名不副实，也会马上遭到罢黜。公元716年，他对吏部选用的县令亲自加以复试，黜退40多名不合格者，并追究吏部选人不当的责任，负责选人的两个吏部大员也受到贬职外调的严厉处分。他还大力发展教育和科举，不断充实更新官员队伍，提高官员素质。

除了大力整顿吏治，玄宗最讨厌的就是"贪官"，即使对地位最高的大臣也不例外。首席宰相姚崇就是一个例子。

3. 府兵制，还是募兵制？

知人善任，赏罚分明，内政的治理大见成效，边疆的形势却不容乐观。早在唐玄宗即位之前，北方边境已是危机四伏。

公元686年，契丹的李尽忠利用当时的民族矛盾，煽动部下反叛唐朝，而且攻占了营州。武则天派兵反击，结果失败。此后，在公元703年，安西地区的碎叶镇也被突厥攻占，致使丝绸之路最后断绝，严重影响了唐朝的声誉和外贸经济。北方的领土在唐朝初年曾经统一，而且设置了单于、安北都护府，分别管辖长城内外到贝

加尔湖的广阔地区。到了武则天主政时期，突厥人经常骚扰边境，还攻占了蔚州（今河北蔚县）和定州（河北定县），迫使唐朝将安北都护府南迁。

国土大片流失，北方骚扰不断，情况非常严重。但是，这还不是最严重的情况。最严重的是，军队越来越少，军队的战斗力越来越差。

这种危险情况的出现，是因为唐朝实行的府兵制遭到了破坏。

府兵制是中国古代兵制之一，最重要的特点是兵农合一，府兵平时为耕种土地的农民，农隙训练，战时从军打仗。"十万夫家供税课，五千子弟旧封疆。"白居易的诗句，正是对这种"寓兵于农"的府兵制的生动写照。

府兵制还有一个特点，府兵参战武器和马匹自备。"东市买骏马，西市买鞍鞯，南市买辔头，北市买长鞭"。木兰代父从军前的这些紧张的忙碌，正是这种情况的反映。

府兵制曾在太宗时达到了鼎盛，高宗、武则天以来，土地兼并迅速发展，均田制遭到破坏，加之兵役的沉重，农民大量逃亡，兵源逐渐枯竭。高宗和武则天后期，对于军事不太重视，到了唐玄宗时，士兵逃跑现象极为严重，即使强行征来的兵丁，也是赤手空拳，"多无衣食，皆带饥寒"。而且，军队战斗力特低，根本无法和强悍的突厥军队抗衡。

政府，几无可用之兵，边防，岌岌可危。

在公元723年，即开元十一年，唐玄宗接受了宰相张说的改革主张，建立雇佣兵，用募兵制代替了府兵制。

政府定期从关内招募到军士十二万人，充当京师卫士，这就是"长从宿卫"，戍守士兵也改为招募之法，称为"长征健儿"。

这次改革是从府兵制到雇佣兵制的转变，此后经过十多年的努力，玄宗将这种制度推广到了全国。

募兵制将士兵从土地上解放了出来，兵民分离，当兵成为专门的职业，由国家供给衣食，免征赋役，这就减轻了农民的兵役负担，节省了府兵往来与路途的消耗，有利于生产的发展。同时，这种雇佣兵还为集中训练、提高战斗力提供了保证。

应时而生的募兵制还规定，凡兵士家属随军者，可就近分配其土地屋宅，以使其安心在边疆服役，有军功者，还可以得到一定的爵位。

于是，那些不愿意面朝黄土背朝天的人们来了，那些渴望建功立业的游侠们来了。

无地者可以衣食无忧，有地者可以免除兵役之苦。募兵制的实行，让许多人看到了不菲的利益和奋斗的希望，一时应者云集。

兵制改革之外，唐玄宗同时采取了其他整军措施。

例如，颁布了《练兵诏》，命令西北的军镇扩充军队，加强训练。同时，任命太仆卿王毛仲为内外闲厩使，全力负责军用马匹的供应，这使短缺的马匹及时得到了补充，提高了战斗力。

另外，为彻底解决军粮问题，玄宗又命令扩充屯田范围，在西北和黄河以北地区大力发展屯田，增加粮食产量。

募兵制，这种以雇佣兵、职业兵代替义务兵是中国军事体制发展史上的一件大事，玄宗因此获得了强大充足的国防力量。

养兵千日，用兵一时。做好了充分准备后，玄宗开始出击了。

首先，逐步收复了营州等地，长城以北的回纥等族也自动取消了独立割据的称号，重新归附唐朝。接着，安北都护府也恢复了，唐朝重新行使对长城以北土地的管辖权。

西域地区政权的恢复也顺利进行，第一阶段是收复了碎叶镇，第二阶段是重新恢复了丝绸之路。唐朝帝国的威望在西域重新建立起来。

府兵制，还是募兵制？现实就是最好的回答。世易时移，不改革，永远没有出路和前途。

在强大的军事力量的支撑之下，唐朝的疆域西达咸海，北接西伯利亚，东到库页岛，南到南海，是当时首屈一指的大帝国。

三、大国风度

1. 没钱是万万不能的

前面我们已经写过，汉武帝刘彻有个能干而且节俭的好爸爸，可以有大把大把的钱让他折腾，但唐玄宗就没那么幸运了。

国库空虚，财源萎缩，刚坐上龙椅的玄宗，不得不面对这一现实。他也只能靠自己的努力，整顿财政，开辟财源。没钱，什么也办不了。

第一，继续重视农业，生产更多的粮食和农副产品。

当年，民间曾流传着这样一则故事：

公元741年农历十一月初七，陈王圭府参军田同秀上奏唐玄宗，言老子托梦于他，说当年著经之地藏有灵符一枚，得此灵符者可永享江山。

唐玄宗对此说法深信不疑，命人去寻找灵符，果然在此处掘地三尺，找到一个桃木简符，桃符上方刻一古体"桑"字。

农历十二月十六，众臣为唐玄宗解符，他们说桑为农业象征，拆开来看，又由四个十字和一个八字组合而成，这是老子在启迪唐玄宗以农为本，发展农业，如此，老子就可以护佑他稳坐江山四十八年。

唐玄宗听后龙颜大悦，认定灵符是天赐之宝，遂顺应天意，将"开元"年号改为了"天宝"，这就是历史上有名的"玄宗改元"。

次年，是老子诞辰之日，玄宗遂将灵符所得地桃林县更名为灵宝县，意为此地人杰地灵物华天宝。

每年的二月二日，玄宗"以务农方兴，令百寮具则天大圣皇后所删定《兆人本业记》进奉"，并将进呈武后这部农书作为定制，以示将农业放在重要的位置。

每逢农兴时节，玄宗则亲耕籍田，"加至九推而止"，"卿以下终其亩"。公元734年春，玄宗亲自在苑中辟地种植小麦。五月，麦熟时，率皇太子以下，亲自收割小麦，以此教育皇子知稼穑之难。

公元715年六月，山东诸州闹蝗灾，"飞则蔽景，下则食苗稼"，"声如风雷"，玄宗差遣御史到诸道，督催官民扑灭蝗虫，以救秋稼。当年山东"田收有获，人不甚饥"。对于受灾严重地区，免除田赋，拨给粮食种子，帮助恢复生产。

由于朝廷重视农业，这一时期，有些地方"高山绝壑，耒耜亦满"，榛莽丛生之地，也辟为粳稻之川。全国耕地面积不断扩大，单位面积产量提高，天宝年间，人均粮食达到700余斤。

第二，调整食邑制度。

唐初，对宗室诸王、功臣实行食封制度，亦称"食邑"。武德九年（626年）十月，刚即位的李世民就给诸功臣食实封，多者千余户，少者三四百户。这些食封的贵族官僚对封户享有收取租调的经济特权。中宗、韦后时期，食封者和封户不加限制，食封的官僚由唐初的二三十家猛增到一百四十多家，封户多达几千户，个别的达到了万户。"滥食封邑者众"，"国家租赋，大半私门，私门用资有余，国家则支计不足"。

开元初年，玄宗采取有力措施整顿混乱的食封制度。一方面，大幅减少食封户数。玄宗说，诸王、公主"何功于人，顿食厚封，约之使知俭啬"，规定诸王、长公主一般食封2000户，其余公主等各食1200户，而一般官僚封户限制在500户以内。

另一方面，取消食封者直接向封户征收赋税的办法，封户纳赋税由朝廷派官随租调征解，或由州县官收纳。300户以上的食封者，到京城太府寺、赐场领取所享租税，300户以下者，须持户部凭证到州县支领。

由此，食实封的经济权利收归中央，加强了对地方的财政管理。

第三，"括户"是因为"逃户"。

所谓"逃户"问题，是指唐代自武则天时代以来出现的大量农民离开原住地，到新的地区去谋生。他们脱离了原来的户籍所在地，又不在新居住地落籍，从而造成人口迁徙的失控。

唐朝实行严格的户口政策，规定户口不能随便异地移动。实行这个政策的目的主要是从便于管理和征发赋役考虑。但是，唐朝社会经济的发展，却在挑战这个刻板的户口制度。

唐朝初期，贞观年间的全国户口只有三百多万户，到了玄宗开元年间，账面数字就是七百多万户，天宝末更达到了将近九百多万户，也就是说翻了两倍，若按照实际人口一千三四百万户计算，则增长幅度更大，怎么可能按照老的办法去管理呢？

另一方面，许多农民离开狭窄的故乡，到了新的地区开垦新的土地，定居下来，建立了新的家园，你不承认这些新移民，政府就无法从他们身上获得税收；若用强制的办法，把他们赶回到老家去，不仅无法完全做到，而且会引起社会动荡。

当时的豪强霸占了农民的土地之后，称为"籍外之田"，他们还将逃亡的农户变成自己的"私属"，在土地和人口两方面逃避国家税收。

为了增加国家的收入，打击强占土地、隐瞒不报的豪强，唐玄宗发动了一场检田"括户"运动，开始整顿流动人口。

开元九年正月二十八日，监察御史宇文融奉命到地方上去清查户口，前后共物色了29个判官（相当于各稽查分队负责人），检查"籍外剩田"以及色役伪滥的情况。以后又多次出使，仅开元十二年六月这一次就简括到客户80万户（一谓百万），相当于当时全国官方统计户口700多万户的11%~14%，简括出的隐漏不报的土地亦大体与此相当。所有被检括出的逃户享受免征六年租税的优惠待遇，仅每年纳钱一千五百文。这个税额相对比较轻，受到老百姓欢迎，玄宗自己说："老幼欣跃，惟令是从，多流泪以感朕心，咸吐诚以荷皇命。"清代的王夫之对此也给予高度评价，认为是利国利民之举。

通过这些有效的措施，唐玄宗使唐朝的经济又步入正轨，减轻了农民的负担，同时也增加了国家的财政收入，促进了国家经济的繁荣。

第四，抑制奢靡，提倡节俭，惩处败家子。

从武后晚年起，贵族官僚崇尚奢靡，浸成风俗。他们铺张挥霍，竞相攀比。后妃及百官服饰锦绣珠玉，贴金挂银，光彩耀人。

公元714年，为了向大臣们表示禁奢决心，唐玄宗下令将内宫贮藏的一些珠玉锦绣等堆在殿庭前焚毁，规定后妃以下不得服珠玉锦绣，全国上下不得采取珠玉、刻镂器玩、织造锦绣珠绳，违者决杖一百。他还将皇宫里用不着的宫女遣送回家，禁止贵族骄奢纵欲，反对厚葬。

玄宗首先从自己做起，毁弃宫中的豪华设备，废除织锦坊（皇家精品服装工厂）的编制；其次，约束宗室诸王，简省公主的封户。玄宗说："百姓租赋非我有，士出万死，赏不过束帛，女何功而享多户耶！"百姓租赋，非帝王之所有！这是很具有民生意识的思想！

在他的倡导之下，奢靡之风基本得到抑制，淳朴之风逐渐形成。《次柳氏旧闻》曾经有这样一个有趣的故事：唐肃宗在当太子的时候有一天陪着唐玄宗一起进餐。餐桌上摆满了各种佳肴，其中有一盘羊腿，唐玄宗就让太子去割羊肉。太子割完羊肉后，见手上都是油污，便顺手拿起一张面饼擦手。唐玄宗眼睛直盯着他的脸，露出不高兴的神色。太子擦完手，慢慢地把饼送到嘴边，有滋有味地把饼吃掉了。这时唐玄宗转怒为喜，对太子说："人就应该这样……"

玄宗率先垂范，大小官员群起仿效。大臣卢怀慎做官数十年，始终保持"清俭"，粗茶淡饭，俸禄随时散济贫困，"家无余蓄，妻、子匮乏"，死后其家唯一老仆自请卖给别人，换钱为主人办丧事。玄宗闻讯立予救济，并亲自书写卢的碑文，高度赞扬卢的美德。

诸如此类，不胜枚举。

写到此处，我们不禁又要为玄宗鼓掌称道了，一个富甲天下的

帝王，能够做到这一步，真的是难能可贵。

又一个太平盛世出现在玄宗一朝，不是偶然的。

2. "忆昔开元全盛日"

这位酷爱音乐的文艺男，从登基伊始，就按照自己的意愿打造着一个崭新的大唐帝国，为了这样的梦想，年轻有为的帝王在一步一步努力着。

终于，生于忧患之中的唐玄宗，当了43年天子，创造了举世闻名的开元盛世，让唐王朝成为当是世界上最强大的封建帝国。

开元盛世，究竟有多盛？有几个大数据为证。

第一个数字，7000万。

这是唐玄宗统治的天宝（742~755年）年间全国人口数。官方留下的天宝十三载（754年）全国人户约962万户、人口约5288万，学者们综合各方面史料推测，公元8世纪中叶，唐朝全国实际人户超过一千三四百万户，实际人口超过7000万。

那么，当时世界上其他国家的人口是多少呢？8世纪的时候，东法兰克福王国从塞纳河到莱茵河之间的人口是200~300万。而直到16世纪，地中海地区的人口才5000万至6000万。北非的人口是300万。在农业经济为主的时代，人口就是生产力。唐玄宗时期人口繁盛，反映了当时中国总的经济实力是独步于世界民族之林的。

第二个数字，6.6亿亩。

这是唐玄宗时期全国耕地面积。唐朝的版图，比之于汉代，有新的拓展；大运河把黄河流域与长江流域更密切地联系在一起，促进了全国经济的增长。史称："开元、天宝之际，耕者益力，高山绝壑，耒耜亦满。"根据现有史料推算，当时全国实际耕地面积约八百五十万顷，折合今亩达6.6亿亩（当下的中国为18亿亩），人均占有达9亩多。远远超过我国今日的平均数（1.4亩）。

第三个数字，70余国。

这是《唐六典》列举的开元时期前来朝贡的蕃国数。这些蕃国，从东亚的日本、朝鲜到东南亚地区的诸国，从今日中国边疆少数民族政权到中亚、西亚乃至地中海地区的一些国家，都对唐朝中央政府建立了一种朝贡的政治关系。开元时代，长安、扬州、广州等城市，云聚着从海陆丝绸之路来华的胡商蕃客，成为沟通中外经济、文化与政治联系的重要渠道。亚洲各国留学生来华留学，络绎于途，不少外国人在唐玄宗的朝廷任职。

中国化的佛教——禅宗的真正创建人慧能和尚，在玄宗即位那年圆寂，此后，在玄宗统治的四十多年时间里，禅宗迅速兴起，儒佛道合流成为历史的潮流，玄宗就曾亲自为《孝经》《老子》《金刚经》作注。所谓三夷教，即祆教、景教、摩尼教，也在华得到传播。

正是这样一个开放的社会，使唐朝在社会风气上显得雍容大度，李白充满自信的诗句"天生我材必有用，千金散尽还复来"，就是那个时代精神的写照。

第四个数字，53915卷。

这是开元年间整理国家图书馆的藏书数。

玄宗时代，唐朝的文教事业也有很大发展。今天我们常说的四部（四库）图书分类，正式被国家官方图书馆所采纳，就是在唐代。"藏书之盛，莫盛于开元"，诗圣杜甫、诗仙李白都主要生活在这个时代。

举几件文化建设上的典型事例。第一件事，唐玄宗曾组织鸿儒硕学，在集贤书院校雠四部图书；第二件事，开元二十年编订《大唐开元礼》，是最完备的礼制建设，稍后不久又完成《大唐六典》的编纂，是最完备的行政法典性质的文件；第三件事，大力提倡教育，广泛设立公私学校。开元二十六年下令天下州县，每乡都要设置学校一所，以教授学生。

这样推行政教的结果是："于时垂髫之倪，皆知礼让。"可以说教化大兴！

也许，最能形象说明开元时期的繁荣局面的，依然还是那首《忆昔》诗：

忆昔开元全盛日，小邑犹藏万家室。
稻米流脂粟米白，公私仓廪具丰实。
九州道路无豺狼，远行不劳吉日出。
齐纨鲁缟车班班，男耕女桑不相失。

这是晚唐的杜甫无限深情的怀念和赞叹。小诗写得很明白，也很迷人，一派歌舞升平的盛世素描。

文治武功，威加四海，天下太平。玄宗忽然感到要做点什么了。他要给自己一个说法，同时也让天下人都知道，他是一个多么伟大的皇帝！

怎么才能达到这个效果？

封禅！没错，封禅是中国古代最隆重的大典，封禅泰山，告成功于天地，这是对一个皇帝最大的认可。

公元725年十月十一日，玄宗领着文武百官、皇亲国戚、儒生文士、四夷酋长，还有日本、新罗、大食等国的国君、使者从洛阳出发，浩浩荡荡地向泰山进发。

云开日出，天清气爽，普天同庆，祭天的大火熊熊燃烧。玄宗抚今追昔，感慨万千，在高兴之余，他大赦天下，封泰山神为天齐王，还亲自撰写了《纪泰山铭》，雕刻在泰山山顶大观峰。唐玄宗的这个封禅大典可谓规模巨大，盛况空前，呈现出开元盛世的伟大画卷，中国历史上的黄金时代通过这次封禅体现了出来。

这是每一个帝王梦寐以求的事情，玄宗有这个资格。

伏尔泰说："国家的繁荣昌盛仅仅系于一个人的性格，这就是君主国的命运。"无论这句话对还是不对，我们都应该承认，唐玄宗是一个拥有巨大人格张力的帝王。

在他的时代，君主个人的意志、情感乃至风格都对整个国家产生了深刻的影响，在开元之治的绚烂中，同时浸润着艺术家的浪漫与现实主义者的精明。一个酷爱音乐的文艺男，成就了个人的帝国梦想。

令人遗憾的是，这两种色彩并不总是那么地协调与融洽，甚至也会晕染出巨大的阴影，例如他和杨玉环的旷世爱情。

为了他的江山和帝国梦想，他最终又结束了这一段缠绵和不舍，无论他是多么地痛苦和无奈。

当然，这是后话。

玄宗之玄，庶几在此？

第五章 王安石

大浪淘沙，功败垂成

神童王安石少有大志，科举之路却备受压抑。基层锻炼很重要，王安石的仕途却因此失意连连，一波三折。

矛盾迭起，机构臃肿，积贫积弱，不变法大宋即将国将不国。"虽千万人，吾往矣。"心系国计民生，王安石变法，有着义无反顾的决心和不容更改的坚定。

"天变不足畏，祖宗不足法，人言不足恤。"变法和改革，其实就是政治和利益的较量。王安石新政，带来了实实在在的实惠，也引来了反对者的猜忌和反对。

改革，从来不仅需要大无畏的勇气，更需要统筹兼顾的大智慧。王安石变法，究竟是乱天下，还是惠天下，历史自有公论。

一、天生良才

1. 少年壮志不言愁

公元 1021 年 12 月 18 日，对于宋真宗赵恒的大宋王朝，这是一个寻常的日子。可是，如果我们今天回头，逆着历史的河流上溯，就会想到，这又是一个不太寻常的日子。

这一天，在中国的江西临川，王安石出生了。

王家是标准的书香门第，从祖父王贯之开始，爹爹王益，哥哥王安仁，弟弟王安礼和王安国，堂弟王沆，儿子王雱，加上本来应是状元的王安石，一门八进士，这里面只有王安国是被神宗召试赐进士及第，其余都是凭真本事自己考取的。

千年以来，这应该是一个奇迹。

这样的一个事实，说明什么问题？

这样雷人的事实足以说明，王氏一脉天赋超人，智商高，书读得好，有才气。据说，王安石就自幼聪颖，读书过目不忘。

而且，王益在为王安石取名时，无疑受到了谢安的影响。

谢安字安石，号东山，东晋政治家、军事家，是王益的偶像。谢安隐居不出时，人传："安石不出，将如天下何？"王益为王安石取这个名字，也是希望王安石以后能成就大事业。

当然，后来的王安石的确没有让王氏家族失望。

王安石不仅少年聪慧，还曾经写过一首《伤仲永》，写出了一个天才少年爱慕虚荣、不努力用功，最后"泯然众人矣"的遗憾。当其时，与其说这是在告诫世人，不如说这是王安石在警示自己。

王安石除了王益遗传给他的天才般的大脑，或许，他有太多的感知来源于父母的言传身教。

公元 1022 年，王安石出生的第二年，迷信而且荒淫的宋真宗驾崩，给仁宗赵祯留下了一个内忧外患的大宋江山。公元 1019 年，也就在王安石诞生的前两年，王安石曾经的好朋友，后来政治上的死对头，一心想和王安石抢宰相位子的司马光出生了。

因为砸了一个缸，司马光名声大振，这一年他七岁左右，王安石只有五岁。在人生的起点上，王安石仿佛输给了司马光，但王安石所受的教育并不比司马光差。

母亲吴氏，宋人曾巩称赞她好学强记，老而不倦，其取舍是非，有人所不能及者。父亲王益，是一个非常民主的好家长，只要没有大错误，任由子女发展，从不打骂子女，这在当时棍棒之下出孝子的年代，是要有相当的修养的。

王益教子，还有一个可取的地方，孩子想读什么书，就读什么书，从不加以限制。所以王安石在临川老家时，书读得很杂，诸子百家，凡是拿到手的书，一律通读。而且王安石绝不死读经典，每每有自己的见解，这种读书的深度和广度，直接培养了王安石开阔的学术视野和高远的政治眼光。

王安石的父亲王益，终其一生，不过是在地方上做过几任知县、知州，却是一个有志于在平凡岗位做一番成就的官员。在任上，他尽力做些除暴安良、兴利除弊之事，每到一地、皆有官声，去职后更有遗爱于地方。

这种居其位、谋其政，忠于职守、清廉自律的为官之道影响了年少的王安石，如果我们要考据王安石生命中影响至深的人，相信王安石也会毫不犹豫地选择父亲王益。

王益虽官声不错，却不谙为官之道，或者天生的公正良善，让他对那些官场的潜规则不屑一顾。与其他积极要求进步的低级官员不同，王益非但在任上没有跑官要官，反而与上司、地方豪强很不合作。

王益是一个有原则的人，他可以对那些小人不屑一顾，那些小人却要来"照顾"他了，因为王益的有些做法已经触犯了他们的利益。照顾的结果，是王益不断地被排挤，调任他处，年幼的王安石只好跟着父亲宦游不已。

年少不识愁滋味。这种颠沛流离的生活，除了让当年的王安石一次次的免费旅游之外，更让他体味了世间的人情冷暖，不断丰富着珍贵的人生阅历。

王益官场蹭蹬不达，却并没有因此而改变他的为官之道。在新淦县令、韶州知州任上，仍一如既往，整治地方奸猾之徒，尽心尽力做好本职工作。他的这种不畏强暴、积极维护贫弱百姓利益的行为，少年王安石在耳濡目染之下，不知不觉中潜移默化，影响日深。

王安石13岁时，祖父去世，王益回到临川，守制三年。这三年也是王安石读书较为集中的三年，同时也正是少年意气挥斥方遒之时，大有一股"粪土当年万户侯"的狠劲儿。

王安石15岁时，岭南叛乱，西夏侵边，一时举国惶然，文官们只知哼哼叽叽纸上谈兵，没人敢上前线，急得仁宗在朝堂上大骂不止。王安石闻讯，掷笔而叹："谁将天下安危事，一把诗书仔细论。"其雄阔胸襟和盖世豪气，已一显无余。

后来王安石回忆其年青时在家读书的情形，感慨万分：

幽花媚草错杂出，黄蜂白蝶参差飞。
此时少壮自负恃，意气与日争光辉。

公元1037年，王益改任建康府通判一职，妻儿再次随他赴任。好不容易生活才安定下来，两年之后，王益却积劳成疾，死在了任上。

王益死后，厌倦了奔波之苦的王安石一家，从此在江宁府落了户。这一年，王安石大约19岁。

父亲的早逝，给正在步入青年的王安石打击无疑是巨大的。全家数十口人，生活顿时陷入困境，时常以野菜充饥。在江宁的三年守丧中，贫困的日子不仅锻炼了王安石刚毅倔强的性格，还对他自己的人生做了深刻自省，对社会现实进行了反思。社会上的贫富悬殊，使王安石对下层社会劳苦大众的饥寒更加同情和理解，而眼前活生生的现实也在促使他不断思索社会改革的问题。

少年壮志不言愁。已经长大的王安石明白，要改变现实，必须从改变自己开始。

儒家的经典是步入仕途的唯一敲门砖，想要实现人生理想的王安石同样不能免俗。父亲的早逝，使全家人失去了庇佑，莫说作官造福天下苍生，就算是想要家人过上衣食无忧的生活，他也必须得六经勤向窗前读！

难能可贵的是，对于传统儒家文化，王安石并不是墨守成规的奉为圭臬，对孔孟之道，王安石持批判继承的态度。王安石读书的一个突出特点是将书本知识与实际联系起来，做到"学以致用"，而不盲从。他还注意向社会学习，虚心地求教于农夫、女工。对于圣人之学，他也大胆提出了自己的看法，直抒己见。

王安石的这种惊世骇俗思想，在那些自诩为孔孟传人的腐儒眼中完全是一种离经叛道，当然是无法容忍的。这种理论联系实际、严谨务实的治学之风影响了他一生，也是青年王安石胸襟见识远超侪辈的原因，同样也成了日后政敌攻击他的把柄。

道之所在，虽万千人逆之，吾往矣。

这是孟子的文字，也是王安石的座右铭。这是一种勇气与豪迈，是一种奋然前行的大无畏气魄；正是这句话，成了王安石日后变法的强大精神支柱。

2. 谁偷了我的状元

公元1041年，大宋仁宗庆历元年。王安石三年孝满，决定进京赶考，一试身手。结果还不错，第二年，王安石以第四名考取进士。

据说，头名状元本来非他莫属。

王安石在客栈，结识了一个人，就是后来名列唐宋八大家之一的曾巩。曾巩看了王安石的文章，大为佩服。曾巩是欧阳修门下士，颇得青睐，欧阳修甚至说："过吾门者百千人，独于得生为喜。"因之大得声誉于当世。曾巩与王安石是同乡，又把王安石的文章介绍给了当时已经大名鼎鼎的文化界头号人物欧阳修。

欧阳修比王安石大14岁，现为集贤院校理。欧阳修还算识才，看了王安石的文章，大为赞叹。

欧阳修本来嘴大，经他这么一吹一捧，王安石立时名满东京。以欧阳修当时在文化界的地位，经他一吹，时人皆以为王安石必得状元。

主考官读了王安石的文章，也是交口称赞，惊为异人。考试结束，阅卷官们综合阅卷意见，最后一致排定名次：第一名王安石，第二名王珪，第三名韩绛，第四名杨寘。

如果不出意外，王安石就是状元。

可是，意外却发生了。

榜出来后，王安石是第四名，没有当上状元。

意外产生的原因，大概是下面三条的其中之一：

一是王安石文章中有"孺子其朋"的句子。

"孺子其朋"，是出自《尚书·周书洛诰》。原文是："孺子其朋，孺子其朋，其往。"这是周公旦对周成王说的话，意思是："你这年轻的小伙子啊，以后和群臣要像朋友一样融洽相处。"一般用来劝诫皇上要爱护臣下，是完全可以的，但是，王安石面对的是当朝皇帝。我们都知道，周公旦是周成王的叔叔，而"孺子其朋"有长辈在教训晚辈的意思。一个小小的平头百姓，居然用这样的话来教训当朝天子，简直是大逆不道。宋仁宗因此很生气，于是大笔一勾，王安石"第一"就变成"第四"了。

"孺子其朋"让宋仁宗很反感的原因还在于，最近一段时间，仁宗很纠结，他最害怕与担心的就是朝臣结党，当然心中不爽了。反正这四个字他怎么看怎么不好："此语忌，不可魁天下。"王安石因此痛失状元。

也许你会觉得很奇怪，王安石不得第一名，应该让王珪当，但是并没有，因为在宋朝有个不成文的规定，凡是官宦子弟一般不宜钦定"状元"，而是要提拔平头百姓做状元。王珪和韩绛都是名门望族，官宦世家，所以"状元"自然没有他们的份儿，就落到杨寘身上。

二是因为曹皇后看中了第四名杨寘，要招为侄女婿，因此和王安石的第一名调了个个。

三是据小道消息，杨寘是当时的知制诰杨察的弟弟。知制诰，也就是皇帝的秘书，可以看到很多内部文件。

杨察偷看到送上来的卷子中，他弟弟杨寘排第四名，就提前派人密报给杨寘，当时杨寘正和几个朋友在酒馆喝酒吹牛，听罢传言，杨寘仰面叹道："不知哪个小子抢了我的状元。"想不到后来是他自己当了状元，算是骂了自己。

杨寘是中国科举史上少有的几个三元状元（解元、会元、状元）之一。杨寘中状元后，因母亲病逝，未及赴任。丧事办完不久，杨寘亦一病不起，日渐羸弱，终于撒手人寰，年仅30岁，可谓才华未展，英年早逝。后来王珪、韩绛和王安石都做到了宰相，前四名出了三个宰相。

天下之大，真是无奇不有。

无论如何，青年才俊王安石的状元得而复失。

虽然与状元的荣耀失之交臂，但王安石21岁就高中进士，亦可说是春风得意、少年得志，也是件值得庆幸的事情，虽然王安石对这种薄名并不在乎。考完以后王安石曾写了一首诗，诗中有两句：

刻章琢句献天子，钓取薄禄欢庭闱。

意思是，挖空心思写了一些无聊的词句给皇帝看，只是为了以此挣点工资，让老妈高兴一下。里面轻轻用了一个"钓"字，可以看出王安石对于功名的淡然。当王安石得知自己并没有拿到状元以后，反应很简单而冷静，他对曾巩说："状元不状元的无所谓，历朝历代，也有很多状元，但真正能成就一番事业的，又有几人？"此后，王安石再也没有对别人提过险些得状元的事情。

由官宦之家陷入贫寒的王安石，早已经在人生的磨难里参悟了世间的一切，做好了迎接更大挫折的战斗勇气。他真正看重的，是自己的能力和进取精神，至于那些虚名，何必强求。无论谁偷了我的状元，我都不在乎，王安石在意的是天下苍生和大宋的繁荣昌盛。古往今来，没有谁能随随便便成功，王安石之所以成为王安石，绝非偶然。

修得文武艺，卖与帝王家。不论怎样，少有大志的王安石实现了自己人生的第一个目标，登上了能够一展身手、取得更大成就的历史舞台。

3. 基层锻炼很重要

王安石从政第一任的全称，是签书淮南东路节度判官厅公事，简称淮南签判。王安石的这个第一任官职：在淮南东路领导办公室里做公事的人，相当于政府秘书。

当时淮南东路的行政办公地点在扬州，王安石的主要工作就是文件收发检校，这样的工作，对于王安石来说，不过区区小事，三下两下搞定。

政府秘书，是一个很有前程的位子，可是王安石却毫不珍惜。空下来的时间，王秘书既不陪上司聊天，也不吃喝游玩，反而比中举前更加用功，每天读书通宵达旦，太阳已经很高了，才匆匆赶来上班，不梳不洗，睡眼惺忪。

顶头上司实在看不下去了，以为王安石年少轻狂，有一天便教育他："君少年，无废书，不可自弃。"

领导这是在劝他：小伙子，趁着年轻，多读点书吧，不要自暴自弃。显然这是好意。王安石未加辩解，只是在三年任期满了离职时，告诉自己的朋友说"韩公非知我者"。

韩公就是韩琦，当年响当当的人物，数朝元老，几度为相，庆历新政失败后被贬扬州。

等到韩琦明白了真相，已经晚了，想把安石收为弟子，但王安石的拗性子上来了，"终不屈"。三年任满，王安石于1045年年底从扬州动身，公元1046年年初到东京述职。

王安石此次进京，欧阳修不顾自己在庆历新政中被贬，依旧毅然上书朝廷，举荐王安石。但王安石却无意在京做官，他实在看不下去那些朝廷大员们饱食终日无所事事的样子，他只想到基层去为老百姓做点实事。别人在京城到处托人跑官的时候，王安石拒绝了馆阁考试的机会，主动要求外放到下面去做小官。

公元1047年，王安石以大理寺评事的身份被分配到鄞县做县长。

鄞县，就是现在的宁波，当时的宁波没有现在这么发达，只能算是一个边远小县。王安石在赴鄞县途中，恰逢天下大旱，饥民无数，一到宁波，旱情正炽，王安石不顾劳累，立即下乡了解情况，开仓发放救灾粮款。

当时王安石到任，不吃不喝不请示，把明州知州钱明义吓坏了，因为历来官场没有这个道理，除非有后台，不然谁敢这么干？

其实是王安石根本没想到这些个事，什么后台不后台的？

救灾结束，王安石做了一次考察，了解到大旱是因为水利设施长年失修，决定带人搞水利，"起堤堰，决陂塘，为水陆之利"。把个小小宁波搞得旱涝保收。

当然，王安石也可以在县里什么都不干，不必自讨苦吃，可是那不是他的性格。在宁波，王安石还对青苗法进行了一次预演。

穷人家没粮食时,只好向地主借粮食,借贷就得有抵押,穷人除了老婆孩子,能指望的,只能是还长在地里的青苗。谷物收割以后,立时还债,这就叫青苗钱。

青苗钱本身并不是什么坏事,坏就坏在,地主收取的利息太高。

究竟有多高？一般是百分之一百五到百分之二百,也有高达百分之三百的。也就是说,麦苗放青时借地主一斗麦子,麦收时要还两斗甚至三斗。

如此一来,老百姓日子还怎么过？到时还不上,只好卖孩子卖老婆,没人帮他们。

王安石看着这些,心里难过,他在想怎么才能帮帮这些人。

当时的官府也不是没有相应措施,那就是常平仓。

常平仓,就是粮食便宜时,国家就多收粮食,努力提高市场上的粮价,保护老百姓利益,如果粮价太贵,就向市场抛售粮食,以适当降低粮价。

常平仓是一个不错的方法,战国时李悝就提出了常平仓设想,汉宣帝时,正式建立常平仓,后为唐宋继承下来。但王安石到宁波以后,一调查,常平仓几乎陷于瘫痪,房破人老,早已无人问津,名存实亡。

王安石的想法很简单,与其让地主高利盘剥农民,不如官府拿出一点粮食来借给农民,利息比地主出的低得多,只收2分利,也就是说,借100斤,还120斤。

这个利息,现在看来,是有点高了,但是,和那些高利贷者相比,二分利无疑是有很大诱惑力的。所以,布告一贴出,几乎没有人相信有这样的好事。

王安石放青苗钱的布告贴出去后,家里缺粮的穷人家,个个欢天喜地,拿着布袋来官府借粮,有人借了粮还不行,还非得要见到王安石,给王安石磕头。

王安石在宁波不但兴修水利,放青苗钱救民,还大力办学,提高老百姓识字率，这些，都不列入官员考核范围的，王安石只是凭自己的能力和良知去做。

宁波任满时，上级派人前来考察政绩，王安石根本不当一回事，自己照样在万金湖指挥水利工程。

公元1050年，王安石解职回京待职。

离开宁波时，宁波老百姓自发成群结队一道去为王安石送行，但王安石却在前一天就悄悄带了书担骑驴走了。

王安石进京以后，宰相文彦博邀请他留京任职。但王安石没有照顾文宰相的面子，依然坚持去基层，不愿留京。

公元1051年，诏下，宣王安石任舒州通判。

王安石显然对庆历新政很感兴趣，在赴舒州任所途中，绕道拜会了贬放青州的范仲淹。

我们也许不好猜测这两位心忧天下的朋友究竟谈了些什么，但可以猜测的是，变法图强的想法，王安石应该早就在谋划了，他只是在等待时机。

舒州是现在的安庆，是个偏远封闭的山林地带。通判只比县令高一品，相当于副市长（地级市），三把手。面对当地百姓的穷困，王安石提出在舒州放青苗钱救民，但却被上司一口拒绝："不要没事找事！"

王安石并没有因为上级的否定而放弃，官府不愿出面，王安石想到了另一条途径——请民间有能力的富豪大户出面借钱救困。

在基层工作多年，王安石明白，富人越来越富，往往"富有弥望之田"，而穷人则越来越穷，"贫无立锥之地"。

各地大户的手中集中了大量的良田美地，应该有这个能力。正当王安石准备再大干一场时，文彦博再次想到了他，并极力向仁宗举荐。于是中书省直接发文到舒州，召王安石进京参加考试，考试以后另行安排工作。

这时舒州的大小官员才知道，他们身边这位不言不语、白天到处乱跑、晚上写字看书的人，竟然大有来头。

王安石态度一如从前，并不打算进京考试，当晚就写了一篇《乞免就试状》称："伏念臣祖母年老，先臣未葬，弟妹当嫁，家贫口众。"再次拒绝了机遇的垂青。

公元1053年，王安石舒州通判任满，首先回临川老家料理祖母谢氏的丧事，然后回京待职。

刚到京城，王安石就接到了朝廷任命，免试让他任集贤院校理。

这是多少文人梦寐以求的"清要"之位，通常要经过大臣推荐，并经过严格考试才给予任命，现在却让王安石免试就任。

但出乎所有人意料，王安石拒绝出任集贤院校理，又写了《辞集贤校理状》，说自己"先臣未葬，二妹当嫁。家贫口众，难住京师"，请朝廷收回任命，把他放到地方去工作。

这事还没完，过了一个月，中书再次下发委任状，内容与上次相同，仍然要求王安石任集贤院校理，被王安石再次拒绝。

十几天后，中书再下任命，并附了一个附件，要求王安石给中书一点面子，不得再推辞。

王安石却再上一封《辞集贤校理状》，说自己确实是为生活所迫，如果朝廷非要如此任命，"不独伤臣私义，固亦上累国体"，就是说，不但让我王安石难办，而且还让政府难办，长此下去，大家都玩这一套来获取名声，那就是我王安石的大罪了。

宰相陈执中把王安石的辞职信往桌上一扔："这个牛人，别人想进馆阁想得不行，他还一个劲推辞，晾他几个月再说。"

王安石就被晾在京城里了。

这时欧阳修帮了王安石一把，上面便再次下命，委令王安石群牧司判官之职。王安石不得已，到群牧司上班，到了以后，才知道，司马光也到群牧司报到了，和他一个办公室，顶头上司是包拯。

王安石在群牧司的工作很快就结束了，公元1056年十二月调任提点开封府界诸县镇公事，仍是京官，估计也就是一个高级职员，没多大实权,王安石不愿干这些琐事,因此,写了一封《上执政书》,仍然要求到外地去做官,并说自己一直要求外放,希望朝廷能派他到基层去做一点实事,可以"少施其所学",不要让他浪费了人生的大好时光。

于是,诏又下,王安石知常州。

当时的常州是江南富庶地,渔米之乡,所以,王安石没有在常州推放青苗钱。但王安石了解到,常州地处江南水乡,特点就是水多地低,常州要发展,还是应该大力整顿水利,开挖运河,这样不但可以将多余的水排走,还可以将大量的洼地腾出来变为良田。

王安石在稍作准备以后,就立即着手筹备开挖运河的工作。这一次,王安石算是初步偿到了改革的艰难与阻力。因为他手下的县官们都不赞成这个计划。

他们说,搞什么水利,又要征调民夫,又要筹钱,又要亲自到工地查看,烦也烦死了,大家都不干。

后来,大部分知县架不住王安石苦劝,同意出工。但人算不如天算,江南雨来了。绵绵细雨没有引发王安石的诗情画意,他只盼着雨过天晴。雨季过后,农民们又该收庄稼了。他只有等庄稼收完以后,再行开工。

王安石却没有了再次开工的机会,因为上级的调令又来了,王安石再提一级,升任路级官员,提点江南东路刑狱。

王安石实在不想半途而废,他亲笔给参知政事曾公亮写了一封信,请求能在常州任满一届,但没有得到批准。

王安石无奈,只好离开常州,奔赴新任。

公元1058年,38岁的王安石提点江东刑狱任满,被召还京师,改任度支判官。喜欢在基层锻炼的王大人,总算在天子脚下留了下来。

从出仕到现在,十几年过去了。如果我们需要给王安石的仕途划一道分水岭,这一年应该是一个转折。

4. 万言书

朝野上下，从皇帝到文武大臣，没有人不知道有一个"不想升官"的王安石。一时，众说纷纭，褒贬不一。

燕雀焉知鸿鹄之志。无论褒贬，我自泰然处之，这就是王安石的态度。因为，只有他自己知道，自己在干什么；只有他自己明白，自己真正想要的是什么。

近二十年的基层生活，王安石增长了社会阅历，积累了办事经验，锻炼出卓越的政治才干。更为重要的是，由于身在基层，接近人民，王安石因此对社会的各种问题认识得更加透彻。

丰年不饱食，水旱尚何有？
虽无剽盗起，万一且不久。
特愁吏之为，十室灾八九。

这是王安石写的一首《感事》诗，表达了他对农村问题的严重担忧。盛世之下，为何萧条万象？丰年百姓尚不得温饱，荒年、灾年更将如何？田间禾稼绝收，生民嗷嗷待哺，催缴赋税的胥吏却开始了新一轮的叫嚣。青黄不接，路有倒殍，官吏却毫不作为。他早已经看到，兼并势力的不断发展，让社会贫富不均日趋严重，而国家对兼并势力的放纵，官吏对农民的盘剥，让贫富悬殊更加雪上加霜。

现实的无奈，无时无刻不让王安石扼腕叹息。

著名的宋史专家邓广铭先生曾指出："两宋期内的物质文明和精神文明所达到的高度，在中国整个封建社会历史时期之内，可以说是空前绝后的。"这样的判断，或许有一定的道理，但在王安石的时代，事实并非如此。

至少，在王安石的眼里，盛世之下，早已是危机重重。

度支判官是财政部属下掌管收支情况的官员，职责是"掌天下财赋之数,每岁均其有无,制其出入,以计邦国之用"。职权是相当地大,对全国的财政情况了解得也比较清楚。

王安石上任以后,每天用心核对国库的收支情况,算到最后,结果令他大吃一惊:姓赵的家底铺得太大,摆谱的事情太多,吃饭的人太多,挣钱的人却见少,票子不够用的了!

吃人家的饭,就要替人家发愁,只知道发愁也不行,还要设法替人家解忧。王安石不是吃白饭的人,开始考虑给仁宗提点建议,免得赵氏王朝快破产了还没人知道。

新官到任,按惯例要向皇帝上交一份述职报告,王安石进京任职后,欲一展胸中抱负的欲望特别强。于是,他针对时弊,将多年来的想法,趁此机会写了篇洋洋万言的政治论文,在次年年初呈了上去,这就是著名的《上仁宗皇帝言事书》。

在此次上疏中,王安石总结了自己多年做地方官的经验,指出国家积弱积贫的现实:经济困窘、社会风气败坏、国防安全堪忧。他认为症结的根源在于为政者不懂得法度,解决的根本途径在于效法古圣先贤之道、改革制度,进而提出了自己的人才政策和方案的基本设想,建议朝廷改革取士、重视人才。王安石主张对宋初以来的法度进行全盘改革,革除宋朝存在的积弊,扭转积贫积弱的局势,要求立即实现对法度的变革。

这份言事书,是王安石政治立场和见解的高度概括。如下,是其中两节:

顾内则不能无以社稷为忧,外则不能无惧于夷狄,天下之财力日以困穷,而风俗日以衰坏,四方有志之士,諰諰然常恐天下之久不安。此其故何也?患在不知法度故也。

夫以今之世去先王之世远,所遭之变、所遇之势不一,而欲一二修先王之政,虽甚愚者犹知其难也。然臣以谓今之失患在不法先王之政者,以谓当法其意而已。夫二帝三王,相去盖千有余载,一治一乱，其盛衰之时具矣。其所遭之变、所遇之势，亦各不同，其施设之方亦皆殊。而其为天下国家之意，本末先后，未尝不同也。臣故曰当法其意而已。法其意，则吾所改易更革，不至乎倾骇天下之耳目，嚣天下之口，而固已合乎先王之政矣。

洋洋洒洒，言辞恳切，表达了王安石对大宋王朝统治危机的担忧和变法图强的期盼。可是，看到王安石的言事书，仁宗只是夸了一句"文章写得不错"，却再也没有了下文。

仁宗正如他的庙号一样，非常仁慈。有一次用餐，他正吃着，突然吃到了一粒沙子，牙齿一阵剧痛，他赶紧吐出来，还不忘对陪侍的宫女说："千万别声张我曾吃到沙子，这可是死罪啊。"

正是因为这样的仁慈，仁宗一朝出现的问题也最多，正如王安石指出的那样，很多问题已经积重难返，但仁宗似乎并不以为然。王安石的满腔热忱，换来的是一瓢冷水。面对国家危机，王安石心急如焚，可惜的是，仁宗皇帝不欣赏他。在上书后的这一年，王安石还写了两首诗，题目都叫《明妃曲》，其中有如此两句：

君不见咫尺长门闭阿娇，人生失意无南北。

明妃，指的是汉代的王昭君，久居深宫，未得到汉帝宠幸，遂北嫁匈奴，后客死他乡。阿娇，指的是汉武帝的陈皇后，后失宠无依，虽苦苦哀告等待，武帝终于没有回头。

是的，人生失意无南北，除了诗中的王昭君和陈阿娇，失意的，应该还有一个人：王安石。

后来的梁启超看了王安石的万言书以后，不禁拍案叫好："好！这真是秦汉以后第一大文也！"清代桐城派方苞也赞叹说："此篇只言一事，而以众法之善败经纬其间，义皆贯通，气能包举，遂觉高出同时诸公之上。"

据说，后来，有一天，太子赵顼跑到仁宗的书房里，偶尔抽到了这本万言书，读完以后，击节而叹："王老师还真是高手啊，不想我大宋竟有这等人才！我喜欢！"

王安石的《上仁宗皇帝言事书》虽然没引起仁宗的重视，但能得到日后为君的神宗赵顼如此评价，也算是没有枉费了王安石的一番心血。

机会从来是只垂青那些有准备的人，此言大概不虚。

当然，这依然是后话，要等到十年之后。

此后不久，仁宗命王安石改任起居注。起居注是一个清要的官职，但晋升的机会比较大。

吏部的官员无法理解王安石的怪异行为，派人将任命书直接送到他家里，王安石竟然躲在厕所里不见。后来，经吏部的人多次做工作，他才出任起居注。

公元1061年，王安石升任知制诰，专门替皇帝起草诏书、命令和文告。这一次，王安石并没有推辞，欣然领命。从41岁起，担任这一工作达三年之久。

公元1063年，仁宗皇帝去世，儿子赵曙继位，他就是英宗。

这一年秋天，王安石的母亲去世，他必须丁忧守制。他怀着失望的心情，惘然离开京城，辞官回江宁为母守丧去了。

二、变法！变法！

1. 临危受命

历英宗之世，王安石屡召不出，一是因为他确实有病，以道德自任的他，是不会有意装病的；二是他觉察到，英宗皇帝体弱多病，又与太后关系不睦，在这种情势下是不可能大有作为的。王安石乐知天命，不慕富贵，他知道时机未到，妄求进取，必难有所成就，因此，他宁可守道以终，也绝不折节求荣。他也知道，缺乏人才是国家一大弊端，于是在江宁开馆授徒，为国家培养英才，陆佃、龚元、李定、蔡卞等人，都是王安石的学生，后来这些人都成为他变法的帮手。

"万言书"虽然被仁宗束之高阁，但"万言书"的内容却不胫而走，四处流传。虽然那个时候没有人组织学习讨论，但大家都在说这个事，特别是那些有进取心的年青干部和一些比较开化的知识分子对王安石的观点非常赞同，对王安石的勇气和才力也是相当折服。吕惠卿和章惇就是在此时对王安石的主张有了初步的认识，为他们日后跟随王安石坚定推进改革打下了基础。

英宗很幸运得了帝位，但不幸的是，他体弱多病，继位之初即大病一场，而不得不由曹太后垂帘，后虽亲政，欲一展抱负，但不久病故。宋英宗在位时间很短，前后不过四年。四年时间中，就有一半的时间在养病，赵宋王朝的种种问题因此更加严重和突出，国内外局势更加严峻。

形势有多严峻？我们来看一下：

第一，三大矛盾突出：

其一，阶级矛盾尖锐：北宋初年，宋朝统治者由于对土地兼并采取"不抑兼并"态度，导致三分之一的自耕农沦为佃户和豪强地主隐瞒土地，致使富者有田无税、贫者负担沉重，连年的自然灾害加剧了农民苦难，因而造成各地农民暴动频繁。

其二，民族对立严重：北宋与西夏和辽国发生多次战争。

其三，统治集团内部矛盾突出：改革派与守旧派斗争激烈。

第二，"三冗"危机严重：

其一，冗官：北宋政府采用分化事权的方式，集中皇权。比如，宰相职位一般有很多人担任，同时还设置了枢密使、参知政事、三司使，来分割宰相的军、政、财权。官职也不断增加，导致北宋机构臃肿；采用恩荫制，一个官僚一生当中可以推荐数十个亲属当官；

北宋大兴科举，科举应试人数增加，取士人数也增加。

其二，冗兵：为了防范军阀割据，农民起义，抵御北方民族的南侵，稳定社会秩序，宋代不断扩充军队的数量，形成了庞大的军事体系，军费开支几乎占到整个财政支出的十之八九，造成冗兵问题。

其三，冗费：冗官、冗兵导致政府财政支出增加，与此同时由于土地兼并现象严重，富豪隐瞒土地，导致财政收入锐减，因而造成了北宋政府的财政危机。

第三，"两积"问题的形成：

其一，积贫：国家财政入不敷出，国库空虚，出现了严重的财政危机，导致积贫局面的形成。

其二，积弱：北宋吸取中唐以后武将拥兵、藩镇割据的教训，大力削弱武将的兵权，领兵作战的将领没有调动军队的权力，带来的后果是指挥效率和军队战斗力降低，导致宋军在与辽、西夏的战争中连年战败，形成积弱的局面。

"三冗""两积"引起了严重的社会危机，革新除弊逐渐成为朝野共识。

公元1067年，正月，天正冷的时候，英宗死了，只留下了一个文辞华丽、风气淫糜，同时又破落穷困、弱不禁风的大宋江山。

英宗离世，赵顼继位，是为神宗。

新上任的皇帝是一个好学青年，读书或研究学问常常是废寝忘食。做太子的时候，他就看过王安石的那篇"万言书"，对书中的观点颇为赞同。授课老师韩维是王安石的超级"粉丝"，每当讲解到妙处，获得太子赞赏时，他总是说：这不是我的意见，这是王安石说的。久而久之，这位皇太子也成了王安石的"粉丝"。

神宗皇帝继位之时，北宋政府的土地兼并更甚于前朝，财政出现了巨额赤字，国家已陷入财政危机的泥潭之中不能自拔。诚如"万言书"中所说："顾内则不能无以社稷为忧，外则不能无惧于夷狄。天下之财力日以困穷，而风俗日以衰坏。"

这位喜读《韩非子》的皇帝深深感觉到"天下弊事至多，不可不革"。

谁能为大宋王朝排忧解难呢？王安石进入了神宗皇帝的视线，他认为，只有王安石能给他答案。

公元1068年，神宗下令调王安石进京，并吩咐有关部门，这一次他如果不来，捆也要把他捆来。

正在江宁当知府的王安石，这一次没有推托，欣然领命。也许他预感到机会已经来临，多年在基层摸爬滚打，等的不就是这一天吗？"学成文武艺，货与帝王家"，是时候了，该登场了。

神宗年且二十，英睿仁厚，气质早茂，俊朗帅气，精力充沛，行事明敏，双目如电，遍寻天下英才，正欲大有作为。王安石因其卓绝风姿、雄伟文辞和迈远志略而被神宗迅速锁定。

大宋的历史，终于可以摆脱沉闷、阴郁、灰暗、落拓和墨守成规的色调，昂首进入了一个新时代。

2. 初战告捷

这一年的四月，静居江宁的王安石进京"越次入对"。

王安石带着家人，取道长江，自江宁顺流而下，由京口（镇江），渡江至瓜州，准备溯大运河北上。

船到分水口，江面波光涌动，春水如酒，清风拂面，王安石回首江宁，无限感慨，写下《船泊瓜洲》：

京口瓜洲一水间，钟山只隔数重山。
春风又绿江南岸，明月何时照我还？

一个"绿"字，写出了大自然的无限春光，也道出了王安石内心的欣喜无限。但，一个"还"字，却道出了王安石对于山野清净生活的留恋。

成败在此一举。

圣君贤臣，奔着共同的目标，怀着不同的心情，龙虎聚会，为一次历史的大变革拉开了序幕。

初次相见，没有什么客套，神宗赐坐，冲着王安石，第一句话就问："朝政当务之急为何？"

王安石也不客套："以决定政策为要。"

君臣二人的第一次会面，对国家的政治、经济、军事进行了广泛交流，大有相见恨晚之感。

这年八月，神宗照例要率群臣到京城南郊举行祭天大典。按历年惯例，参加祭天活动的百官都会得到皇帝赐给的一个大红包，也就是赏钱。宰相曾公亮等人认为，由于河朔地区发生了大面积的旱灾，国家财政匮乏，他们建议，今年郊祭赏钱就免了。

神宗似乎觉得自己这个皇帝做得也太窝囊了，刚刚做皇帝，第一次郊祭就将百官的红包减掉了，是一件很没面子的事情。可面对捉襟见肘的国家财政，他又想不出更好的办法。

朝廷国库空虚，财政入不敷出，捉襟见肘，这就是少年皇帝神宗所面临的难题，为了能走出目前的困境，神宗把富国强兵视为国策，视为他治理天下的首要任务。

开源还是节流？变法还是守旧？

公元1069年二月，神宗不顾几位重臣的反对，力排众议，下诏把他心仪已久的能人王安石提拔为参知政事。

王安石升了官，照例要入朝谢恩。这次谢恩，君臣二人有一番对话，正是这一番对话，正式掀开了惊世骇俗的改革序幕。

神宗对王安石说："大臣们都说，你只知经术，不懂政务。"

王安石说："只有知经术，才能通政务，这些人说我不通政务，实质上是他们自己不懂经术。"

"照你说来，从目前的形势看，国家应采取什么样的政策？"

神宗问道。

王安石不假思索地说："改变风俗，建立法度，这是当务之急。"

王安石接着说："立国之本，首要的任务在于理财，周朝设置泉府等官，专门管理国家的财政经济，后世唯西汉的桑弘羊、唐朝的刘晏粗通此道。如今要理财，迫切需要继承并修改泉府的一些好的政策、制度，针对时弊，制定出相应的政策颁布实施。"

王安石继续说："古人有言'为政在人'，但人才却很难得，十个人理财，有一二个人不出力，便会使全盘计划泡汤。尧与众人推选一人治水，九年不得成功。何况这一次变法，选用的不止一人，选用人才，不可能征求所有人的意见，到时肯定会有人说三道四，陛下如果决意变法，就要有思想准备，不要为那些异议所迷惑。"

第二天，神宗下令成立一个创立新法的专门机构"制置三司条例司"，命王安石和他保举的知枢密院事陈升之一同主持制置三司条例司的工作。所用人员，由王安石自行选调。

神宗这叫作疑人不用，用人就不疑，该给的权力都给了。

王安石挑选吕惠卿、曾布、章惇、苏辙等人组成一个改革的领导班子，分别负责制置三司条例司的日常工作。新班子成立后，经过认真的研究、讨论，拟定了一系列新法法令，目标直指"富国强兵"。

接着，神宗任王安石为同中书门下平章事，位同宰相，在全国范围内推行新法，开始了大规模的改革变法运动。

王安石面对的，将是一场硬战。好在有神宗的支持。

这一年七月，王安石颁行了第一个新法——均输法。

为什么要急于实行均输法？这是因为当时北宋政府的贡输制度问题成堆，亟待解决。

北宋的都城在开封，这里居住着几十万军队和一百多万居民，每年要消费的粮食、丝麻织物以及制造军器需用的竹木、皮革、筋角等物资不计其数。京城出产不了这些东西，需要外地调运。这些运抵开封的物资，都是百姓向政府缴纳的贡赋。

当时百姓的赋税缴纳是实物制，生产粮食的地方缴粮食，生产竹木的地方缴竹木，负责运输的机构，将这些物资经汴水运送到开封。

负责运输的机构叫发运司，主持这项工作的官员叫发运使。

发运使只管运输，并不知道开封各种物资的需求情况，也不知道仓库里什么物资紧缺，什么物资过剩，长期以来，总是按部就班地一船一船地向京师发送。结果，一部分物资多得没地方存放，一部分物资奇缺。一些笨重价低的物资，从很远的地方运到开封，运费超过价值的几倍，造成很大浪费。

推行均输法，就是要改变这种现状。

王安石派办事能干的薛向为江、浙、荆、淮发运使，总管东南六路的财富和茶、盐、矾、酒等收入，全权负责推行均输法。

均输法与旧制度的不同之处在于，中央财政拿出五百万贯钱和三百万石米交给发运司作为本钱，在六路范围内通盘筹划，调配物资；发运使有权了解京师各种物资的库存情况和当年的支用情况，再根据需要向京师发运物资。在做好物资供应的同时，保证京师的粮食供应是发运使的重要任务。

薛向很有理财经验，上任之后，对京师每年物资的供需情况进行了调查，京师需要什么物资，心里有一本账，制订了一个详细的物资供应计划，对京师不需要的物资，他便将这些物资在六路之间转运变卖，通过地区之间的贸易得到差价收益。

经过薛向的精心部署，开封国库积压的物资得以消化，不足的物资也能及时得到补充，通过在六路之间物资的转运变卖，从地区贸易差价还获得了可观的收益，均输法的好处很快就显现出来，薛向也因此而得到嘉奖。

3."拗相公"

可是，均输法夺取了富商大贾的部分利益，还是遭到了反对派的猛烈攻击。

王安石的拗性子上来了，反对变法的人一个一个被贬出京城，也标志着变法派与守旧派的争斗，逐步由暗转明，由星星之火变为燎原之势。

公元1069年九月，王安石正式颁布实施青苗法。

青苗法，实际上是一种农业借贷方法：春耕的时候，农民没有种子钱，政府贷款给农民，取二分息；农作物收割后，随夏税连本带利偿还。由于是在播种青苗时借贷，所以叫青苗法或青苗钱。

王安石做太守时，曾实行过"贷谷以民，立息以偿"的办法，既解了农民无钱春耕的燃眉之急，政府也从中得到利息，一举两得。

青苗法是王安石变法中最为人所知的一项新法，后世谈王安石变法，最先想到的就是青苗法。因为这一项新法影响到全国的每一个村庄，涉及千家万户，上至富商大贾，下至平民百姓，都能切身体会得到这项新法。

这也正是青苗法在朝中引起轩然大波的主要原因。

宰相富弼并不赞成变法，见王安石不可一世的模样，心里很不舒服，但皇上对王安石却又是言听计从，料想自己不能与之争锋。惹不起，躲得起，推说自己有病，请求辞去宰相之职。神宗批准了富弼的请求，命他出判亳州。

十一月，颁行农田水利法。条令奖励各地开垦荒田，兴修水利，修筑堤防圩岸，由受益人户按户等高下出资兴修。

在王安石的倡导下，一时形成了"四方争言农田水利"的热潮。北方在治理黄、漳等河的同时，还在几道河渠的沿岸淤灌成大批"淤田"，使贫瘠的土壤变成了良田。

变法，紧锣密鼓，如火如荼。有人看不下去了，开始出洋相。

公元1070年春，司马光主持了一场考试，他在试卷里出了一道策问题：如何看待"天变不足畏，祖宗不足法，人言不足恤"？

试卷送呈皇上审批时，神宗叫人"以纸贴其上"，并批示"别出策目"。

第二天，神宗问王安石："听到有三不足之说吗？"

"不知道啊！"王安石有些莫名其妙。

当神宗说起三不足的内容时，王安石便知道有人在搞鬼。他虽然没有高度概括出"三不足"，但类似内容确实说过。

王安石后来的变法，就是按"三不足"精神，勇往直前、坚持到底的。

从此以后，"天变不足畏""祖宗不足法""人言不足恤"成为破除迷信、解放思想的战斗口号，广为流传。

"拗相公"，是时人对王安石的别称。

王安石就是这种人：文学上独树一帜，造诣颇深，散文笔意雄健峭拔，是唐宋八大家之一；政治上，他不甘现状，锐意改革。

王安石推行新政，不容许任何人反对。朋友不行，反对他，朋友就变成了敌人；敌人更不行，反对他就会叫你靠边站。

王宰相就像一个愤青达人，不利于变法的事，寸步不让，那些反对变法者，一个一个都被剔除了。但却也因此埋下了祸根，因为，上上下下，他得罪了太多的人。

变法就是这样，一万年太久，只争朝夕。在王安石主持下，一个个变法措施相继出台，我们按时间顺序列举如下。

保甲法：

公元1070年颁行。各地农村住户，不论主户或客户，每十家（后改为五家）组成一保，五保为一大保，十大保为一都保。凡家有两丁以上的，出一人为保丁。农闲时集合保丁，进行军训；夜间轮差巡查，维持治安。保甲法既可以使各地壮丁接受军训，与正规军相参为用，以节省国家的大量军费，又可以建立严密的治安网，把各地人民按照保甲编制起来，以便稳定国家秩序。

将兵法：

作为"强兵"的措施，王安石一方面精简军队，裁汰老弱，合并军营，另一方面实行将兵法。自公元1074年始，在北方挑选武艺较高、作战经验较多的武官专掌训练。将兵法的实行，使兵知其将，将练其兵，提高了军队的战斗力。

方田均税法：

公元1071年八月，由司农寺制定《方田均税条约》，分"方田"与"均税"两个部分。"方田"是每年九月由县长举办土地丈量，按土地肥瘠定为五等，"均税"是以"方田"丈量的结果为依据，制定税数。

方田均税法清出豪强地主隐瞒的土地，增加了国家财政收入，也减轻了农民负担，同时却严重损害了大官僚大地主的利益，遭到他们强烈反对。

募役法：

公元1072年颁布实施。募役法规定由州、县官府出钱雇人应役，各州、县预计每年雇役所需经费，由民户按户等高下分摊。

募役法使原来轮流充役的农村居民回乡务农，原来享有免役特权的人户不得不交纳役钱，官府也因此增加了一宗收入。

改革教育制度：

王安石等变法派还改革了科举制，整顿了各级学校，为社会培养需要的人才。

公元1071年，颁布改革科举制度，废除以空洞的华而不实的诗赋词章取士的旧制，恢复以《春秋》三传明经取士。即要求考生联系当前实际采取参加经义策论的考试。这就把科举的立足点放在选拔具有经纶济世之志和真才实学的天平上，从而扩大了考选名额，使一大批新进之士取代反对改革的旧官，以便由此选拔的人才能够更好地为变法服务。

市易法：

公元1072年三月，颁行市易法。在开封设置市易务。市易务根据市场情况，决定价格，收购滞销货物，待至市场上需要时出售，商贩可以向市易务贷款，或赊购货物。后又将开封市易务升为都提举市易司，作为市易务的总机构。

市易法在限制大商人垄断市场方面发挥了作用，也增加了朝廷的财政收入。

免役法：

公元1073年七月，正式颁行免役法。免役法规定，各行商铺依据赢利的多寡，每月向市易务交纳免役钱，不再轮流以实物或人力供应官府。

免役法是对差役法的改革。差役也叫力役、徭役、公役，其实就是义务劳动。这是税收以外的征收，本意可能是为了弥补低税制的不足，也可能是考虑到民众出不起那么多钱，就以劳力代之。但这样一来，老百姓不但要出钱（钱粮），还要出力（徭役），实在是不堪重负。

王安石的办法是改"派役"为"雇役"，即民众将应服的役折算成钱交给官府，由官府雇人服役。这样做有三个好处：一是农民出钱不出工，不耽误农业生产；二是所有人一律出钱，比较公道；三是忙人可以腾出时间去干自己的事，闲散人等则有了一条生路。

神宗皇帝对免役法的收入非常关心，询问这些钱是怎么用的。王安石回答说："用在赈灾和兴修水利上，这就叫取之于民、用之于民，国家没有坐收其利。"神宗听后非常高兴。

神宗还听取王安石的建议，在京城设立了京城巡卒。

京城巡卒，实际上是新政权的一个特务机构，这些巡卒，就是朝廷派到坊市间的密探，只要发现有人谤议新政，不问贵贱，一律拘禁。一时闹得人心惶惶，上至文武百官，下至普通百姓，敢怒而不敢言，说话都特别小心。

几年过去了，反对新法的人仍然很多，反对变法的声音此起彼伏，老臣一个个离他而去。神宗有些心慌，也开始有些动摇。

一次，利州判官鲜于侁向朝廷上书，批评青苗法是害民之法，隐射王安石扰乱朝政，神宗竟然将他提拔为转运副使。

王安石有一种不祥的预感：皇上对新法的兴趣在减退。王安石的拗脾气上来，撂挑子，不干了。

他向神宗递上一份辞职报告，请求辞职离开京师。

神宗虽然对新法有所动摇，但还没有到否定新法那一步，当然不会放走王安石。于是对王安石劝慰一番，让他打消了辞职的念头。

三、最后的较量

1. 步履维艰

面对神宗的摇摆不定，反对派也加紧了攻击。

公元1073年，西岳华山发生山崩，一时间人心惶惶。那些别有用心的人乘机抨击新法，说这是上天对人间的警告。

神宗更为慌乱，按照习俗，他迁居另一宫殿居住，以示对神灵的敬仰，并下令吃粗粝的粮食，以求上天的宽恕。

文彦博在朝堂上公开说华山崩裂，是民怨惊动上天。王安石指责文彦博诋毁新法，两人在朝堂上发生了激烈的争吵。文彦博一气之下请求辞职。

神宗见他去意已决，便命他为河东节度使，判河阳，迁大名府。

这一年七月，北方又发生严重旱灾，赤地千里，水田晒开的裂缝可以躲进一个小孩子，庄稼颗粒无收，民不聊生。宫廷内外，朝野上下，都将此归咎于新法，说是新法惹的祸。

神宗忧心忡忡，唉声叹气，他也开始相信这是上天的某种警告，并对自己继位以来所实行的一系列新法进行反思。

王安石得到这个消息，连忙进宫劝慰，说旱、涝都是天灾，在尧、汤的时候也是经常发生的，陛下即位以来，连年丰稔，如今数月不雨，当没有什么大害，我们能够做的，只是力行善政而已。

神宗紧锁眉头说："我所担心的也是此事，恐怕我们推行的不是善政。我听说商税太重，外面都怨声载道了，朝野上下、宫内宫外闹得满城风雨。连皇后、太后都知道这件事，都说这是弊政。我的想法，不如罢免了吧！"

几天之后，神宗公开发了一道"罪己诏"。他在罪己诏中痛责自己，说因为自己治国无方，得罪了上天，导致天灾频繁降临。他号召文武百官向朝廷提建议，言语极为恳切。

正在群臣对皇上的罪己诏议论纷纷的时候，一个小人物的出现，迅速改变了朝廷的政局。

他叫郑侠，是皇宫门吏，也就是门卫。

郑侠是福清人，进士及第，曾做过光州司法参军，他在光州审理的案件报到朝廷，全得到宰相王安石的批准，没有一件驳回重审。因此，他视王安石为知己，很想报效王安石。光州任满以后进京听调，正是王安石大力推行新法之时。由于他将王安石引为知己，便想向王安石进言，王安石便问他听到了什么。他说，青苗法、免役法、保甲法、市易法以及边境用兵，都有弊病，百官和百姓都有意见。

王安石听罢一愣，什么也没有说。

郑侠退出之后，没有再见王安石，只是给王安石写信，屡言新法弊病，于是就得罪了王安石。王安石本想委派郑侠一个好的职位，见这个人不识相，一味地反对新法，于是只委派给了他一个皇宫门吏的职务。

小人永远都是小人，于是，郑侠开始寻机会报复王安石。

郑侠在宫门口的时候，常看到一些难民从东北涌进京师，这些难民充塞了京城的大街小巷。他认为这是王安石的新法惹的祸。皇上如果看到这一幕，一定比看一百道奏折还管用。可惜，皇上住在皇宫之内，看不到这些。

他突发奇想，画几幅难民图送进宫去，一定比文章管用。

郑侠说干就干，他用了几天时间，画了几幅难民图。一幅画的是灾民一半身体裸露，有的在喊冷，有的在叫饿，在急风暴雨中挣扎跋涉。另一幅则是一群半裸着的男女，有的在嚼草根，有的在吃树皮，有的卖儿卖女，有的身戴枷锁，有的倒毙路旁；另有一班悍吏，手持皮鞭，怒目而视，神态凶暴。这些垂死的百姓，个个愁眉紧锁，泪流满面。无论是难民，还是酷吏，个个都画得惟妙惟肖，看后如同身临其境。

郑侠画完图后，还写了一份奏折，说他在城门口，天天看见为变法所苦的平民百姓扶老携幼，阻塞于道，卖妻鬻子，横尸街头，惨不忍睹。因此，他恳求皇上罢废害民之法，"延百姓垂死之命"。

他还赌咒发誓地说，如果废除新法之后十日之内不下雨，就将他推到宣德门外斩首示众，以正欺君之罪。

郑侠托关系将奏折和难民图送进了宫里。神宗看到难民图，悲从心起，禁不住号啕大哭起来，长吁短叹，一夜没有合眼。

天下大旱已整整十个月，难道真是新法弄得天怒人怨？

思来想去，只能下诏，暂停青苗、免役、方田、保甲等八项新法。

废除新法的消息传出之后，朝廷内外一片欢腾，反对变法者相互击掌以庆。说来也巧，诏下三日之后，老天居然真的下了一场透雨，旱情立解。久旱逢甘雨，这是天大的喜事，文武百官纷纷向皇上祝贺。

王安石听罢愤然抗争，说郑侠欺君罔上，妄献此图。

反对变法者当然不放过这样的机会，他们继续大肆抨击王安石及其新法。在舆论的巨大压力下，王安石再次向神宗提出辞呈，神宗没有批准。

变法图强是神宗梦寐以求的理想，他下令暂罢新法，也只是看到难民图后一时冲动，静下心来仔细一想，觉得将推行多年的新法全盘否认，实在心有不甘。变法图强的意识在思想里又占了上风，决定还是将变法继续下去。

2. 功过任评说

王安石的新法，不但涉及老百姓，也触及宗室、外戚的利益。例如，新法变革了宗室子弟的任官制度，不少远房的金枝玉叶失去了做官的机会；皇后父亲的部分财产遭没收，曹太后的弟弟违犯市易法受指控。所有这些消息都传进宫里，使得太皇太后及皇后对王安石也极为不满。

一次，神宗进宫问安，两宫太后声泪俱下地说："王安石乱天下啊！"

神宗本是进宫问安，结果弄得大家心里都不安。

王安石自郑侠上疏之后，便萌生退意，听说两宫太后也拿变法说事，去意更加坚决。

神宗进退两难，王安石坚决请辞，神宗皇帝最终还是接受了他的辞呈，并让王安石推荐接班人。神宗虽然免去了王安石的宰相之职，并没有完全放弃富国强兵的理想，而是要继续推行新法。

公元1074年四月，王安石正式罢相，出知江宁府。

次年，虽又被起用为相，但因新法派内部分裂及保守派的挑拨离间，王安石实际上难有作为，公元1076年十月，王安石第二次辞去宰相职务，带着壮志未酬的遗憾和满腹的伤悲离开了京城，结束了自己的政治生涯，从此闲居江宁府，潜心学问，不问政治。

大宰相王安石主政五年，在中国历史上掀起了一股巨大的改革风暴，许多人被这场风暴刮出政坛，刮出京城，甚至丧命，最后他自己却被一个小人物掀翻了。

明月何时照我还？王安石真的又回来了。

皇帝想重赏王安石五十斤黄金，但被王安石回绝，他连东京相府里一草一木都不带走。

公元1085年二月，神宗病逝，10岁的太子赵煦即位，是为哲宗。神宗之母太皇太后高氏临朝听政，起用保守派，压制变法派。

同年五月，司马光受命拜相，主持中央工作，同文彦博一起建立了顽固集团的统治。司马光只用了一年半的时间，就把王安石十七年的变法成果全部废掉，史称"元祐更化"。但这一年的八月时，又因为没有钱用，司马光又部分恢复了青苗法。

回到江宁的王安石很淡定。当他听说募役法被废除时，却再也沉默不住了，悲痛地说：

"也要罢掉这项法令吗？创立此法，我同先帝（神宗）商议了两年，设想得很完善了啊！"

然而，谁还会倾听他最后的呼喊呢？

公元1086年四月，王安石在忧愤中病死江宁，时年68岁。王安石变法，犹如大宋王朝的最后一根火柴，火灭了，世界重新归于黑暗与混乱。

变法失败后四十一年，公元1127年，北宋灭亡。

改革，从来都不会是容易的事，需要智慧，更需要大无畏的勇气。要有挑战一切阻力的勇气，更要有面对失败的勇气。

王安石变法，是继"庆历新政"失败以后，在积贫积弱的大宋王朝掀起的又一次变法，它像一股清新的风，迅速吹遍了大江南北，让渴望富强的人们再次看到了希望。

"因天下之力以生天下之财，取天下之财以供天下之费。"王安石变法，除了触犯了官僚、大地主的既得利益，遭到保守派的激烈反对，在实施过程中也过分求大求快，许多官吏借机敲诈盘剥，使农民的利益受到损害，实际效果与主观设想相差甚远，最后王安石处于"众疑群谤"之中。

这是变法失败的客观原因。

一千多年过去了，今天的我们已经能理解王安石。

有人说，天还未亮，他起得太早了。王安石带着他超然于历史的眼光，如一把尖刃插入中国历史的那个节点。

一千多年过去了，那些曾经鲜活的人和事，仿佛离我们很远，又仿佛离我们很近。强国梦，从来都不应该是一个人的事，也不是一代人的事。

最后，以这位愤青达人的一首《浪淘沙令》作结：

伊吕两衰翁，历遍穷通。
一为钓叟一耕佣。
若使当时身不遇，老了英雄。

汤武偶相逢，风虎云龙。
兴亡只在笑谈中。
直至如今千载后，谁与争功。

这是王安石在回忆神宗的知遇之恩。无论如何，大宋历史上的某一段旖旎激荡的时光里，神宗遇到了他，他也遇到了神宗。对于王安石而言，如此，也许就足够了。

王安石首先是一个文人，所以他的文字才写得如此得心应手；也正因为如此，他主持的变法才如此举步维艰。

大浪淘沙，功败垂成。或许，这是王安石的宿命。

历|朝|变|法|往|事

第六章 忽必烈
一个马背男人的帝国梦想

忽必烈,一个震惊世界的名字。当他完成征服,走出草原,开始实实在在的帝国经营和建设的时候,却发现马上也许可以得天下,但永远不可以马上治天下。

征服天下不是目的,富有天下方显英雄本色。面对随之而来的诸多难题,忽必烈进行了必要的改革和调整;面对先进的中原汉文明,元政府做了相应的吸收与融合。

蒙古族不拒绝世界上任何好的东西,蒙古族是多元的,要胸如千里草原!理论很重要,实践更重要,元世祖用自己切切实实的行动,开启了元帝国的新纪元。

这个来自遥远大漠的超级霸王,没能够实现他的世界梦想,但一个马背男人,一个崛起于异域的大国领袖,在他一生的时间里,能够取得如此丰功伟绩,足矣。

一、不能不说的那些事

1. 一代天骄

当北宋王安石的变法如火如荼的时候，北方的一支彪悍的民族——蒙古族，正在迅速崛起。

蒙古，意为"永恒之火"，相对于大宋的繁华富庶，他们却只能"逐水而居"。有水的地方才会有草，有草的地方，他们的牧群才能够繁衍生息。面对生存的压力，漠北的落日和萋萋碧草，或许没有那么多的诗情画意；在他们的生活中，更多的是迁徙和混乱，争斗和杀戮。但他们生存的坚韧和智慧，以及征服的欲望和勇敢却举世闻名。

现在，我们已经知道，这一支"马背上的民族"，出现了两个重量级的人物：铁木真和忽必烈。

铁木真，史载其"深沉有大略，用兵如神，灭国四十"，史称"世界征服者"。

天下地土宽广，河水众多，你们尽可以各自去扩大营盘，征服邦国。

这是他的名言。

蒙古民族在首领铁木真的领导下，冲出了贫寒寂寞的高原，掀起强劲的扩张浪潮。短短时间内，这股扩张浪潮使人类中古时代政治、文化和地理上产生了巨变。它不仅极大地影响了蒙古民族的历史进程，也在人类文明演进的轨道上留下了深深的印痕。

公元1206年的春天，铁木真统一蒙古各部，获得尊号"成吉思汗"，意为"拥有海洋四方的大酋长"。不久，铁木真建国于漠北，国号"大蒙古国"。

铁木真还说过：要让青草覆盖的地方都成为我的牧马之地。

这是他的胸怀，也是他的野心。

公元 1227 年，他如日中天的征伐事业却戛然而止，一代天骄，成吉思汗不幸病逝于西征途中。

这一年，金灭北宋，赵构偏安江南一隅，南宋开始。

公元 1234 年，蒙古灭金。

公元 1260 年，成吉思汗的孙子忽必烈，挫败众多竞争对手，继承蒙古汗位。

公元 1271 年，蒙古大汗忽必烈称帝。

公元 1276 年，忽必烈一鼓作气，灭南宋，建立起中国历史上面积最大的元帝国。

"装得下，世界就是你的！"依然是成吉思汗的教诲。

现在，一个无比广大丰腴的世界，就是忽必烈的了。

从此，他从民族征服走向了祖国的统一，由马上皇帝转化成了名副其实的封建帝王。他走出草原，面向汉地，开始了实实在在的帝国的经营和建设。

2. 不念过去，不畏将来

马上也许可以得天下，但当他站稳脚跟，忽然发现有着更多的问题需要去面对和解决。

对于一个帝王而言，占领和征服的对面是建设和发展，相对于战争和征服，忽必烈需要更大的智慧和勇气。

立国之初，突出的问题表现在以下方面：

第一，野蛮屠城。看一下典籍的记载就知道了。

"凡攻城邑，敌以矢石相加者，即为拒命，既克，必杀之"。每破一城，除工匠外，他人多不能幸免。公元 1211 年，蒙古军打到居庸关，"杀的人如烂木头一般地堆着"。他们攻克大同，游骑至金中都（今北京），连破金 90 余郡。"两河山东数十里，人民杀戮殆尽，金帛子女、牛羊马畜，皆席卷而去，屋庐焚毁，城郭丘墟"。

公元1213年秋，左手万户木华黎奉命率兵"攻密州，屠之"。公元1219年，木华黎援军连克数州，"拔其城，屠之"。此外，尚有"保州之屠""卫州之屠"等，共杀了1847万人。

数字也许有些夸大不实，但屠城确有其事。木华黎的征掠思想很明确，他认为，对新附之民，"非尽坑之，终必有变"。

窝阔台时，竟有人提出："汉人无补于国，可悉空其人以为牧地。"直到忽必烈称帝初期，在灭南宋时，一些蒙古贵族仍"利其剽夺，而快心于屠城"。

野蛮屠城的后果，不言自明。

第二，掠夺驱口。

驱口，原意为"被俘获驱使之人"，即战争中被俘强逼为奴、供人驱使的人。驱口一词始见于金代，蒙古灭金过程中，掠民为奴的现象非常严重。据记载，窝阔台灭金后，贵族、将校所得驱口，约当原金统治区残存人口的一半。在蒙古灭南宋的战争中，掠民为驱尽管程度有所减轻，但仍相当普遍。

元代法律规定，驱口属于贱人，与钱、物相同，是主人财产的一部分。使长对驱口有人身占有权利，可以任意转卖，在大都和上都等城市中设有人市，买卖驱口。蒙古统治北方之初，使长还可以任意杀害驱口。

这种极其野蛮的奴隶制度，无疑是对社会生产力的极大摧残和破坏。

第三，变农场为牧场。

"让青天之下皆成蒙古人之牧场"，这是当年成吉思汗的梦想。在蒙古帝国的扩张过程中，无数的古代文明遭到彻底毁灭，无数个城池被夷为平地。大规模的南征北战，中原地区的生产和社会经济遭到了严重破坏，同时给广大人民造成了沉重的灾难。

"虽得汉人，亦无所用，不若尽去之，使草木畅茂，以为牧地。"

这种以自己落后的游牧生产方式代替中原高度发展的农业经济的思想，具有极大的破坏力。

蒙古骑兵进入中原，铁蹄所至，农田庄稼一片狼藉，堤堰被毁，耕牛被杀，待到农忙时节，农民束手无策，苦不堪言。大批无田农民离开土地，到处流浪，中原先进的农业生产遭到了致命的破坏。

第四，内外离心。

蒙古贵族南下后，力图用自己的一套政治制度和经济形态来改造先进的中原地区，又不断加深了社会危机。

首先，因"法度不一"而"内外离心"，统治集团内部矛盾不断加剧。入主中原伊始，实行了分封制，诸王、功臣权势膨胀，早期归附的北方地主武装，则成为割据一方的军事豪强，这两股政治势力的存在和发展，严重威胁着中央集权的统治。

其次，由于连年战乱不止，迫使北方百姓大量南逃，一时"城无居民，野皆榛莽""仓廪府库，无斗粟尺帛"，处处残破凄凉。在蒙古贵族的高压下，各地武装起义此伏彼起。

似乎，还可以再列举一些。总之，形势很复杂，情况很严重。

野蛮和文明，先进和落后。这是两个民族的交汇和面对，两种文明的交锋和碰撞。

过去很辉煌，现实很残酷，未来会怎样？

忽必烈将如何开启他的新征程？

中国两千多年的历史，一个有意义的现象是，在历史不断演化的许多关口，都是北方落后民族征服、统一了先进的中原地区，然后被征服民族的发达文明反过来又同化、消融了征服者。

只识弯弓射大雕，肯定不合时宜了。征服不是占领，当占领的意义完成以后，更加重要的是融合、交流和共赢。

忽必烈面对的，就是这样一个关键的节点。

未来的世界，是他的吗？

二、逆水行舟，不进则退

1."大有为于天下"

无论哪一个王朝，几乎每一个帝王，都会有一个梦想：天下太平，皇恩浩荡，国富民强。

归根结底一句话，让老百姓摆脱贫困过上好日子，比什么都强。征服天下不是目的，富有天下方显英雄本色。

忽必烈更不会例外。

早在藩王时期，忽必烈就思"大有为于天下"，并热心于学习汉文化，积极结识中原文士，熟悉中原汉地的情况。

这里，不再是蒙古人的大漠草原，而是有着两千年文明积淀的中原厚土。"帝中国当行中国之法"，要做就做中国的皇帝，不能只当蒙古人的大汗。

中国的皇帝没有不重视农业的，因此，当务之急是改游牧为农耕，以"劝农桑为急务"。面对遍地荒芜、民存无几的残局，忽必烈"首诏天下，国以民为本，民以衣食为本，衣食以农桑为本"。

从前需要的是战马，现在需要的是耕牛。

他对蒙古贵族说，"司农非细事，朕深谕此"，开始雷厉风行地采取"重农""劝农"措施，以恢复和发展社会经济。

所有的征服几乎都是野蛮的，进步与否就要看征服后的作为。让我们来看忽必烈挺进中原后的作为和改变。

相对于从前马背上的生产生活方式，最大的转变之一，是设置各级劝农机构，并建立相应的官员考核制度。

公元1260年，置十路宣抚司，命各路宣抚使选择通晓农事者担任各地劝农官，以监督和指导农业生产。

次年，设劝农司，以姚枢为大司农，陈邃等8名精于农事的官员为劝农使，分道考察各地农业生产状况。

同时，忽必烈昭告天下："今后有能安集百姓、招诱户口，比之上年增添户口、差发办集，各道宣抚司关部申省，别加迁赏；如不能安集百姓、招诱逃户，比之上年户口减损、差发不办，定加罪黜。"

公元1264年，推行迁转法，迁调各处官员，进一步把"户口增、田野辟"作为地方官考课五事中为首的两项标准。

公元1270年二月，立司农司，以中书左丞张文谦为大司农，分设四道巡行劝农司。

同年十二月，改称大司农司，以御史中丞孛罗领之，各道提刑按察司兼管本道农事。司农司"专掌农桑水利"，并负责考核各地管民长官，考核结果作为管民长官升迁或降黜的依据。

在忽必烈"劝农桑以富民"政策的推动下，全国上下各级官吏，都把发展农业生产作为一项重要的政务来抓。大司农司每年农忙季节，派出大批劝农大臣，到全国各地巡察、督导，如有官吏敢不重农事、耽误农时者，立报中央，革职查问。

当时，有不少蒙古人移居中原后，靠官府放粮，从不参加农耕。针对这种情况，忽必烈对有马、牛、羊之家，命令官府停止供应粮食，分给耕地，让他们自己耕种。这就使一大批游手好闲的一等民族，回到农田里进行耕作。

因为时代的特殊性，忽必烈开国之初，对农业的重视几乎超出了任何一个王朝。

还应该一提的是，司农司还奉命搜求古今农书，删繁摘要，结合实际，编成《农桑辑要》一书，颁行全国，指导各地农业生产，这本书因此成为我国现存最早的官修农书。

司农司设立的五六年间，"功效大著，民间垦辟种艺之业，增前数倍"。地方官在劝农和吏治方面很有成效，有的记载说当时"野无旷土，栽植之利遍天下"。

转变之二，保护农田，禁止把农田占为牧场。

忽必烈即位后，禁止占用民田，并派人清理被攘夺为牧场的农田，按籍"悉归于民"或"听民耕垦"。

公元1261年四月，两次颁诏，"河南管军官于近城地量存牧场，余听民耕"，"怀孟牧地听民耕垦"。后又屡次申戒蒙古军将"不得以民田为牧地"，并迫令退还冒占耕地，给无地农民耕种。

第二年，将野速答儿在益都据为牧场的田地退还于民。同时，忽必烈还一再"申严畜牧损坏禾稼桑果之禁"，通令"诸军马营寨及达鲁花赤、管民官、权豪势要人等，不得恣纵头匹损坏桑枣，践踏田禾，骚扰百姓"。

公元1273年，将在山东临邑县的牧地"二十余万亩，悉归于民"。公元1279年三月，忽必烈还特别下诏，"禁归德、亳、寿、临淮等处田猎"。公元1291年，还将安西王在关中冒夺为牧地的十余万顷民田，"按图籍以正之"。

忽必烈还三令五申禁止"抑良为奴"，公元1271年颁布的《户口条画》，对户籍进行大规模的清理，根据壬子籍册，将被贵族世家强占为驱口的农民按籍析出，编籍为民。

转变之三，招集农民开垦荒地，兴办屯田。

公元1261年颁布"流民复业者免税一年、次年减半"的命令。后又颁布优惠政策，"凡有开荒作熟地土，限五年依例科差"，栽种桑树放宽到八年，瓜果放宽到十五年，"若有勤务农桑及开到荒地之人，本处官吏并不得添加差发"。

元朝还用法令的形式将荒闲土地规定为国家所有，允许农民自由开垦。其诏书称，"凡是荒田，俱是在官之数，听其再开"；"凡荒闲之地，悉以付民，先给贫者，次及余户"。土地虽为国有，但百姓只要有剩余劳力，均可开垦。

公元1274年，元朝把泾水沿岸的牧地数千顷分给贫民屯种，官给牛种田具，岁收粟麦十万石，刍高禾百万束。公元1277年的法令规定，各处荒地在规定的期限内许田主认领，超过期限，"不拣什么人，自愿种的教种者"。两淮荒地极多，又特别颁诏鼓励垦荒。

公元1280年，在淮西地区，"募民愿耕者种之，且免其租三年"；公元1284年，"以江淮间自襄阳至东海多荒田"，"募人开垦，免其六年租税并一切杂役"；公元1286年九月，"听民自实两淮荒地，免税三年"，并承认农民对新开荒地的所有权。尤其重要的是，元朝还大力开展军民屯田，"内而各卫，外而行省，皆立屯田，以资军储"，"由是而天下无不可屯之兵，亦无不可屯之地矣"。

这些军民屯田分布在江淮、襄阳、沿海，以及辽阳、岭北、甘肃、云南等广大地区。天下屯田有120多所，屯田土地达17.7万顷，遍及全国各地。这在历史上前所未有。

元政府的这些举措，为荒地的开垦提供了有利条件。真定、顺德、保定等地，"凡辟田二十余万亩"。两淮地区在至元后期，大部分流民都回到故乡，屯田多达四万余顷，一些荒滩沙地也被开垦出来。有些州县甚至"民生日集"，"地窄人稠，与江南无异"。

政府重视，政策给力，元初的农业生产逐渐走上了正轨。与此同时，忽必烈还采取了相应措施，以促进农业经济的进一步发展。

第一，减轻赋税，兴修水利。

政府多次减免赋税，赈济灾民，以减轻灾荒造成的损失，帮助灾民恢复生产。

元代还在各地建立常平仓，常平仓除平抑物价外，还用以储备粮食，以便随时赈济，发展生产。

同时，元代也十分重视水利建设。中央设都水监，地方置河渠司。凡兴建重大水利工程，专门设立行都水监、都水庸田使司等临时机构。"凡河渠之利，委本处正官一员，以时浚治，或民力不足者，提举河渠官相其轻重，官为导之"。多次下诏"诸路开浚水利"，并征发民工修治河堤。如，公元1286年黄河决口，"调南京民夫二十二万四千三百二十三人，分筑堤防"；次年三月，"汴梁河水泛滥，役夫七千修完故堤"；公元1288年黄河决口，"委宣慰司督本路差夫修治"。不少地方官员重视整治河堤，消除隐患。

著名科学家郭守敬曾在宁夏地区修复过唐来、汉延等大小80多条河渠，使9万余顷农田重新得到灌溉。河南行省平章政事博罗欢在任期间，"汴南诸州，潴为巨浸，博罗欢躬行决口，督有司缮完之"。

元朝前期，黄河决堤基本上做到及时修补，并凿通举世闻名的京杭大运河。两淮地区，兴办屯田，兴修水利，成效显著，安丰的芍陂可灌溉农田一万多顷。这些均推动了当时社会经济的发展。

第二，健全农村村社组织。

元政府把北方一些地区农民生产互助而自发组织的"锄社"加以推广，在全国普遍实行，建立农村村社组织。

"县邑所属村疃，凡五十家立一社，择高年晓农事者一人为之长"，社长负责"劝课农桑"，指导农民从事生产，其本人不再承担徭役。社中疾病凶丧之家，众人合力相助，如社内灾民过多，则"两社助之"。

公元1269年，规定设立社仓，由社长主管，用以救助本社灾民，"丰年每亲丁纳粟五斗，驱丁二斗，无粟听纳杂色，歉年就给灾民"。社仓的数量很多，遍布全国各地。

元朝采取的重农措施基本上得到落实，对当时的社会经济发展起到一定的推动作用。在元世祖统治的30余年中，全国人口恢复到1300多万户，5880多万口。黄河流域基本上没有发生过大水、虫蝗等灾厄，北方地区得到较快的恢复和发展。

元世祖至元年间，"家给人足"，"民庶晏然，年谷丰衍，朝野中外，号称治平"。关陇地区，元代屯田多达六千余顷。由于大量荒地、牧场被垦为耕地，元世祖时期关中粟麦已"盛于天下"，关、陇、陕、洛一带则"年谷丰衍，民庶康乐"。元代前期全国的经济得到恢复和发展，人民生活也有改善。

忽必烈采取的一系列发展农业的政策和措施，使素有"马背上的民族"之称的游牧民族，较快地接受了中原地区先进的农业生产技术，成功完成了生产生活方式的转变。同时，全国各民族逐渐融合在一起，推动了社会经济的向前发展。

2. 没有退路

一定经济体制必然会和一定的政治体制相联系，当一定的政治体制所依附的经济体制发生变化的时候，必然要求一定的政治体制相应地发生改变。

很拗口，大道理。但是，摆在元世祖忽必烈面前的，就是这样的一个严肃而严重的问题。

如果你们（蒙古族）忘记了自己的文明、语言、文字，乃至民族，那么我将会随时回来惩罚你们和你们的后代！蒙古族不拒绝世界上任何好的东西，蒙古族是多元的，要胸如千里草原！

这依然是先祖成吉思汗的教诲。

蒙古族是多元的，更应该是发展的；成吉思汗的子民是高傲的，更应该是虚心的。

理论很重要，实践更重要。

面对蒙古族的多年积弊，面对社会经济形势的新变化，忽必烈同时开始着手进行蒙古族上史无前例的政治改革，"变易旧章，作为新制"。站在这块土地上，处在权利最高层的忽必烈已经不可能有别的选择，也只能革故鼎新，推行"汉法"。

所谓"汉法"，是指中原历朝各代帝王实行的统治制度，这一套统治制度经过一千多年的长期发展，已逐渐完备起来。忽必烈从巩固皇权统治的需要出发，断然决定使用汉法治国。

第一，改元迁都。

公元1260年农历三月，忽必烈称汉，五月，在汉臣的建议下，建元"中统"，结束了蒙古汗无年号的历史。

公元1264年八月，下诏改当年为"至元元年"，公元1271年十一月，忽必烈取《易经》中"大哉乾元"之意，正式改国号为"大元"。

"元"的意思是"发端、起源"，但它还有更重要的含义，在《易经》中，"元"指的是"宇宙之始"或"原始力"，因此，"元"字预示了忽必烈对于未来的美好期待。

公元1272年，元帝国定都于金国中原的中都，并改中都为大都（今北京）。

公元1273年，大都宫殿建成。次年正月元旦，忽必烈在正殿接受朝贺。

忽必烈是第一个定都于北京的统一王朝的帝王，从此开启了北京作为全国政治、经济和文化中心的滥觞。

第二，仿照汉制，制定一套从中央到地方的统治机构。

中央的一级行政机构，设中书省为最高行政机关，总管全部政务，下辖吏、户、礼、兵、刑、工六部，各设尚书、侍郎。中书省长官为中书令，以下有左、右丞相即实际的宰相。

设枢密院以掌兵权，其官长为枢密使。枢密院不仅掌管军机，而且负责宫廷禁卫及军官选任及调迁事宜。因此，此部官长多由皇太子兼任。

设置御史台以掌司法，官长为御史大夫，下设御史中丞、侍御史、治书御史。御史台所辖机构有殿中司及察院。殿中司设置殿中侍郎史二员，掌管朝仪、殿中纪律及在京百官到任、告假等事宜。察院置监察御史32员，专掌检举百官之事。

另外，还设大司农，掌农桑水利；设翰林兼国史院，掌制诰文字，纂修国史；设集贤院，掌提调学校、征集人才；设宜政院，掌宗教及吐蕃事务；设宜微院，掌诸王供应；设太史院，掌天文、历数；设通政院，掌管驿传；设操作院，掌工匠；如此等等，组成了元朝中央政府复杂的统治机构。

地方一级的行政机构，有行省、廉访司等。行省全称为行中书省。

各行省的组织均仿中书省，皆设丞相、平章政事、右丞、左丞、参知政事等，处理一省的政务，掌管全省民政、财政、经济和军事。

元朝的行省制使中央对地方的控制更加严紧，对以后各朝代的政治制度影响很大。元朝以后，行省的名称一直沿用下去。我们现在所设的"省"，就是从那时沿用下来的。

在行中书省下，又设辖路、府、州、县四级，它们的关系一般是路辖州、州辖县，府有的隶属于路，也有的不隶属于路，而直接受制于中央，即所谓直隶府。

在行省与路之间，还有"道"的设置，道分两种。一种是分道设置宣慰使司，掌管军民之政，有宣慰使、同知、副使等官。这种道不普遍，共有11道，多在行省边陲地方。另一种是分道设置肃政廉访使司，掌管稽查司法，有肃政廉访使、副使、佥事等官。这种道遍布全国，共有22道，分受中央的御史台、江南行御史台和陕西行御史台的领导，完全是监察机构。

在采取汉制、设官分职的同时，忽必烈对于如何从人员上控制和监察这些官府，以保证其民族特权统治，也作了精心安排。如在中央和地方行政机构、军事系统中，都设有蒙古人担任的"达鲁花赤"一职，以加强民族防范，这些人在重大问题上都有最后的裁决权。

在军队的设置上，忽必烈将军队分为禁卫军和镇戍军。

禁卫军又分为怯薛军和五卫亲军。怯薛军即成吉思汗遗留下来的亲卫军，由皇家贵族子弟充当。五卫亲军是忽必烈专门建立起来的，他接受姚枢等人的建议，仿效唐、宋内重外轻的办法，抽调精锐，用以负责京城护卫。这些军队由汉人充当，共分有左、右、前、后、中五卫，每卫约一万人，隶属于枢密院。另外，为了防范汉军，忽必烈又从色目人中选拔壮勇者组成亲军，而以其族属之名为名，如有观察卫、康里卫、阿速卫等亲军，这些由色目人组成的亲军比五卫亲军更加得宠。

镇戍军驻防全国各地，也统属于枢密院。兵种分为蒙古军、探马赤军、汉军、新附军等。在布防上,以蒙古军驻防河南、山东、河北等腹地,探马赤军、汉军及新附军则多驻守在江淮以南,并有一部分蒙古军参与驻防。此外,还有各地的一些乡军,如辽东的女真军、高丽军,云南的才白军等,这些军队不离本土,负责本地区的防务。

对于蒙古贵族的特权,忽必烈大力消弱世袭王公的势力。

蒙古贵族进入中原,仍然沿袭族制,分封诸王、功臣,划分领地,叫作"分地",又称"食邑",再分拨一定数量的百姓。而且这些私有领地子孙世袭,百姓为其私属民户。"自一社一民,各有所主,不相统属"。他们不仅自设公吏,私设刑狱,还征敛赋税,俨然一个独立王国。

这样的一种情况,对中央集权的统治和加强非常不利。

忽必烈采用了汉臣的建议,一方面,下令诸王不得自设官吏,不得私用刑法断案,不许擅自征收租赋,一切事务由朝廷处置。另一方面,将分封领地制度改为赐田。分地变赐田,就使得蒙古王公贵族失去了原有的特权,成为只享受租税的一般大地主,从而有力地抑制了诸王势力的膨胀。

另外,忽必烈坚决打击豪强,解除汉族等军阀兵权和大地主武装,消除割据势力对中央统治的威胁。废除州县官世袭,实行选官制。同时,广开言路,"政贵得人,不贵官多",不以人废言,因言废人。

应该说,这是一套完整的政治统治系统,基本摒弃了蒙古人古老的习俗和传统,开启了元帝国的新纪元。

元世祖忽必烈,一个游牧民族的后裔,在中原文明的浸染和吸引下,一步步向先进的汉文化靠近,他和他的元帝国,也正一步步创造着属于那个时代的灿烂和传奇。

在这个意义上,忽必烈堪称一代开国英主。

三、天下第一帝国

1. 新纪元

忽必烈的改革，首先在政治和经济方面进行，改革前后持续了20多年，并取得了显著效果。

经济上，从北方到南方，社会生产在逐渐恢复，"流民复业"，"户籍增多"。山东北部沿海一带牧地退还民田，"岁余新桑遍野"，"民间垦辟种艺之业，增前数倍"。南方新附之民，开垦荒地，兴修水利，出现了"苏湖熟，天下足"的喜人年景。如当时元朝人所颂扬的，"上视汉唐极盛之数，无以加此"。

政治上，忽必烈统一天下，定官制，立纲纪，削弱了王公、贵族的势力，改变了"政出多门"的陋习，加强了中央集权。"纪纲法度，粲然一新"。"至德、大元年间，民庶晏然，年谷丰衍，朝野内外，号称治平"。

忽必烈，这位来自北方草原上的蒙古汉子，不仅靠铁蹄和武力得到了这片天地，又用超人的智慧和勇气改变着这个世界，革故鼎新，与时俱进，努力打造着自己心目中的理想帝国。

忽必烈这一系列措施，为中原文明的保存和延续提供可靠的物质基础，顺应了蒙古游牧民族封建化进程加快的趋势，实现了我国历史上的又一次大一统，为多民族的融合创造了巨大的空间。

历史上每一次比较成功的改革，最后大都要归依到某种文化的发扬和传承上。忽必烈不仅依据汉法进行了政治经济的革故鼎新，还是一个汉文化尤其是儒学的笃信者和坚决执行者。

这是他智慧的选择，也应该是他非常成功的地方。对于实行汉法治国的信念，他从来没有动摇过。

对于从蒙古贵族中选拔宰相和任中央政府要职者，他广泛征求意见，特别看重儒士的意见，所以他最后确定的人选，不是那些出身显赫的勋旧,倒是两个深受儒家思想熏陶的年轻人——伯颜和安童,分别以他们为左右丞相,这就保证了忽必烈的治国方针得到继续贯彻和执行。

公元1277年,北边有警,忽必烈欲亲将北伐,他从南方的临安急宣董文炳入见。董星夜奔至,见忽必烈说:"今南方已平,臣无所效力,请事北边。"忽必烈说:"朕召卿,不是要你去北边打仗。竖子盗兵,朕自会抚定。我是想漠南汉地,乃国制之根本,朕将尽以托卿。如果有什么意料不到的事发生,卿可灵活处置,报告给我。中书省、枢密院事无大小,咨卿而行,朕已敕告各方面的主事者,卿其勉之。"

由此,足见忽必烈对汉人儒士的信任和倚重,在他晚年依然有增无减。

蒙古贵族守旧势力对忽必烈笃行汉法、信用儒术、重用儒士,一直心怀不满,他们几次兴兵问罪忽必烈,质问忽必烈为什么忘记祖宗的遗训,抛弃民族的传统,完全依照汉族的法制筑城、建制、治国,为什么重用汉人,疏远蒙古宗亲。他们甚至要用武力对忽必烈进行讨伐,问忽必烈对祖宗、祖制的背叛之罪。

忽必烈就派使者向这些人解释,他之所以那样做,正是为了民族的发展和国家的强大、社会的安定。但是那些守旧势力并不听他的解释,忽必烈也就只好以刀兵相对。忽必烈是用血与火的代价来维护他笃行汉法的国策的。

忽必烈不仅自己信任汉族儒士、笃行汉法,而且希望他的后人也能像他一样去做,希望他所信用的汉儒能够像帮助他完成大业一样去辅佐他的后代。所以他为每一个皇子都指定了汉儒为师或为辅相,建立国子监,与蒙古学同时开办汉学,鼓励蒙古贵胄子弟学习汉学,学习儒家经典。公元1273年,真金被立为皇太子,忽必烈诏立宫师府,为皇太子布设了一个强有力的汉儒辅佐阵营。真金若不早卒,必是一个不负忽必烈所望的笃行汉法的明君。

所有这一切都说明,忽必烈作为元帝国的开国君主,他气度恢弘，目光远大，胸襟宽广，雄心勃勃。他既是一个铁腕君主，又是一个开明君主。

他信服儒道，重用儒士，奉行汉法以治国，并且取得了极大的成效。他起于漠北，继承祖业，肯于扬弃本民族的落后传统，自觉地汲取先进的汉民族传统的儒家文化，以及其他民族和世界其他国家、地区的先进文化，缔造了一个幅员广阔、民族众多、统一强盛的大帝国。

忽必烈身为蒙古传统的萨满教的忠实信徒，却又以极宽大的胸怀，允许当时的人们宗教信仰自由。佛教、道教、基督教、回回教等各种宗教在元朝都得到忽必烈的保护。

他是以一个儒教大宗师的帝王身份广收天下一切文化以辅助他的汉法治国方略的，他是中国历史和世界历史上不可多得的一个杰出的政治家。

元朝是中国统一多民族国家发展的一个重大转折，正是从元朝开始，开创了一个"夷夏一体"的新纪元，结束了自唐末五代以来四个多世纪的分裂割据和对峙的局面，再造了中华大一统的盛世局面。

2. 丰功伟绩

公元1294年，80岁的忽必烈走完了他的人生历程，在元大都病逝，葬于起辇谷，谥号"圣德神功文武皇帝"，庙号"世祖"。

忽必烈的成就绝不应该被忽视。虽然他的王朝存在的时间不是太长，但他自己一生的成功已经为他赢得了持久的声誉。忽必烈建立世界帝国的梦想最终未能实现，但这并无损于他的荣光。

他殚精竭虑地治理着世界历史上空前庞大、人口众多的帝国，而不是简单地盘剥他的帝国。虽然他是一位背负深厚游牧传统的帝王，但他又有着独特的眼光，他努力保护帝国境内各种不同民族臣民的幸福安宁，并提升他们的利益。

他的蒙古先辈们，包括他的祖父成吉思汗，都没有过他那种统一并统治整个已知世界的梦想，他的后继者中再也没有人曾有过这样的眼光。

忽必烈在位35年，经他之手，创建了一个具有空前规模的东方大帝国。忽必烈结束了中国数百年来南北对峙的局面，建立起一个统一的多民族的大元帝国，其版图在中国历史上是空前的，它北抵北海，西至中亚，西南达喜马拉雅山，南到南洋群岛，东临大海。

文学方面，元代戏曲在忽必烈及其继承者执政期间繁荣起来了。

宋、元之际城市的发展为戏曲的发展创造了适当的环境，准备了观众，并为各种表演提供了资金。假如没有都市文化，没有从政府到市民的赞助和光顾，戏坊便不可能如此兴旺。

元代的确是中国都市大繁荣的时期，对许多中国人来说，元曲是中国戏曲艺术的巅峰。至少有一百六十种元代戏剧存留下来，元代还诞生了另外五百种戏曲。

忽必烈的贡献在于，他为元曲的孕育和发展提供了一个良好环境，至少他没有试图阻挠元曲的发展。他知道，在汉人心目中，一个好皇帝应该促进这个国家的文化发展。

元朝的思想上也是兼收并蓄的，他们对各种思想几乎一视同仁，都加以承认与提倡，"三教九流，莫不崇奉"。

在忽必烈统治下，西藏和台湾第一次被纳入中国版图。

今日的北京，是在元大都的基础上建立起来的。就建筑学成就而言，元大都堪称享誉中外的建筑学艺术瑰宝。

元大都不仅是元朝的政治中心，还是闻名世界的商业大都市。从运河和陆路，都有大量商品进入这座大都市。来自亚洲各国、欧洲，以及非洲海岸的使者和商队络绎不绝。如此规模的欧洲人陆续来到中国和中国使者远赴欧洲，这是元朝以前不曾有过的。

可以肯定地说，如果沿着时间的纵轴把今天的北京在世界上进行横向比较的话，不足百年的元大都，是北京历史上最辉煌的时期。

这是中国历史上向世界、向海洋开放的黄金时期。在这一时期，中国对世界与世界对中国的影响都是空前的。而自此后的明代伊始，由于统治者盲目推崇唯我中华独尊的孤立主义思想，进而采取严格的"禁海"政策，中华民族因此逐渐淡出世界强者之林，并且最终难逃近、现代长达近两个世纪的屈辱。

元朝在经济上奉行开放的政策，积极鼓励并参与同世界各国的贸易往来，使得中国成为世界上首屈一指的经济强国。元朝口岸极其繁华，无论是规模还是数量均远远超过唐代与两宋时期。

古代的泉州因环城大量种植由海外引进的刺桐树而得名"刺桐港"。历史上泉州的丝绸、瓷器与铜铁制品工艺先进，质量上乘，享誉海外。泉州也在此时赢得"东方第一港"之赞誉，与埃及的亚历山大港并列为当时世界两大港口之一。

元朝的科学技术取得了很高的成就，其中天文学、数学，甚至医学居于当时世界的先进行列。

例如，天文学家郭守敬于公元1280年编制完成一部著名的历法——《授时历》。《授时历》是我国古代最好的一部历法，以365.2425天为一年，与地球绕太阳一周的实际时间只有26秒的差距，其准确程度相同于现行公历，但比公历的使用要早300年左右。

意大利威尼斯商人马可·波罗于公元1275年到达了大都，他在中国任职、游历了17年，与大汗忽必烈建立了深厚友谊。

他有一本最著名的著作：《马可·波罗行纪》或《东方见闻录》。书中详细记述了他在东方最富有的国家——中国的所见所闻，后来在欧洲广为流传，激起了欧洲人对东方的热烈向往，对以后新航路的开辟产生了巨大的影响。

这部著作第一次较全面地向欧洲人介绍了发达的中国物质文明和精神文明，将地大物博、文教昌明的中国形象展示在世人面前。例如，马可·波罗曾经赞扬元大都说："城是如此美丽，布置得如此巧妙，我们竟是不能描写他了！"

公元1389年十二月，元的灭亡者朱元璋在给北元兀纳失里大王的信中，对元太祖和元世祖的赞颂如下：

昔中国大宋皇帝主天下三百一十余年，后其子孙不能敬天爱民，故天生元朝太祖皇帝，起于漠北，凡达达、回回、诸番君长尽平定之，太祖之孙以仁德著称，为世祖皇帝，混一天下，九夷八蛮、海外番国归于一统，百年之间，其恩德孰不思慕，号令孰不畏惧，是时四方无虞，民康物阜。

这个来自遥远大漠的超级霸王，没能够实现他的世界梦想，但一个马背男人，一个崛起于异域的大国领袖，在他一生的时间里，能够取得如此丰功伟绩，足矣。

第七章 张居正

"工于谋国,拙于谋身"

　　张居正少年天才,曾有过大名鼎鼎的轰动效应,早年的仕途之路,英气逼人的他却也有着人生的幸与不幸。

　　国计民生堪忧,危机重重之下,权臣钩心斗角,张居正淡泊明志,大明王朝终于选择了张居正,历史终于选择了张居正。

　　直面千疮百孔,危机重重,张居正义无反顾,负重前行。考成法、清丈亩、一条鞭法,个个都是大动作,釜底抽薪,革故鼎新。苛政猛于虎,张居正真正是打虎的英雄。

　　"工于谋国,拙于谋身。"生前何等荣耀,身后何其凄凉。世间再无张居正,历史却不会忘记张居正。

一、做个有梦想的主

1. 我的未来谁做主？

似乎，明朝是出名人的时代。

喜欢不喜欢历史，大都可以数出一大溜，诸如刘伯温、魏忠贤、郑和、海瑞、戚继光、郑成功、唐伯虎、徐渭、李时珍，等等。三教九流，名人辈出，个个少年天才，鼎鼎大名。

当然，最大的名人，非明太祖朱元璋莫属。

朱元璋原来不叫朱元璋，叫朱重八，因为很糟糕的出身和经历，所以能够了无挂碍，奋不顾身，一路奔波，最终坐上了皇帝的位子。

在这个意义上，朱元璋实在带了一个好头，具有非常好的模范和警示作用。

可惜的是，明太祖的子孙有的太不争气，明世宗朱厚熜的时候，朱元璋辛辛苦苦打下来的江山，早已经内忧外患、风雨飘摇，亟待整治了。

没有早一步，也没有晚一步，就在这样一个历史的关口，张居正应时而出，后来成为大明王朝的二号人物。

依然，少年天才，大名鼎鼎。

张居正的出身，也不是太好，只是比朱元璋强那么一点点。

张居正在回忆父亲的一篇文章《先考观澜公行略》里说，他明确可考的祖先应该是他的七世祖张关保。

张关保是凤阳人，生长在元末那个战火纷飞的年代，而且他是跟着他的凤阳老乡朱元璋打天下的，不管怎么说，起点应该不算低。但这个张关保太老实，最终也没像徐达、汤和那样混上个开国元勋。他只是凭着他的努力和踏实，在徐达手下做一名普通的士兵。后来，徐达领兵攻打采石矶，在渡江战役中，这位张关保奋力冲锋，率先攻入敌阵，受到了封赏，"国初以军功授归州安御千户"。

归州就是现在的湖北秭归，在当时，这个"千户"在当时绝对可以算得上是个"大人"了。而且，千户可以世袭，可以老子传给儿子，儿子再传下去，千秋万代，在当时，这也是一种显赫的荣耀了。所以，张居正后来一再强调，他的祖先是"以军功授千户"。这样的祖荫和记忆，对他人生的影响很关键。一方面，他的工作作风也体现出这种踏实严谨的作风，另一方面，"国富兵强"始终成为张居正一个最现实的政治理想。

但事实上，"千户"的荣耀并没能传到张居正的头上。

张关保的千户位置，到了第四代，也就是张居正的曾祖父张诚的时候，就跟张居正家没关系了。因为张诚是次子，排行老二，也就是说有他哥在他就没资格来继承这个千户的位置。于是，"千户大人"这个词儿从张诚这儿就开始与张居正无缘了。因为不可能再成为归州的"千户大人"，张诚成家后索性就从归州搬了出来，搬到了江陵，即今天湖北的荆州，也就是李白说"千里江陵一日还"的那个地方。

祖父张镇好歹混了个铁饭碗，但一直到死，都是在辽王府护卫这个岗位上任职。

父亲张文明，尽管努力攻读，直到张居正出生，还是个默默无闻的乡村秀才。

张居正的出生，不仅让张家重新找回了往日的荣耀风光，也带来了明朝的"中兴时代"。当然，这依然是后话。

张居正原来不叫张居正，叫张白圭，名字源于曾祖父张诚一个美丽的梦。梦中，有月亮落在水瓮里，照得四周一片光明，然后一只白龟从水中悠悠地浮起来。然后，张居正出生了，时为公元1525年五月初三。

曾祖父认定白龟就是这小曾孙，他就取这个白乌龟的谐音，为张居正取了个名字叫"白圭"。"圭"是古代帝王或诸侯在举行典礼时拿的一种玉器，老人家的心思很明确，希望他日后能够光宗耀祖，重振门庭。

美丽的梦究竟可靠不可靠，我们也许说不好，唯一可以肯定的是，小白圭的确聪颖过人，5岁时会写诗，10岁时写得一手好文章，成为荆州府远近闻名的神童。

2. 玉不琢，不成器

12岁之前，张居正叫张白圭，12岁之后，张白圭就改成了张居正（太祖朱元璋后来也改过名字的）。

公元1536年，12岁的张白圭去江陵报考生员。他在去投考前，主管官荆州知府李士翱也做了一个梦，梦见天帝给了他一块玉印，让他转交给一个童子。荆州府点名的时候，第一个叫上前来的就是张白圭，李士翱看到了一个眉清目秀的英俊少年，不由得暗自一惊，认定这小孩儿正是以前梦到的童子。

考试时，少年张居正文思敏捷，对答如流。李士翱突然间豁然开朗，说白圭这个名字虽然不错，但对于他这样一个人才，小时用用还可以，再往下要一展鸿图则不宜了，于是他就为张白圭同学另取了一个名字：张居正！从此，12岁的他告别了张白圭的时代，而且以"荆州张秀才"名闻遐迩。

在众人的期待中，满怀信心的张秀才来到武昌，参加第二年的乡试，也就是举人的考试。所有人都认为，张居正中举是理所应当而且轻而易举的。

13岁的张居正对自己也充满着期待。他去应考面试的时候，就随口写过一首诗，是咏竹子的，名为《题竹》：

绿遍潇湘外，疏林玉露寒。
凤毛丛劲节，直上尽头竿。

最有名的是最后两句："凤毛丛劲节，直上尽头竿。"13岁的张居正说，他要以竹之品格，扬凤毛之才，登上百尺竿头，一展青云之志。"直上"一词，满是骄傲与霸气。

可是，这位当时公认的天才，居然落榜了。倒不是张居正卷子做得不好，落榜另有缘由。

少年张居正名气实在太大，不仅被乡里乡亲所看重，也惊动了江陵府当时几位重量级人物，最看重他的是后来做了大司寇、当时任湖广巡抚的顾璘。据张居正自己回忆说，顾璘第一次跟他交谈，"一见即许以国士，呼为小友"，一下子就把他当成是忘年交了。后来，这位顾省长还留13岁的张居正在自己家吃饭，用正式对待客人的礼仪来对待他，席间，还把自己的儿子叫出来，要他们好好地跟他学。

顾璘对他十分赏识，曾对别人说"此子将相才也"，可是，也正是这位顾巡抚，一手促成了张居正的落榜。

主持招生工作的监察御史极力主张录取他，顾璘坚持认为，这个张居正不是一个一般的人才，他将来必是国家栋梁。但现在年龄太小，这时候若让他中了举，入了官场，将来不过是多一个风花雪月、舞文弄墨的文人而已，不如趁他小，让他受点挫折，对他将来的塑造有好处。

几番权衡，理智战胜了情感，张居正没有被录取。

如果认为因此落榜的张居正没有一点情绪，也不太可能，但张居正后来的表现完全出人意料。

因为顾璘的这个决定，在此后漫长的一生里，张居正都对顾璘充满了感激。他在后来回忆这件事儿的时候说：

"仆自以童幼，岂敢妄意今日，然心感公之知，思以死报，中心藏之，未尝敢忘。"

这种通达和睿智，正是张居正真正能被称为天才儿童的地方！

玉不琢，不成器。落榜，是张居正的幸运，也是日后大明王朝的幸运。这是他面对困难与挫折心理训练的第一次，今后，还会有更大的风浪等着他。

公元1540年，张居正再应乡试，结果毫无悬念：中举。然后，16岁的举人张居正专程赶到了安陆，拜谒正在那里监工的恩师顾璘。

见到张居正，顾璘格外高兴，并解下犀带赠予居正说："来日你要佩玉带，犀带是束缚不了你的。希望你树立远大的抱负，做伊尹，做颜渊，不要只做一个少年成名的举人。"

在顾璘的鼓励下，张居正潜心治学，并在嘉靖二十三年，即1544年参加了会试考试。

意外又发生了，张居正再次落榜。

这次是不是又有一个顾璘式的人物从中作梗？

事实上并没有。

张居正后来在给自己儿子的一封信中曾坦诚地分析过这一次落榜的原因。他说："夫欲求古匠之芳躅，又合当世之轨辙，唯有绝世之才者能之，明兴以来，亦不多见。"因为"弃其本业，而驰骛古典"所以导致了他"甲辰下第"。

这段话的意思是说，当时科举考试的考察重点是文章的写法，而张居正当时的兴趣却转向了古代的一些典籍，以至于在文章写法的训练上荒疏了，这样就导致了他的会试落榜。

这三年里，张居正沉醉进了治国之道的研究，所以疏忽了对八股文形式上的训练，这就是张居正第二次落榜的真正原因。

真的是要"天将降大任于斯人也"了。但不经风雨，怎见彩虹？中榜不幸落榜幸，对于张居正而言，失败和挫折是必不可少的。也正是这一次挫折，天才的张居正日后才没有沦落为只知读死书和死读书的书呆子。

公元1547年，23岁的张居正二次进京，中二甲第九名进士，授庶吉士。

庶吉士是一种见习官员，按例要在翰林院学习三年，期满后可赐编修，而且翰林院是全国人才荟萃的地方，当时有非翰林不能入阁的规定，翰林官因此被人们称为"储备宰相"。

仕途的大门已经向年轻的张居正敞开了。

公元1549年，张居正庶吉士学习期满，依例授为翰林院编修（正七品），参与修纂国史和官书。这是一个很清闲的职务，没有实际的政务，张居正利用这个机会，依然努力了解国家的典章制度和现实政治，同时广结师友。

在结识的人中，最重要的一个人是徐阶。

徐阶是明代著名的内阁首辅，时任翰林院的掌院学士，经常给庶吉士们讲课。他很欣赏张居正，常对人说："张君他日，即荩臣重国矣。"

徐阶是张居正的恩师，对张居正的影响很大，这段情谊，对张居正以后的发展很有关系。

二、理想很丰满，现实很骨感

1. 还是要耐心等待

明初为了加强中央集权，废丞相，设内阁，其职能相当于皇帝的秘书厅，首席内阁学士称首辅，实际掌握朝政大权。

张居正进入翰林院学习的时候，内阁正进行着一场激烈的政治斗争，争斗的主角是内阁大学士夏言和严嵩。

严嵩大家都很熟悉，是明代当之无愧的名人。

严嵩以奸相而名。说到奸臣，许多人都认为，奸臣一般都是胸无点墨、不学无术之徒，但严嵩不是这样的人。他不但深通治国之道，文学造诣也颇深，诗文更是享有清雅之名。

只可惜，我们能够记住的，只是他的恶名。

一开始，夏言是内阁首辅，严嵩只是一个默默无闻的低级官员。但严嵩是一个很有本事的人，很快和夏言扯上了关系，然后官运亨通，不久升任礼部尚书，大有青出于蓝而胜于蓝之势。

夏言感觉到来自严嵩的威胁，他后悔了，可是已经晚了。一番争斗，夏言几番挣扎，终究还是败给了严嵩。

公元1548年，严嵩污蔑夏言与边将勾结，设计陷杀了夏言，并顺利地补上了夏言退出的空缺。

就在严嵩忙于权利争斗的时候，热血青年张居正在干什么呢？不谙世事的他，满腔热情地向朝廷上呈了一份《论时政疏》。

张居正首陈"血气壅阏"之一病，继指"臃肿痿痹"之五病，系统阐述了他改革政治的主张。奏疏指出，五病的症结在于皇帝多年不上朝，以至下情不能上达，请求嘉靖帝听谏纳言，以免五病成为不治之症。

张居正的奏疏，没有得到明世宗的重视，更没有入严嵩的法眼。此后，在嘉靖朝除例行章奏以外，张居正没再上过一次奏疏。

入不了严嵩法眼的，还有张居正的恩师徐阶。

徐阶个子不高，面白，风度翩翩，性格机敏，有权谋而不外露。

徐阶于公元1552年入阁，严嵩忌妒他的才华，表面上对他一脸的笑，骨子里却时刻防着他。徐阶感到了来自严嵩的压力，平时也是处处隐忍，暗中积蓄力量。

面对那些明争暗斗，张居正忽然萌生退意，坚决告病假，回了江陵。临走前，只给徐阶老师留了一封信，劝老师也退了算了："遗世独往，不亦快乎？"

面都不见就走了，十足的书生气！徐阶比张居正老到得多，他不会激愤。在官场，激愤有什么用？现在能做的，就只有蜷伏和等待。他对张居正并没有失望，是的，他要等待，包括等待张居正的归来。

在江陵老家，张居正则开始了"卧龙"式的生涯。如张居正长子张敬修《文忠公行实》所撰：

> 卜筑小湖山中，课家僮，插土编茅，筑一室，仅三五椽，种竹半亩，

养一癯鹤，终日闭关不启，人无所得望见，唯令童子数人，事洒扫，煮茶洗药。有时读书，或栖神胎息，内视返观。久之，既神气日益壮。

这简直是活神仙了！山居的日子令他迷恋，甚至，不禁有"终焉之志"了，老死在这儿，也未尝不可。但是，对民情的焦虑，对国事的牵挂，都注定使他当不了老陶。

他常绕行在阡陌间，看那些"田夫佣叟"。他看到他们"被风露，炙燎日，终岁仆仆，仅免于饥"，稍遇荒年，母亲就要卖掉孩子才能度日。他看到官吏催税催粮，就像火上了房一般急吼吼。放眼乡间，何处不是寡妇夜哭，盗贼横行……

"田赋不均，贫民失业，民苦于兼并"。张居正很痛心。

什么叫"苦于兼并"？就是农民失地！农民们本来就贱，失了地，就更贱到了底！

民间疾苦和帝国的诟病，他有了切肤之痛。

江陵三年游，没有让他感到一丝轻松。公元1557年秋，他突然返回京城复职，那些啼饥号寒的"末世景象"，他再也不要看了。

京城，一切似乎都未有变化。金碧依旧，黄土依旧，长安道上，仍是豪门的五花马、千金裘。权贵及其子弟们，照旧"笑入胡姬酒肆中"。

国事看不出有什么振作，严嵩依然炙手可热。

不过，无论是他自己，还是迎候他回来的徐阶，实际上都有了一些变化。这些变化，为将来的棋局，布下了几个关键的子。

公元1560年，徐阶晋升为太子太师，同年，张居正也升任右春坊中允（正六品），管国子监司的一摊子事。右春坊中允是一个虚职，张居正的实际职务是国子监司业，相当于京师国立大学的副校长。国子祭酒相当于校长，由曾经为裕王授课的高拱担任，张居正当时与高拱合作得很好。

公元1562年，严家父子俩同时被参，嘉靖皇帝一怒之下，削夺了严嵩的一切职务，将他赶回了江西老家。被削职为民的严嵩，只得在祖坟旁搭一间茅屋栖身，晚景格外凄凉，最后饿死在荒山野岭里。

严嵩倒台之后，内阁由徐阶代理首辅。政局的变化，让张居正充满了希望。

徐阶推荐举张居正任修《承天大志》副总裁，充当自己的助手，实际上负责《承天大志》的编修。不到一年时间，《承天大志》脱稿，得到嘉靖帝的嘉奖。

公元1564年，张居正右春坊右渝德兼国子监司业，深谋远虑的徐阶荐居正为裕王朱载垕的侍讲侍读。渝德只是个虚衔，但由于裕王很可能继承皇位，侍裕邸讲读就不是等闲之职了。在裕邸期间，"王甚货之，邸中中宫亦无不善居正者"。而国子监司业则掌握了很多将来可能进入官场的人，为张居正打开了人脉。

徐阶这样安排，是有意将张居正培养成自己的接班人。而在内阁中，徐阶又将郭朴、高拱提拔为阁员，徐阶仍居首辅之位。

公元1566年，一生寻求长生不老秘方的嘉靖皇帝，终于没有找到长生不老之药，还是像常人一样死去了。

果然是裕王朱载垕继位，第二年改年号为隆庆。两个月后，张居正因徐阶的举荐，晋升为吏部左侍郎兼东阁大学士，同年四月，又改任礼部尚书、武英殿大学士，入阁参与机要政务。

接下来，高拱自恃为裕王朱载垕的老师，开始了和徐阶争权夺利的斗争。徐阶终于因事被参，将"家事国事，一以奉托"给张居正后，罢相归家。高拱入阁之后，兼吏部尚书，用人大权紧握在手，成为事实上的首辅。

公元1572年五月二十五日，36岁的穆宗皇帝猝然中风驾崩，10岁的太子朱翊钧即位，他就是明神宗，改年号万历，因此，也称万历皇帝。

神宗太小，重任落在顾命大臣大学士高拱、张居正、高仪身上。

在与大太监冯保的夺权斗争中，高拱失败，被两宫后妃下旨回老家"闲住"，提前下岗了。高仪不久也病死了。

张居正无可争辩地成了内阁首辅大臣。

这一年，张居正43岁。

此时的他，应该没有忘记自己13岁写下的诗句"凤毛丛劲节，直上尽头竿"。此时，他终于在暗暗的较量中"直上尽头竿"了。

历史，终于选择了张居正。摇摇欲坠的大明王朝，终于选择了张居正。

顾璘和徐阶果然没有看错人。

2. 不仅仅是个烂摊子

朱元璋辛辛苦苦打下的江山，到张居正主政的时候，早已经是千疮百孔、危机重重了。

似乎，这不再是一个王朝的问题，中国两千多年的历史里，成气候的十几个王朝，几乎都存在相似的问题，所谓不同，也只是轻重缓急的分别。

明朝是君主专制制度极度发展的一个王朝，皇帝对处理国家事务有至高无上的独裁权，明初又收回宰相的权力，设置内阁首辅作为皇帝的事务秘书，一切章奏皆由皇帝亲自过目审批，任何人不得过问。凡是断大事、决大疑，臣下只能面奏听旨，事无巨细统统集权于皇帝一身，君主的权力高度膨胀，超过历代王朝。

明中叶后，皇帝不临朝成为惯例，嘉靖皇帝深居内宫，修仙炼道，三十年不理政；隆庆皇帝在位六年，极少审批公文，遇有国家大事，听任群臣争议，一言不发，有人竟以为他是哑吧。

到隆庆年间，朝仪早已被人忘却，连怎样进退应答，都没人说得清楚。偶有朝参，朝堂如市场，大臣们在殿上大摇大摆，高声喧哗，冒渎君威，不以为意。

皇帝长期不理国务，政治重心自然就落到内阁身上，谁成为首辅，谁就能主政，实际上就握有最高的权力，这就必然招致统治阶级内部争夺内阁首辅的尖锐斗争。

事物发展到极点往往走向它的反面，权力高度集中的后果，是皇亲国戚一味沉溺于更为骄奢淫逸的生活方式，销蚀了他们管理国家事务的起码能力，滋养出一代又一代昏愦的帝王。

"嘉隆以来，纪纲颓坠，法度凌夷"，统治集团的腐败、混乱和失控远比王安石变法时的北宋严峻。

更加严重的问题还有：

张居正入阁后，明王朝经济几乎濒于崩溃，财政上的困难比政治上的危机更为紧迫。

隆庆年间，国家财政就已经出现严重的赤字，全年财政总收入只有250万银两，而支出却达到400多万两，差额约150万银两，赤字超过1/3。

政府累年的收入每况愈下，而皇室的庞大开支却有增无减。隆庆皇帝的宫廷耗费比国初多至数十倍，官员的贪污、浪费和浩大的军费更加重了财政的拮据，国穷财尽已到了触目惊心的地步。

财政危机最主要的原因是土地兼并。明朝中叶，兼并土地的情况比任何时代都要严重。

明朝制度规定，宗室、皇亲国戚、功臣都有赐田，但他们还向皇帝请求增加土地以扩大产业，叫作"请乞"，"名为奏求，实为豪夺而已"。一些大地主为了高攀势官，或躲避赋役，干脆把自己强占来的土地献给宗室王公，称作"投献"。有权势的宦官，则趁机通过修建寺院来大量侵吞良田。

富有天下的皇帝，占田却更为突出，到处建立庞大的皇庄。"皇庄"之外，还开"皇店"，放"皇债"，设"皇窑"，谋取暴利。

嘉靖皇帝的四子朱载圳，在湖广占有良田数万顷，隆庆皇帝儿子的王庄、王店遍及各地。

老大都带头这样干了，当差的何乐而不为？

在江南，有的大地主占田7万顷，奸相严嵩"广布良田，遍于江西数郡",在北京附近也有庄田150余处。连一向享有清名的大学士徐阶,一家就占田24万亩。

争先恐后,大明王朝的皇天后土几近于要被瓜分、抢夺殆尽。而且,几乎所有被兼并的土地,都不在纳税的范围之内,土地被兼并愈多,国家的税收愈少。

这正是土地被疯狂兼并的真正原因。而土地兼并的后果至少有两个:

其一,国家税收的大量减少,"私家日富,公室日贫",税源逐渐枯竭。这是财政危机的主要原因。

其二,社会矛盾日益严重,各地起义不断。

私田急剧增加,公田急剧减少,国家收入的急剧萎缩,要维持政府的财政运转,唯一的办法是加重人民的负担,封建剥削进一步加剧。

随之而来的问题就是,赋税苛重,广大农民生活在水深火热之中,贫富悬殊加剧。"富者田连阡陌,坐享兼并之利,无公家丝粒之需;贫者虽无立锥之地,而税额如故,未免缧绁追并之苦。"有下面的两首歌谣为证:

一亩官田七斗收,先将六斗送皇州。
止留一斗完婚嫁,愁得人来好白头。

为田追租未足怪,尽将官田作民卖。
富家得田民纳租,年年旧租结新债。

兴,百姓苦;亡,百姓苦。苛政猛如虎,任何朝代,落难的都是最底层的百姓。

苛捐杂税,多如牛毛,徭役兵役,层出不穷。如果再加上天灾人祸的肆虐以及战争与疾病的摧残,农民的处境雪上加霜。"农夫蚕妇，冻而织，饥而耕，供税不足，则卖儿鬻女，又不足，然后不得已而逃。"

有地的，苦不堪言，无法生活；无地的，则流亡他乡，"适彼乐土"。

然而，乐土，找得到吗？

一无所有而且活不下去的时候最勇敢，再也没有任何生计可供选择了，如果不想继续忍受，可以选择的，除了落草为寇，只有造反和起义，也许这样可以杀出一条生路。

当年，苦难而且赤贫的太祖就是这么干的，结果就很不错。

只隆庆年间，农民起义就有三十多次，而且规模越来越大。

内忧必然带来外患。

南有倭寇连年侵扰，北有俺答迭次进犯，尤其是北方边患，更是直逼京师。由于边将将大部分军饷用来贿赂严嵩，守边的士兵生活费得不到保障，连饭都吃不饱，谁还有心思打仗呢？公元1550年，俺答率军长驱直入，直抵京城，严嵩的党羽仇鸾不敢应战，听任俺答军烧杀抢掠，满载而归。

这就是"庚戌之变"，张居正当时亲眼目睹了这件事。

张居正在其《论时政疏》中指出，当时存在五大积弊：

其大者曰宗室骄恣，曰庶官疾旷，曰吏治因循，曰边备未修，曰财用大亏，其他为圣明之累者，不可以悉举，而五者乃其尤大较著者也。

宗室问题，吏治问题，民生问题，边防问题，财政问题，危机重重，国将不国。

有名人曾经总结过，革命的发生，大约有两方面的原因：一是下层不愿照旧生活下去了，就要发生自下而上的反抗和起义；一是上层不能照旧统治下去了，就会寻求改革和变法。

天下骚动，风云突起。不仅仅是个烂摊子！

要起义，还是要改革？

三、该出手时就出手

1. 一举两得"考成法"

张居正主政，大明帝国乱哄哄的朝堂终于静下来了。

某一日，大殿里也很安静，只有神宗、李太后和张居正在。

一个是神宗的母亲，一个是神宗的老师。

神宗才刚刚10岁，还是嬉戏上学的年龄，李太后把朝政抛给了眼前的这位新任内阁首辅。

面对孤儿寡母，面对大明王朝的积贫积弱，三十余年的官场沉浮之后，他依然还保持着一样东西：理想。他知道，他必须有些作为。

一人之下，万人之上，二号首长张居正的演出要从哪里开始呢？

国库枯竭，民穷国贫，这样的日子很难熬。

没钱，什么也办不了，什么办不好。第一步，就从这里入手。

明代财政收入的一个重要税源是田赋，但田赋的征收却出现了严重的问题：一是不能全额征收，二是拖欠不缴。

造成这种状况的原因主要有两个：一是催收不力，二是土地兼并。

先来看第一种。催收不力，责任当然在政府，在政府里大大小小的官吏。改革的切入点，只能拿那些玩忽职守、只拿俸禄不尽力的官员开刀，张居正称之为"考成法"。

考成法是张居正建立的对官吏完成职责成果的一种考核制度。要求各部门要建立三本账：一本记载一切发文、收文、章程、计划，这是底本；在这许多项目中，把例行公事、没有必要进行考查的剔除，将重要的事情再造成账本，一式两册。一册送吏、户、礼、兵、刑、工六科，解决一件事情，注销一件，如果拖欠没有落实的，由六科起草报告等候皇上处理；一册直接送内阁查考。形成一种相互监督机制:"抚按延迟,则部臣纠之。门部隐蔽,则科臣纠之。六科隐蔽,则内阁纠之。"

张居正以六科督促吏、户、礼、兵、刑、工六部,以六部督促诸司以及地方抚、按,最后再由内阁直接控制六科,掌握对各级官吏的监察大权。考成法还对六部、都察院等具体行政衙门实施随时考核、事事责成的稽查制度。这一严密而完整的考成系统,将宦官统率六科、稽查章奏权移交内阁,从而在一定程度上减少了宦官干政的可能,极大地提高了内阁的权威,使权力集中于首辅,从而加强了号令天下的中央集权。考成法提高了办事效率,减少了各部门的相互推诿、扯皮,为精简机构、节省政府开支提供了可能。

考成法其实说起来很简单,比如一个知府,每年开初就把要完成的工作一一列明,抄录成册,自己留一份,张居正那里留一份,到了年底一对,如果发现哪件事情你没做,那就收拾东西准备去县城吧。如果你到了县城依然如此,对你的处分也依然如此,直到捆被子离职归家为止。但说简单也不简单,关键在落实,赏罚分明,绝不姑息。

公元1575年,查出各省抚按官名下未完成事件共计237件,抚按诸臣54人。凤阳巡抚王宗沐、巡按张更化,广东巡按张守约,浙江巡按肖廪,以未完成事件数量太多而罚停俸三月。

考成法的三本账,严格控制着从中央到地方的各级官吏。每逢考核地方官的"大计"之年,便强调要将秉公办事、实心为民的官员列为上考;专靠花言巧语、牟取信行的官员列为下考;对于那些缺乏办事效率的冗官,尽行裁撤。

张居政当政期间,裁革的冗员约占官吏总数的十分之三。同时,张居正又广泛增添人才,提拔拥护改革、政绩卓越的官员,委以重任,因为有考成法在,"立限考成,一目了然"。彻底打破了论资排辈的传统偏见,不拘出身和资历,大胆任用人才。

考成法,是张居正改革的主要内容,工作指标层层落实,完不成轻则罢官，重则坐牢，令各级官员闻风丧胆。

在很长时间里，这种明代的打考勤，发挥了极大效用，"百官惕息"，"一切不敢饰非"，朝廷号令，"虽万里外，朝下而夕奉行"，是张居正的得意之作。

考成法虽然是督促一切政务的推行，但在整顿田赋方面起到的作用最大，成绩也最为显著。考成法规定："有司以征解为殿最"，即以征收田赋的成绩为考核成绩的优劣标准：完成任务者，有赏；没有完成任务者，有罚。

通过考成法整顿田赋，引起了很大震动。反对之声不绝于耳，但没有动摇张居正的决心，他指示各地方官，要坚定信念，将考成法进行到底。

随着考成法的实行，"惧于降罚"的地方官再也不敢掉以轻心了，除了催收当年新赋，对往年积欠的催讨，也上了手段。那些欠赋大户想逃也无所逃，贪吏借口民户拖欠而私自将赋税收起来后据为己有的事情，也一一被清查出来。

如此，国家并没有增加田赋，各级府库都装得满满的了，到了万历四年，北京、通州的储粟已"足支八年"。

考成法的宗旨是："尊主权，课吏职，行赏罚，一号令。""强公室，杜私门"，是政治上的改革，也是经济上的整顿。既整顿了吏治，让各级官员恪尽职守，不再人浮于事，大大提高了行政效率，还挽救了几近于崩溃的国家财政，为万历中兴做好了充分的经济基础，可谓一举两得。

考成法，紧紧盯住的是人，下面，张居正的目光，又死死盯住了那些藏起来的地。

2. 让土地无处隐身

再来看第二种，土地兼并。

考成法只能解决新赋税的征收和一部分欠税问题，大量的瞒田逃税和赋税不均问题却不是靠考成法能够解决的。大户补交欠赋而不欠新赋，虽然一时可以使财政收入比以前大有增加，但在大户欠赋补交得差不多的时候，财政收入就不可能持续增长了，如何使财政收入保持一个稳定的增长势头，就必须另外开源，这是摆在张居正面前必须解决的一个新问题。

源头在哪里？

当然在那些大土地兼并者手里。

公元1577年年底，张居正作出了一个重大决议：从万历六年开始，在全国范围内开展土地清丈，让那些兼并者手里的土地无处藏身。

万历六年（1578年），政府正式下令全国范围内实行"料田"，即度田，也就是丈量田亩。凡庄田、民田、职田、荡地、牧地，都要进行丈量，时间是"限三载竣事"，并规定"所在强宗豪民，敢有挠法者严治不贷"。

清丈土地比催征赋税更厉害，对豪门富室的打击更大，因为通过清丈，那些被隐占、隐瞒的田地，都会被清查出来，查出来了就得缴田赋，因此，其所遇到的阻力也就可想而知了。

孟子说："为政不难，不得罪于巨室。"张居正偏偏要反其道而行之，因为清丈土地的矛头直指巨室。

子产也有一句名言："苟利社稷，死生以之。"这就是张居正的态度和决心。在清丈土地这件事上，张居正是吃了秤砣铁了心，一定要干下去。

为了推动丈田，张居正以身作则，率先垂范，主动按照清丈要求，清查自家隐漏田亩。

张居正亲自给各地巡抚写信，鼓励他们放手去干，对那些阻碍清丈的勋贵豪强和清丈不力的官员，给予重罚。同时通令各地，凡"丈田均粮，但有执违阻挠，不分宗室、官宦、军民，据法奏来重处"。

山西代王府宗室中人和奉国将军俊㭎等人阻挠清丈，张居正建议神宗下诏，将俊㰀废为庶人，其他宗室中人削夺宗室俸禄。

河南嘉知县张一心，以旧册数字作为清丈数字上报，被连降两级；松江知府阎邦宁、池州知府郭四维、安庆知府叶梦雄、徽州掌印同知李好问"以清丈亩怠缓"，也受到处罚。

经过几年的艰苦努力，各省清丈任务陆续完成，有的地方三年没有完事，为慎重起见，允许适当延长时间到万历十年。

据户部统计，万历八年年底，全国田地为七百零一余万顷，比隆庆五年增加了二百三十三余万顷。随着额田的增加，加之打击贵族、缙绅地主隐田漏税，"民不加赋"而明朝田赋收入大为增加。

清丈田亩，百年旷举。这些隐身的土地，多为勋戚所占，这是一群有着血盆大口的老虎，他们终于遇到了克星。

尽管张居正清丈田亩、平均赋税的做法被海瑞等人认为是下策，并不能真正解决民间赋税不均的问题，但从理财的角度看，清丈田亩对于朝廷比较全面准确地掌握全国的额田、增加财政收入起到了积极作用，更为重要的是，为不久即将推行"一条鞭法"的赋税改革创造了条件。

3. 来一场赋税制度的革命

张居正整顿财政，并没有到清丈土地为止，他还有一个更大的行动：在全国推行"一条鞭法"。

"一条鞭法"是对包括田赋和徭役一起在内的赋役制度所进行的一次重大改革，尤其是役法上面变动最大，对当时和后世，有着极其深远的影响。

明朝中叶以来，役法的混乱比田赋更甚，弊端更多。这是因为役的对象是人口和资产，而人口的生老病死、增殖衰落，比土地更难稽查，而且，常役之外，还有临时征派，即使是常役，也是根据实际需要，每年应征的徭役数也不尽相同，这就给那些贪官污吏侵夺百姓以更多的机会。

后来，豪富之家与吏胥里甲以贿赂相勾结，变乱户等，最后变成富人不出差役，全落在贫民身上，贫弱小户不堪重负。

有权有势的，可以免税免役；无权无势的，负担反而越背越多。

如此一来，富的越来越富，穷的越来越穷。

孔子说："苛政猛于虎！"苛政之下，彼为刀俎，此为鱼肉，何来"民为贵"？或者，换句话说，什么时候真正有过"民为贵"？

现状如此混乱，民何以堪？国何以堪？

所谓"一条鞭法"，《明史·食货志》阐释如下：

一条鞭法者，总括一州县之赋役，量地计丁，丁粮毕输于官。一岁之役，官为敛募。力差，则计其工食之费，量为增减；银差，则计其交纳之费，加以增耗。凡额办、派办、京库岁需与存留、供亿诸费，以及土贡方物，悉并为一条，皆计亩征银，折办于官，故谓之一条鞭。

简言之，"一条鞭法"就是：

一、劳役折银，老百姓交钱顶劳役，谓之"丁银"，官府拿这个钱另外雇人应差。同时增加有田户的丁银，减少无田户的丁银，使赋役有所均平。

二、将差役与田赋"合编"在一起，简化了手续，减少了官吏与乡绅从中作弊的机会。

三、将田赋中的大部分实物纳税变为货币纳税，也就是"田赋折银"。把粮卖了再交钱，促进货币流通，有助于刺激当时的商品经济。

再简言之就是，中央政府各州县的田赋、徭役以及其他杂税均征银两，计田折纳，总为一条，立法颇为简便。

其中最关键的，是征税由"度人而税"，变成了"度地而税"，达到了"轻重通融，苦乐适均"，不再是富人欢乐、穷人愁了。

隆庆三年，海瑞在南直隶开始推广一条鞭法。次年，江西紧接着跟进。两地效果都不错，"从此役无偏累，人始知有种田之利"；江南一带"田不荒芜，人不逃窜，钱粮不拖欠"。

一直到万历五年（1577年），推行一条鞭法的地区没有什么"不便"。这一年，山东东阿知县白栋也开始推行此法。这是第一次在北方实验，反对者众声喧哗。张居正派人调查后，认为"法贵宜民，何分南北"。遂下了决心在全国范围推广一条鞭法。

万历九年(1581年)正月，张居正用皇帝诏书的形式通行全国，一条鞭法便成为通行的法制，成为明代后期通用的赋役名称。

鞭法的实行，人称"盖自条鞭之法行，而民始知有生之乐"。为政者一句话，就解民于水火之中，有如再生。百姓之草芥命运，真是令人感叹。直至20年后，于慎行还说，他的家乡东阿至今"邑民皆称其便"。

鞭法之目的有三：一简化税制，二增加收入，三方便征收税款。一条鞭法上承唐代的两税法下启清代的摊丁入亩法，是我国历史上的一次具有深远历史影响和历史意义的社会变革，既是明代社会矛盾激化的被动之举，也是当时社会商品经济发展到一定程度的主动选择。

倘若没有张居正，大明的"豪强之兼并"必将很快就致帝国"失血"而亡，其"贫民之困"则又不知何日得解放了！其实，大明的赋税改革早就势在必行，然而谁来干，谁能干，谁想干？嘉靖以来就无人能够破冰。天降大任于斯，唯有张居正！如果说苛政猛于虎，他就是打虎的英雄。

由考成法到清丈田亩，再到全国推行一条鞭法，一步一步地前进，张居正花了近十年的时间，才稳健地完成了他对整个赋役制度的改革部署。

张居正在经济改革中，倡导"平均"，厉行"公平"，国家也为之大收其利。前有节流，后有开源，财政赤字化为乌有。史称"太

仓之粟可支数年，囧寺积金不下四百余万"。

万历时代由此成为大明王朝财政最富裕的几十年，前无古人，后无来者。

4. 皇帝用钱也说"不"

张居正是一个聚财的英雄，更是一个节俭的高手。

节俭的第一件大事，就是压缩政府开支。他下令辞退"有司贪酷及老疾者"，不让这些人白拿俸禄。通过吏部，清除内外冗员。"两京大小九卿及各属，有冗滥者裁之。"据统计，从中央到地方，裁减冗员数达到"什二三"，这是一个非常大的比例，没有相当的气魄和必要的手段，是很难做到的。裁减冗员的目的，当然是节省财政支出。

在裁减冗员的同时，他还"清痒序"，淘汰生员。规定"童生必择三场俱通者始行入学，大府不得过二十人，大州、县不得过十五人。如地方乏才，即四五名也不为少"。

现有的生员考试不合格的，取消生员身份，去做一般的小吏，有的直接罢为庶民，让他们回家去种田。

不要小看了这一规定，因为这些生员（秀才）是政府官员的后备军，按规定，平时每人每月领米一石，鱼肉盐醋也由官府供应，全家还要减免两个人的差役。算起来，这是一大笔财政支出。

军费开支也在张居正的节用之列。但他不是以裁减武备来节省军费，相反，他还极为重视军队建设。他采用的办法是选择优秀的将领，制定正确的方略，处理好民族关系，使北边无事，避免战争的发生。战争打的是钱，没有战争，就省下了巨额的军费支出。

然后，张居正的眼睛盯上了宫廷开支。

节约开支节到两宫太后和小皇帝头上，这可不是闹着玩的。在这方面，张居正费的心思更多。

张居正当政之初，万历皇帝还是一个小孩子，在宫内的开支上，首先是同太后打交道。

公元1577年五月，内宫传出旨意，说要重修慈庆、慈宁两宫，这是两宫太后住的地方。张居正认为这不是当务之急。

他给两宫太后上了一道《请停止内工疏》，他在奏疏中说："治国之道，节用为先，耗财之原，工作(兴建工程)为大"，"于其可已而不已，谓之侈。"并说慈庆、慈宁两宫是万历二年兴建的，还不到三年时间，仍然是富丽堂皇，为何又要修缮呢？国库里的钱是百姓的血汗钱。这道奏疏呈上去后，工程立即就停止了。

其实，万历五年，国家财政已经有了良好基础，户部这几个钱还出得起，但张居正考虑的是国计民生都需要很大的费用，有余时应先计划减免徭赋，不能把钱花在修建华丽的宫殿上。

万历皇帝在用钱上，也不是好对付的。小时候，他听张居正讲课，对节用爱民的道理听得点头称善，张居正驳回太监购买金珠宝石的请求，万历小皇帝也点头同意。当小皇帝一天一天长大了的时候，事情便发生了变化。

史称万历皇帝有一个癖好："好货"——只要是他认为好的东西，就想买。在几件事情上，张居正为节约内费，同万历皇帝发生了争执。

第一件事，1579年，万历皇帝向户部索要十万金，以备光禄寺御膳之用。

张居正认为不合理，拒绝了。

第二件事是一个月之后发生的。皇帝在宫中的一笔重大开支——赏资。只要他高兴，他就可以大把大把地赏钱，数额也凭一时兴趣，想给多少就给多少。可赏钱也得有个出处，因为宫里不铸钱。这一天，宫里的钱赏得差不多了，万历皇帝给内阁传话，叫内阁发文，命工部铸造铜钱，供内库之用。

张居正说铸钱可不是闹着玩的，拒绝了。

第三件事发生在当年七月，当时江南发生水灾，有关部门建议

停止苏州、杭州织造，召回在那里监工的太监。万历皇帝以御用袍服急需为由，拒绝了这个请求。张居正亲自去找万历皇帝，说苏杭等地灾情严重，当地连民生问题都难以解决，织造御用的绸缎还是暂停为好。

此外，张居正还奏请停修武英殿，万历皇帝也不得不同意。

天地生财，自有定数。取之有制，用之有节，则裕；取之无制，用之不节，则乏。

这依然是《论时政疏》里的文字，为国聚财的同时，量入为出，用之有节，取之有制，这是张居正的原则和理念。张居正强调节约，尤其是节约最高统治者的消费支出，应该说具有更大的进步意义。

张居正整顿吏治、厉行节约的过程中，不仅自己廉洁奉公，而且对家属也严格要求。

儿子回江陵应试，他吩咐儿子自己雇车；父亲生日，他吩咐仆人带着寿礼，骑驴回里祝寿。

公元1580年，居正次弟张居敬病重，回乡调治，保定巡抚张卤例外发给"勘合"（使用驿站的证明书），居正立即交还，并附信说要为朝廷执法，就不能不以身作则。

早年宦海沉浮之际，张居正曾写道："愿以深心奉尘刹，不予自身求利益。"历史证明，他的确是做到了。

四、世间再无张居正

1. 首辅：名副其实

历史选择张居正，可谓大明王朝的大幸运。张居正用自己的不懈努力，一改国计民生的低迷和混乱，再度让这个庞大无比的古老帝国重新焕发了生机和活力。

张居正的积极作为和历史贡献，还远远不止于此。

在北方，张居正派戚继光守蓟门，李成梁镇辽东，又在北方的长城上加修了"敌台"3000余座，与鞑靼俺达汗之间的茶马互市贸易也和平开通了。公元1579，张居正又以俺达汗为中介，代表明朝与西藏黄教首领达赖三世（索南坚错）建立了通好和封贡关系。在南方，兴风作浪的叛乱分子被先后剿灭了，人民的生活和生产不再有战乱之苦。

在张居正的主持下，万历六年（1578年），黄河、淮河和运河得到有效治理，"数十年弃地，转为耕桑"。漕船直达北京，"河上万艘得捷于灌输入大司农矣"。

从历史大局看，张居正新政无疑是继商鞅、秦始皇以及隋唐之际革新之后直至近代前夜影响最为深远、最为成功的改革。

当年的少年天才，终于没有辜负自己的梦想，也没有辜负大明王朝。但当年的俊美少年，也早已经过了知天命之年。

十年了，张居正力肩重任，勉力支撑，积劳成疾。他不过才五十多岁的年纪，给人的印象就已经是未老先衰之态：形神疲惫，气血壅塞，须发花白，精神萎顿。

张居正当政时期，其权威可以说达到了登峰造极的地步。他出任内阁首辅之后，具有一言可使人平步青云也可使人入地狱的权力，形同最高统治者，事实上享有无上的权威。

很多地方的官员给朝廷呈报公文，文中避写"正"字，这是对君王才有的避讳，在张居正身上却也出现了。

这是张居正的宠和幸。

改革开始后，张居正明知整顿吏治会招致既得利益者的反对，但他仍然毫不畏惧，一往直前。早在隆庆年间，徐阶回家时，将国事托付给张居正，他就表示："大丈夫既以身许国家，许知己，唯鞠躬尽瘁而已，他复何言！"

这是张居正的执和勇。

公元1576年，张居正的父亲在江陵老家去世。

按照明朝礼制规定，在职的官员父母去世，必须回原籍守孝27个月，称之为"丁忧"。然而，此时的改革正到了关键时刻，反对派加紧暗中活动，张居正一旦离去，正在进行的改革和他个人的前途都将是凶多吉少。

15岁的万历皇帝朱翊钧，一天也离不开张居正。经万历皇帝与两宫太后商量，作特殊处理，由万历皇帝下旨"夺情"。

"夺情"者，指事物太急，绝对不能走，皇帝批准，可以留下。

当时舆论大哗，有的官员弹劾张居正，说他贪恋禄位，置父母之恩于个人名利之下，与禽兽无异。

万历皇帝大怒，下诏说：再议论此事者，诛无赦。

反对派果然被镇住了，没有人再敢说这件事了，张居正得以集中精力把改革推向深入。

张居正则穿青衣，素服到内阁办公。万历皇帝因此对他更是敬重，称他为元辅、少师、先生，尽显师臣之礼。

这是张居正的孝和忠。

万历六年，张居正主持操办了万历皇帝的婚礼之后，奏请回乡葬父。万历皇帝只好准奏，命尚宝少卿和锦衣卫指挥护送，以三个月为限。并一再嘱咐，办完了丧事，立即回京。

张居正这一次荣归故里，搞出了很大声响，沿途地方大员郊迎郊送，不亚于皇上出巡。江陵城更是倾城出动，葬礼盛况空前。

张居正回京的时候，万历皇帝派司礼太监宴请，两宫太后也各派心腹太监出郊迎接，荣耀不是用"恩宠"二字可以形容的了。

首辅，可谓名副其实。无论是恩宠，还是荣耀，都已经无可复加。

这样的张居正，千古以来，不会再有第二个人。

2. 鞠躬尽瘁，死而后已

公元1580年，神宗皇帝已年满18岁了。这个青年帝王以他的早熟和敏感，不会不曾意识到张居正威权震主的压力，也不能不想一逞早日亲操政柄的威风。但是，面对如此广袤的国土、如此纷繁的政务，要他独力驾驭，也殊非易事。总之，他还得依靠这位"元辅张先生"。

作为一个绝顶聪明的人，张居正也感到了来自神宗的不满，他明白，该来的早晚会来。

于是在当年的三月，张居正正式向神宗提出了"乞休"的请求："伏望皇上，特出睿断，亲综万几，博简忠贤，俾参化理，赐臣骸骨生还故乡。"

这话说得无比苍凉，他不过是希望在有生之年能够平平静静地退休，再去看一看荆州的田园美景、重履"乐志园"那竹林曲径、重归钟山堂去温习"谢家庭树依然在，为报新枝已满林"的旧作！

可是，神宗皇帝一点思想准备也没有，他毫不犹豫地下旨婉言慰留，并恩赐"白金麒绣御膳坐蟒"等贵重器物，以达诚意。这"坐蟒"就是袍服正襟用金丝彩绣蟠蟒图案，因龙蛇同源，坐蟒袍服一向唯有王公贵戚才可着装，这种恩赐，对张居正不啻是一种极大的褒奖。

两天后，张居正再次上疏乞休，除了重申自己"惴惴之心，无一日不临于渊谷"的苦楚和难处之外，同时还以良好的意愿提出一个善后方案：我此次求去，只是请假休息，并不敢以辞职而"决计长往"；国家或有大事，皇上一旦召唤到我，本人一定"朝闻命而夕就道"，就是拼上性命也不敢推辞。

从某种意义上看，张居正这种"乞休"之举，既是一种政治姿态，也是一种自我保全的策略：他深切地知道，如不早日辞去，恐将使王事不终，前功尽弃。

本来万历已经同意，但由于李太后要强留张居正等原因，张居正最终留了下来，不辞劳苦地一干又是两年。

公元1581年，张居正大病了一场，万历皇帝特批他不到内阁坐班，在家里办公，公文由内阁派专人送到他家里审阅、签发。

公元1582年二月，张居正再度病倒，万历皇帝和两宫太后仍不准他退休，让他在家休息，内阁一般的政务交由张四维等其他阁臣处理，大事仍然得请示张居正。

这一年，是万历十年，六月二十日，张居正病逝，遵其遗嘱，归葬荆州故土。

张居正临终之前，万历皇帝对他说："先生功大，朕无以为酬，只是看顾先生的子孙便了。"病逝之后，万历皇帝下诏罢朝数日，并赠他为上柱国，荫一子尚宝司丞，赏丧银五百两，赐谥文忠。

张居正活着的时候，位极人臣，宠幸无可复加，据万历皇帝的承诺，他应该死而无憾。可世事实在难以预料，九泉之下的张居正，如果看得见死后发生的事，不知有何感想。

张居正死后，肆意的报复很快就开始了。那些自身利益因改革而受到损害者，那些政治上的反对者，那些小人们，一致把进攻的矛头指向了张居正。

最后决定发动倒张运动的人，是明神宗朱翊钧。

公元1584年，明神宗万历十二年，四月，也就是张居正死后的22个月，万历皇帝的态度发生了180度的大转弯。生前"忠烈不贰"的"元辅张先生"，死后变成了"谋国不忠"的"大奸"。

万历帝对昔日恩师的评价是：

张居正诬蔑亲藩，侵夺王坟府第，箝制言官，蔽塞朕聪……专权乱政，罔上负恩，谋国不忠。本当断棺戮尸，念效劳有年，姑免尽法追论。

万历皇帝下令抄了张居正的家，削尽官秩，剥夺了生前所赐乐土玺书、四代诰命，并将他的罪行公之于天下，要不是舆论压力过大，还差一点儿被砸棺戮尸。张居正的家属饿死的饿死，自杀的自杀，流放的流放，逃亡的逃亡，一代名相竟然落得如此悲惨的下场。

鞠躬尽瘁，死而后已。张居正一生看似完美的结局之后，却是极为残酷地被清算。万历帝之所以翻脸如此之快、下手如此之狠，当然有着诸多深层次的原因。

张居正在位时，虽然一直被尊为师，那是出于需要与无奈。据传，一日万历读书，念到"色勃如也"时，误将"勃"读成了"背"。突然听见身边一声大吼："这个字应该读'勃'！"老师这一声大吼，让胆战心惊的万历真的有些"色勃如"了。张居正对万历皇帝的教育过于严厉，万历皇帝受到很大压抑，内心不服，生前对他存在一种畏惧感，只能隐忍，死后就没必要再忍了，报复的心理就迸发而出。

神宗18岁时，曾经醉酒调戏宫女，太监冯保向太后告状。太后愤怒之余，差点儿废掉神宗帝位。太后命张居正上疏切谏，并替皇帝起草"罪己诏"，又罚他在慈宁宫罚跪六个小时，皇帝因此对冯保、张居正怀恨在心。

万历皇帝确实很怕他的这位老师，即使做了皇帝，这种惧怕还藏在心里。当时冯保照料万历皇帝的生活，如果万历皇帝不听话，他便去报告慈圣太后，慈圣太后常挂在嘴边的一句话就是："要是张先生知道了，你怎么办？"可见，万历皇帝惧怕张居正到了什么程度。

万历皇帝推倒张居正，一个不可忽视的原因还在于，张居正的经济政策，尤其是那套尽给豪富之家添堵的经济政策（比如清丈土地），一些宗室、太监、权贵豪门，只要逮到机会，就会在他面前嘀咕，万历因此对张居正的印象越来越坏。

而真正让万历恨上张居正的，应该是张居正的震主之威。万历年间，张居正当政，所有文件都是由内阁批阅，万历年幼，总想给自己找点事干，但一拿起奏疏，都是张首辅批阅好了的，所有事情照着办就行。张居正当国十年，所揽之权，是神宗的大权，这是张

居正效国的需要，但他的当权便是神宗的失权。

在权力上，张居正和神宗成为对立面。张居正的效忠国事，独握大权，在神宗的心里便是一种蔑视主上的表现，这就是帝王的逻辑。贵为天子，却不得不屈从于臣子，久处于此种境况之下的万历皇帝，早已耿耿于怀，闷闷不乐。

人亡政息，张居正在位时所用一批官员有的削职，有的弃市。与张居正同一战线的司礼监掌印太监冯保，也被清算。而朝廷所施之政，也一一恢复以前弊端丛生的旧观。

整个神宗一朝，没有人敢为张居正申诉呼冤。万历十一年、十二年的倒张运动，作为历史的一大转折，使大明王朝重新陷入国事萎靡、民生困苦的衰颓境地而不可复振。

直到天启二年（1622年），奄奄一息的明朝才想起昔日的大功臣张居正，予以复官复荫。

可惜，已经晚了。

张居正当国的十年，是明代历史上一段难忘的岁月。

张居正的改革，他的理财理念，只是大明王朝政治清明、国势兴盛的昙花一现，改革的光明一闪而过，天地重新陷入了一片黯淡。

工于谋国，拙于谋身

这是同朝为官的海瑞对张居正的评价。如此评判，可谓中肯。

万历首辅张居正，是一个真正的英雄，也是一个孤独的英雄。无论如何，他已经尽力了。

历史自有公论。

如是而已。

| 历 | 朝 | 变 | 法 | 往 | 事 |

第八章 戊戌六君子

一曲世纪末的逆袭绝唱

积贫积弱的大清帝国，终于迎来了世纪末的大溃败，内忧外患，国将不国。落后就要挨打，古今中外，这是一条铁律。

内外交困，危局已成定局。面对困境，"自强""求富"的洋务运动，再一次让人看到了民族振兴的希望。

康有为、梁启超、"戊戌六君子"，这是一群不甘于屈辱和失败的人，他们奔走呼告，救亡图存，发出了一个时代的最强音。

"不甘做亡国之君"的光绪帝束手就擒，"百日维新"，草草收尾。新法推行，困难重重。"我自横刀向天笑，去留肝胆两昆仑。"铁骨雄心，无论成功还是失败，他们都应该是被历史记住的人。

一、挡不住的危局

1. 盛世,还是末世?

世纪之交,又一群怀揣梦想、不甘屈辱的人掀起了一场轰轰烈烈的变法运动。这是这个古老皇权帝国的最后一次救亡图存的尝试和政改挣扎,其中的教训因此尤其让人记忆犹新。

中华民族自古以来,就有埋头苦干的人,就有拼命硬干的人,就有舍身求法的人,就有为民请命的人。

这,还是鲁迅先生的话。
是的,他们,正是中国的脊梁。
从秦国的商鞅,到我们即将要说到的"戊戌六君子",历史过去了2000余年。两千多年的历史风云里,正是这样的脊梁,让这个老大帝国风雨如磐,安然无恙;正是这样的一些人,让我们看到了未来和希望。

无论成功还是失败,他们都应该是被历史、被后人永远记住的人。
接下来的这次变法,离我们最近,和我们的关系似乎也最密切。因为,变法的理由和背景,似乎更复杂,也更凶险。

大清帝国,是某种统治制度的最后一段时光。在这一段还不太短的时段里,曾有过一次很炫目的演出,这就是著名的"康乾盛世",中国古代两千年历史上的三大盛世之一。

可是,有人对"康乾盛世"提出了质疑,认为所谓"盛世",不过是一次回光返照,盛世之下,早已经危机四伏。

"盛世"与否,我们且存而不论,而真正逼到眼前的事实是,盛世已经远去,危机正在来临。

应该说,这是一种制度的终结,也是另一种制度的开始。这是一个时代的挣扎和老去，也正是又一个时代的肇始。

是的，当清帝国的统治者们，还在自以为是地做着天朝迷梦的时候，却不知道，也不关心，他们身外的世界早已经远远走在了他们前面。相对于清王朝日趋衰落的封建制度，地球背面的英、法、美各国带来了又一种崭新的资本主义生产模式，而且发展迅速，势头强劲。

18世纪60年代起，英国率先开始了工业革命，到19世纪三四十年代，大机器工业逐渐代替了工场手工业。法国是仅次于英国的资本主义国家，法国工业产量当时居世界第二位。

早期的资本主义发展有一个共同特点：追求商品利益的最大化，寻找最廉价的原料产地，当狭小的国内满足不了他们的需要时，必然会走向又一条道路：野蛮扩张和疯狂侵略。

这是他们的本性，也是他们的必然选择。

于是，"人口众多、地大物博"的中国，就成了他们锁定的目标。这是一块肥肉，他们早已经偷窥垂涎了很久。

在有限的对外贸易中，中国出产的茶叶、丝绸、瓷器等奢侈品在欧洲市场大受欢迎，但英国出口的羊毛、尼绒等工业制品在中国却不受青睐，乾隆皇帝甚至认为中国什么都不缺，没必要与英国进行贸易，一直奉行"闭关"和"锁国"的政策。

结果，在正当的中英贸易中，英国商人吃了大亏，英国资本家们就很不满。

外交途径强力交涉，清政府没有答应。于是，他们想到了一种特殊商品——鸦片。结果，贸易状况立时好转，而且利润惊人。

一开始还以"走私"的名义，后来干脆是强盗的勾当，大摇大摆公开叫卖。

结果，英国鸦片大量输入，中国白银大量外流，清政府严重银荒，财政枯竭，国库空虚。

更加严重的还有：社会风尚因此被严重败坏，国人的身心健康

被严重摧残。

烟毒泛滥,给中国人带来的是精神上和肉体上双重损害。一时,中国大地烟雾弥漫,一片萎靡。如近代著名思想家魏源所说:

鸦烟流毒,为中国三千年未有之祸。

国势岌岌可危之下,1838年12月,道光皇帝命林则徐为钦差大臣,往广东禁烟。

1839年6月,禁烟英雄林则徐虎门销烟,并宣布永远禁止和英国的一切贸易,大英帝国的利益和尊严受到了威胁和伤害。

1840年6月,英法以此为借口,悍然挑起战争。

这就是第一次鸦片战争,英国还有一个堂而皇之的说法,叫中英"通商战争"。言外之意,打的是贸易战,不是赤裸裸的侵略战。

南京,静海寺,是一个应该被永远记住的地方。

曾几何时,这里香客如云,佛轮常转,但香火终不敌战火。战争期间,腐败的清政府迫于英帝国主义的淫威,与英军在这里议定《南京条约》。

1842年8月29日,是一个应该永远被记住的日子。

在英军旗舰"汗华"号上,清政府正式签订了中英《南京条约》,满足了英国大多数的要求。这是中国近代第一个不平等条约,其主要内容可归结为四个字:丧权辱国。

弱国无外交。面对大英帝国的坚船利炮,昔日的天朝大国束手无策。从此,"盛世"不再安宁,危机愈演愈烈。

2. 洞开的国门

1851年,国内爆发了声势浩大的太平天国运动,战火烧遍了大半个大清江山。就在清廷疲于应付、手忙脚乱之际,1856年,远远没有满足的英帝国再次挑起了侵略战争。

这是鸦片战争的继续，称为第二次鸦片战争。

这一次，英军没有独自作战，带来了一个帮手——刚刚崛起的法国，号称"英法联军"。

俄美两国没有直接参战，表示愿意为充当战争双方的"调停人"而努力。清政府也就只把希望寄托在他们的"调停"上，无心恋战，英法联军如入无人之境。

1858年，英法联军进占天津，清政府分别与俄、英、法、美签订《天津条约》。

1860年10月，英法联军占领北京，清政府与之签订《北京条约》。

所有条约的内容，因条目太多，不再详述；而所有条约的主题永远只有一个：割地，赔款，丧权辱国。

在此之前，9月22日，咸丰帝等则以"北狩"为名，携皇后、懿贵妃（慈禧）等离京逃往热河避暑山庄。

泱泱大国，竟被一小撮远道而来的"毛贼"打得落花流水，真是令人不可思议。

然而，逃跑终究不是脱身之计，该来的还是会来。

10月6日，联军占领圆明园。从第二天开始，军官和士兵就疯狂地进行抢劫和破坏，圆明园被抢劫一空。

之后，为了销赃灭迹，掩盖罪行，10月18日，3500名英军冲入圆明园，纵火焚烧圆明园，大火三日不灭，圆明园及附近的清漪园、静明园、静宜园、畅春园及海淀镇均被烧成一片灰烬，安佑宫中，近300名太监、宫女、工匠葬身火海。

万园之园、世界名园顿时化为一片废墟。

这是一场世界文明史上罕见的暴行。

这是我们中华民族的耻辱，也是那些漂洋过海远道而来、信奉耶稣的所谓"文明人"的耻辱。

关于这一场浩劫，法国作家雨果曾有过这样的描写：

一天，两个强盗走进了圆明园，一个抢掠，一个放火。可以说，胜利是偷盗者的胜利，两个胜利者又一起彻底毁灭了圆明园。我们所有教堂的所有珍品加起来也抵不上这座神奇无比、光彩夺目的东方博物馆。那里不仅有艺术珍品，而且还有数不胜数的金银财宝。多么伟大的功绩！多么丰硕的意外横财！这两个胜利者一个装满了口袋，另一个装满了钱柜，然后勾肩搭臂、眉开眼笑地回到了欧洲。

这就是两个强盗的故事。

在历史面前，一个强盗叫法兰西，另一个强盗叫英吉利。

是的，我们应该记住雨果笔下"这两个强盗的故事"。所有的一切，对我们而言，不仅是浩劫和耻辱，更是危机和灾难。

战争中，沙俄以"调停有功"自居，并胁迫清政府割让150多万平方公里的领土，从而成为最大的赢家。

落后就要挨打，自强方能自立，这是永远的真理，自己不努力，不要怪别人不仁义。

古今中外，这几乎是一条铁律。

二、该醒醒了

1. 谁能睁眼看世界？

战争的失败，主要有两大原因：

首先，是清政府的腐败无能，面对外来强劲势力，束手无策，不积极抗战，只想妥协求和。

其次，在于清军武器装备以及战略战术的落后，面对西方人的坚船利炮，不堪一击，几无还手之力。

难道，面对侵略和屈辱，只能坐以待毙、任人宰割吗？曾经的强盛和辉煌不复存在了吗？

九州生气恃风雷，万马齐喑究可哀。
我劝天公重抖擞，不拘一格降人才。

这是龚自珍在那个时代发出的呼吁和呐喊。面对清政府的江河日下，面对国家民族的危亡，这位愤青达人早就提出了改革弊政，抵抗外来侵略的主张。

提出变法自强主张的，还有稍后的严复。

严复的主要贡献是，提倡介绍西学并翻译了一部著名西方著作《天演论》。之所以说《天演论》重要，是因为它提出了两大观点："物竞天择，适者生存"和"时代必进，后胜于今"。在当时的中国，这两句话产生了巨大的影响，无异于一种救亡图存、变法自强的思想理论依据。

而面对国难迷局，更应该提到一个人：魏源。

魏源的出生，比龚自珍晚了一些，比严复早了一些。魏源是一个了不得的人，身处那个年代，他的过人之处有两个：

第一，写出了《海国图志》。

第二，提出了"师夷长技以制夷"的口号。

先来说《海国图志》。

1840年鸦片战争爆发，由于战事的失利，魏源悲愤填膺，爱国心切，1841年3月愤然弃笔从戎。

1841年8月，魏源在镇江与被革职的林则徐相遇，两人彻夜长谈。魏源受林则徐嘱托，立志编写一部激励世人、反对外来侵略的著作。他以林则徐主持编译的《四洲志》为基础，广泛搜集资料，编写成《海国图志》50卷。此后，他对《海国图志》一再增补，1847年刻本扩为60卷，1852年，全书达到100卷。

近代以来的几次战争，大都发生在海上，这也许就是《海国图志》的写作意图。知己知彼，百战不殆，两个"睁眼看世界的人"，走到了一起。

《海国图志》具有划时代意义，它给闭塞已久的中国人民以全新的近代世界概念。它让高傲的大清帝国知道了，自己并非世界的中心，滚滚波涛之外，已经有无数贪婪的目光投向了这里。

鸦片战争爆发前，妄自尊大的清廷皇帝和达官显贵，竟不知英国在何方，为什么成为海上霸王？

当时的中国人通过《海国图志》这一"望远镜"，开眼看世界。既看到了西洋的"坚船利炮"，又看到了欧洲国家的商业、铁路交通、学校等情况，使中国人跨出了"国界"，开始认识近代世界的新鲜事物。

"师夷长技以制夷"的思想，依然出自《海国图志》一书。

是书何以作？曰：为以夷攻夷而作，为以夷款夷而作，为师夷长技以制夷而作。

这是《海国图志》的序言，也是魏源写作的真正目的。

"善师四夷者，能制四夷；不善师外夷者，外夷制之"。魏源把学习西方的"长技"提高到关系国家民族安危的大事来认识，在当时社会上发生了振聋发聩的重大影响。

针对当时封建顽固派把西方先进的工艺技术一概视为"奇技淫巧"的无知，他指出，"有用之物，即奇技而非淫巧"，必须认真加以学习，而不能盲目自大，自甘落后。

为此，他提出一套具体方案，主要包括：

第一，创办官办军事工业，改进军队武器装备的内容。

"夷之长技三：一战舰，二火器，三养兵练兵之法。"他不仅主张从西洋购买船炮，而且更强调引进西方的先进工业技术，由自己制造船炮。

第二，同时提出兴办民用工业，允许商民自由兴办工业的主张。主张以后"沿海商民，有自愿仿设厂局，以造船械，或自用，或出售者，听之"。例如："量天尺、千里镜、龙尾车、凤锯、水锯、火轮舟、自来火、自转碓、千金秤之属，凡有益民用者，皆可于此造之"。

第三，他还倡议"立译馆翻夷书"，并"于闽粤二省武试，增设水师一科，有能造西洋战舰、火轮舟、造飞炮火箭、水雷奇器者，为科甲出身"，以奖励科学发明。他认为这样做，可以"尽得西洋之长技为中国之长技"，逐步改变中国的落后面貌，从而达到"制夷"之目的。

魏源满怀着民族自豪感，对中华民族的智慧才能充满信心，认为"中国智慧无所不有"，中国"人才非不足"，"材料非不足"，中国有着丰富的矿藏和资源，具有自己的有利条件。他相信中国人民有能力掌握西方的新式生产技术，可以逐步做到"不必仰赖于外夷"，指出只要经过努力，若干年后，必然"风气日开，智慧日出，方见东海之民，犹西海之民"，中国一定能富强起来，赶上并超过西方资本主义国家。

更难能可贵的是，魏源不仅主张学习西方的先进生产技术，而且也很推崇和钦慕资本主义国家的民主制度。

他称誉瑞士"不设君位，不立王侯"，"推择乡官理事"，是"西方桃花源"。又说"墨利加北洲（指美国）之以部落代君长，可垂奕世而无弊"。在封建专制制度长期统治下的当时中国，敢这样赞美没有君主和皇帝的政治制度，不能不说是很有胆识的见解。

由经济扩展到政治，由原来对西方坚船利炮等奇技的惊叹，发展到对西方近代资本主义民主政体的介绍，魏源的"师夷"思想发展到了他那个时代的高峰。

应该说，稍后开始的洋务运动，就是受魏源"师夷"思想的影响，加以运用和发挥的。

2. 大国迷梦

内外交困，危局已成定局。向左走，还是向右走？

面对困境，清廷内部分化为两大阵营：洋务派和顽固派。

洋务派以奕䜣为代表，著名人物有：曾国藩、左宗棠、李鸿章、张之洞。

顽固派以慈禧太后为代表。面对危局，慈禧依然格调很高，说，"立国之道，尚礼义不尚权谋，根本之图，在人心不在技艺"，主张"以忠信为甲胄，礼义为干橹"，抵御外侮。

洋务派认为守旧派"陈义甚高,持论甚正"，然而"以礼义为干橹，以忠信为甲胄，无益于自强实际。二三十年来，中外臣僚正由于未得制敌之要，徒以空言塞责，以致酿成'庚申之变'"。

洋务派与顽固派互相攻击，斗争十分激烈。

让所有人想不到的是，慈禧倒向了洋务派。

慈禧明白，在内外交困的形势下，要保持清朝的统治地位，必须依靠拥有实力并得到外国侵略者赏识的洋务派，所以她暂时采取了支持洋务派的策略。

慈禧也是个了不得的人，洋务运动刚刚开展的时候，已经牢牢掌控了朝政大权，晚清的最后时光里，女人当国几近半个世纪。

无论如何，在最高当政者的支持下，一场轰轰烈烈的洋务运动搞起来了。

在"自强"的口号下，1862年，清廷下令都司以下军官一律开始学习西洋武操，各省防军开始更换新式武器。同年，曾国藩在安庆设军械所，李鸿章在上海设制炮所，中国近代军事工业的建设由此拉开序幕：1864年李鸿章在苏州设立西洋炮局，1865年江南制造总局成立，1866年左宗棠在福建设立福建船政，1867年三口通商大臣崇厚在天津开办天津机器制造局，1887年丁葆桢在成都设立四川机器局……

在"求富"的口号下，1872年李鸿章在上海开办轮船招商局，在此后的十余年间，煤矿、铁厂、缫丝厂、电厂、自来水厂、织布厂、电报、铁路相继建设。这些民用工业的创办，打破了西方资本在中国的垄断，为国家回收了大量的白银，并为中国近代民族工业的发展打下了坚实的基础。

形势一片大好，洋务运动，再一次让人看到了民族自强的希望。

所有人都在期待着。

大约二十年后，1883年到1885年，中法战争不期而至。战火纷飞中，战场，从越南打到了中国本土，从海上打到了中国内地。

结局？我们已经从中学的教科书上知道了：中国不败而败，法国不胜而胜。

另外一种解释就是，中国本来有可能取得最后胜利，但最后没能够胜利。法国本来应该失败，最后却取得了战争的目的。

把胜利成果拱手送人的，当然是清政府，是统治者的懦弱和妥协。

结局，照例是签订条约，丧权辱国。

清政府之所以对法妥协议和，还来自一股力量，那就是英美等国的态度。英外交大臣就曾说："中国的任何胜利，都会一般地对欧洲人发生严重后果。"

他们担心中国一旦取得对法战争的全面胜利，就会进一步增强中国人民反对外国侵略者的决心，清政府可能不再如以前那样驯服了，从而危及自己在华的侵略利益。

堂堂大清帝国，竟沦落到了如此地步，高高在上的慈禧太后，不知会作何感想。或许，对她而言，这就是最好的结局？

下面，还有另外一种结局在等着她。

又大约10年后，1894年到1895年，甲午中日战争不期而至。战火纷飞中，战场，从朝鲜打到了中国，从黄海打到了辽东半岛。

结局？清政府败给了一衣带水的日本，毫无悬念。

接下来，是中日《马关条约》的签订，它给中华民族带来的，是空前严重的民族危机。这一点，我们每个人已经在教科书里感受了许多，在此，不再赘言。

尤其应该提到的是，甲午海战，李鸿章辛辛苦苦经营的北洋水师全军覆没。

通常的认定是，甲午战争的失败，标志着历时三十余年的洋务运动的破产。

洋务运动的成果，并不是一点没有，我们无法全盘否定，但在强大的外敌面前，清政府依然没有摆脱被动挨打的局面。

日本那么小，中国那么大，但战争一开始，日军是那么强，清军却那么弱。

问题在哪里？

洋务运动还有一句口号，"中学为体，西学为用"。也就是说，体制不变，管理模式不变，皇权威严不变，要用西方近代的科学技术达到维护封建专制的目的。

或许，问题就出在这里。

在这样的皇权统治下，在这样的管理制度下，再先进的技术，再高级的理论，主政者不高兴了，最终都是一句空话。

到甲午战争前，北洋舰队的大沽口、威海卫和旅顺三大基地建成。但清朝军事变革基本停留在改良武器装备的低级阶段，陆海军总兵力虽多达80余万人，但编制落后，管理混乱，训练废弛，战斗力低下。1891年以后，北洋水师甚至连枪炮弹药都停止购买了。

当邓世昌的舰队在黄海上浴血奋战时，清廷各派系依然忙于明争暗斗、尔虞我诈，一片狼藉。

"开拓万里波涛，宣布国威于四方"，当日本明治天皇野心勃勃地制订扩张计划时，将后宫费用都拿来扩建海军时，清朝最高统治者慈禧太后却在准备她的六十寿诞，将军费用来修建颐和园，供自己"颐养天年"了。

对照何其鲜明，一个是回光返照的老大帝国，一个是喷薄欲出的近代国家。

简而言之，洋务派们决不敢也不可能把专制制度改为民主政治制度。他们即使摆脱了外国资本主义的压迫和控制，决不可能摆脱封建势力的侵蚀和阻挠，最终也逃脱不了失败的命运。

也许，接下来的"戊戌变法"，要解决的正是这个问题。但，也正是这样的愿望和企图，导致了戊戌变法更加惨烈的失败。

因为，和慈禧老佛爷对着干，绝不会有好果子吃。

三、来点强心剂

1."康梁"在行动

其实，说洋务运动完全破产，也不对，毕竟，在洋务派的努力下，在慈禧太后的默许下，中国的近代工业缓慢发展起来了。同时，在这个古老王朝的内部，一股新生的力量成长起来了。这股新兴的力量和统治阶级内部的开明进步人士一起，又组成了一股变革图强的力量。

这股新鲜的力量，诞生于封建皇权专制的内部，压力和阻力可想而知，但面对越来越糟糕的国内外局势，他们感到了前所未有的责任和动力。他们要在洋务运动的基础上，继续前进。

1895年4月，对于大清王朝来说，发生了两件大事：

第一件事，李鸿章代表清政府与日本签订《马关条约》，它是继《南京条约》以来最严重的不平等条约。

除了割地和赔款，《马关条约》是一个转折点，刺激了列强瓜分中国的野心，民族危机进一步加深。

第二件事，38岁的读书人康有为来到北京参加会试。

这是一个有思想、有梦想、敢追求的人。

康有为自幼学习儒家思想，1879年开始接触西方文化。1882年，

康有为到北京参加顺天乡试，没有考取。南归时途经上海，购买了大量西方书籍，吸取了西方传来的进化论和政治观点，初步形成了维新变法的思想体系。

1888年，康有为再一次到北京参加顺天乡试，借机第一次上书光绪帝，请求变法，但上书毫无结果。1891年后，他在广州设立万木草堂，收徒讲学，弟子有梁启超、陈千秋等人。

这次会试结束，等待发榜的时候，北平传来了签约的消息。举人群情激愤，台籍举人更是痛哭流涕。

康有为更加激动不已，4月22日，写成一万八千字的"上今上皇帝书"，十八省举人响应，一千二百多人连署，此即著名的"公车上书"，但"万言书"又被有关部门拒绝，没能上达光绪帝。

5月底，他第三次上书，上书终于到达了光绪的手中，并得到了光绪帝的赞许。

在上书中，康有为提出了四项解决时局的办法：

一、下诏鼓天下之气；

二、迁都定天下之本；

三、练兵强天下之势；

四、变法成天下之治。

康有为指出，前三项还只是权宜应敌之策，第四项才是立国自强的根本大计。

"戊戌变法"由此拉开了序幕。

7月，他和弟子梁启超创办《中外纪闻》，不久，又在北京组织强学会，得到了光绪的老师帝师翁同龢、南洋大臣张之洞等清朝高级官员的支持。

1896年8月，梁启超在上海创办《时务报》，1897年冬，严复在天津主编《国闻报》，一南一北，宣传维新变法的重要阵地形成了。

到1897年年底，各地已建立以变法自强为宗旨的学会33个，新式学堂17所，出版报刊19种，全国议论时政、维新变法的风气逐渐形成。

这时的大清天下，呈现出一番前所未有的新气象。惨痛的耻辱和多年的宣传，使维新思潮如一阵飓风，横扫天下，朝野为之大震。

国学大师罗振玉回忆当时情景时说，自康有为入都倡导变法，"遂如春雷之启蛰，海上志士，欢声雷动，虽谨厚者亦如饮狂药"。康有为自己也说，他所居住的上斜街门庭若市，"来见者日数十，座客填塞"。他轮流于各个会场演讲，提到"国地日割，国权日削，国民日困"的危局时，人人为之泣下。

天下已是"人思自奋，家议维新"。康有为摩拳擦掌，准备接过这力挽狂澜的整顿乾坤大业。

这一年，他40周岁。按孔子的说法，正是"不惑"之年。

《马关条约》不是开始，也不是结束。就在康有为和他的同人们为变法奔走呼吁的时候，时局又在进一步恶化。

1897年年末，山东发生曹州教案，两名德国传教士被杀。德国以此为借口，乘机侵占了胶州湾（今青岛），俄国同时进占旅顺、大连，法国进占广州湾（今广东湛江），英国进占山东威海，并要求拓展九龙新界。

他们开始把中国称为"东亚病夫"，说这个国家"正躺在死亡之榻上"，一些帝国主义者公开提出"分配这个病夫的遗产问题"，要把"瓜分中华帝国"问题提上议事日程。

1897年12月，康有为第五次上书，陈述形势迫在眉睫。1898年1月29日，康有为再上《应诏统筹全局折》，4月，康有为、梁启超在北京发起成立保国会，为变法维新作了直接准备。

2. 不甘做亡国之君

康有为的上书，除了让光绪帝耳目一新之外，精神也为之一振。他当即命誊录三份，一份送慈禧太后，一份发军机处，一份存乾清宫，原件留勤政殿。

当然，光绪帝心情也很沉重，他很想亲自召见康有为，询问变法事宜。但恭亲王奕訢说："清朝的成例，非四品以上的官员皇上不能亲自召见。"

光绪便命总理衙门向康有为问话，康有为通过翁同龢向皇帝呈进了自己所写《俄皇彼得考》《日本变政考》等宣扬变法的论著。

无论如何，光绪帝终于在深宫里待不住了。面对"各国环处，凌迫为忧"的形势，表示"非实行变法，不能立国"。但是，光绪帝有一个人所共知的难题：有职无权，光杆皇帝。虽然在1887年17岁时已在名义上亲政，但实权仍然掌握在慈禧太后的手里。

于是，跃跃欲试的光绪帝，向高高在上的慈禧太后提出了要权的要求。他对庆亲王奕劻说："太后若仍不给我事权，我愿退让此位，不甘做亡国之君。"

无论是不甘做亡国之君，还是不甘做无权之君，对于光绪帝来说，这一定都是一个好机会。

奕劻向慈禧太后报告了光绪帝变法的决心。慈禧太后怒气冲冲地说："他不愿坐此位，我早已不愿他坐之。"

无论这是不是老佛爷的一句气话，估计没有人会丝毫怀疑她的手段和能力。权衡之下，慈禧太后终于发话了："由他去办，等办不出模样再说。"

无论如何，变法终于得到了慈禧太后的首肯，光绪帝便兴冲冲地到颐和园面见慈禧太后。

慈禧太后很严肃，说："你所实行的新政，只要不违背祖宗的大法，不损害满洲贵族的权势，我就不阻止。"

光绪帝受宠若惊，便将冯桂芬的《校邠庐抗议》呈给慈禧太后审阅。

这是一部新兴的学西方、谋自强的时代精神论纲，针对清咸丰朝以后的社会大变动，以及当时科技水平落后于西方国家的状况，

向当权者提出了一系列改革方案

慈禧太后看后，说写得不错，同意光绪帝变法，但告诫光绪帝不要操之过急，并且明确表态："如果可以使国家富强，你便可以进行，我不从内牵制。"

慈禧太后已经表态，维新派的大臣们认为光绪帝变法的时机已经到来。于是，他们更加急迫地希望光绪帝尽快颁布诏书明定国是。

所谓"国是"就是国家的大政方针。在维新派们看来，这是一件非常重要的事。因为，光绪帝是他们要辅佐的人，也是他们维新变法的靠山。

他们认为，中国守旧势力太强，必须以皇帝的权威来肯定变法维新，而且以此作为国家的"行政方针"公布于天下。他们认为，如此就可以排除疑虑，摆脱守旧势力的干扰与阻扰，达到统一思想的目的。

日本的明治维新就是这么开始的。在他们的理论里，这样，就可以使朝廷上下有所遵循，实行变法新政了。

正是在这种情况下，康有为于四月初相继写出数份请定国是的奏折，从四月十三日（6月1日）起分别以支持变法的御史杨深秀、康有为本人、侍读学士徐致靖三人的名义先后呈给光绪帝，希望仿效日本，皇帝择日斋沐，大集群臣，于天坛祭拜告天，诏示天下，决定变法维新，从而形成了请求光绪诏定国是的呼声。

光绪帝决定迅速颁诏，在此之前，他特意去颐和园，将杨深秀、徐致靖的奏折交给慈禧太后进行请示。

慈禧太后看了奏折，依然没有异议，并说今后"应专讲西学，明白宣示"，表示赞同他们的见解。

3. 百日维新

公历1898年6月11日，注定是一个重要的日子。

这一天，光绪帝起得特别早，盛装等待早朝的到来。这个多愁善感的年青人，觉得浑身上下充满了力量，从未有过的兴奋。

这一天，光绪帝召集全体军机大臣，发布上谕，明定国是，正式向中外宣告进行变法维新。

6月16日，光绪帝召见康有为，调任他为章京行走，作为变法的智囊。其后又用谭嗣同、杨锐、林旭、刘光第等人，协助维新。

光绪帝、康有为等踌躇满志，一心要把大清江山好好整治一番，他们似乎把维新看得很简单。尤其是康有为，原本就很心急："守旧不可，必当变法；缓变不可，必当速变；小变不可，必当大变"，现在得到了皇上全力支持，认为维新应该指日可待。他甚至预言："近采日本，三年而宏规成，五年而条理备，八年而成效举，十年而霸图定矣。"

光绪帝大受鼓舞，更是放胆干去，此后的三个月里，光绪帝先后发布有关革新的各种诏令一百八十余条，史称"百日维新"。如果按日计算，少的一天发布一道谕旨，多的一天十几道谕旨，它们像雪片一样飞向了社会，产生了巨大的议论和反响。

清王朝的神经中枢重新放射出振奋人心的异彩，大清国的人们终于又看到了一丝晨曦的阳光。据统计，光绪帝颁布的改革维新诏令内容涉及政治、经济、文教等方面，范围极广，主要内容如下：

第一，文教改革方面。主要是废八股，设学堂，设翻译局及报馆等。

自从宋朝的王安石开始按四书的经义考试选拔人才，到了明朝初年把八股文定为考试的固定文体，把先秦的四书即《大学》《中庸》《论语》《孟子》定为考试的范围，当时的社会流传"万般皆下品，唯有读书高"。读书人为了求取功名，便孜孜不倦地研读经书，而对国家大事漠不关心，让他们来治理国家，其结果是只能严重阻碍中国社会的发展。它已经成为束缚人们思想、维护封建专制统治的工具。而维新派学习西方，引进外来文化，就势必要触及文化思想领域。所以光绪帝颁布废除八股考试制度，以后改考策论，这一举措具有重大的历史意义，是光绪帝在百日维新中所取得的一个重大成果。

这一变革，对封建统治者实行的"愚民"政策有所突破，却触犯了广大文人的世袭"领地"，堵塞了他们晋身仕途的道路，因此引起了他们极大的反对和不满。

光绪帝深知要变法必须有人才，要想培养人才必须设立学校，所以在《明定国是诏》中就明确表示要设立京师大学堂，培养人才。同时设立翻译局，翻译西方的政治、财经、法律等方面的书籍，从而为思想文化界破除旧文化、建立新文化打下了基础。光绪帝对近代中国文化教育方面的贡献是空前巨大的。

第二，奖励科技，兴办近代工业。

在康有为先进的资本主义维新思想影响下，光绪帝敏锐地认识到资本主义机器工业生产代替封建主义传统手工业生产的必要性，因此奖励科学发明，鼓励各省商办铁路、矿务，筹办中国通商银行，广设邮政分局等，促进中国经济的发展。

第三，学西制，建新式军队。

经过甲午战争，中国旧式军队的装备恶劣、战术落后、斗志低下，完全暴露了出来，因此有责任的官员纷纷上书，建议学习西方兵制，改革旧有兵制，建立现代军队。光绪帝下诏改革旧军队，建立新式军队，后来新军成了辛亥革命的主要军事力量。

第四，裁撤冗员，改革吏治。

在中央裁撤詹事府等七个闲散衙门，裁撤督抚同城的湖北、广东、云南三省巡抚及东河总督，裁撤各省不办运务的粮道和没有盐场的盐道等官。

对于清王朝上上下下重叠臃肿的官僚机构来说，裁撤几个闲散的机构和冗员似乎是微不足道的。但是在封建顽固派看来，这些均是"祖制"，不可违背。光绪帝大胆而轻率的官制改革因此遭到了守旧派的强烈攻击和极端仇视，守旧派把攻击的矛头直接对准了光绪帝和他的维新派官员，光绪帝的官制改革是失败的，也为自己的维新失败埋下了祸根。

到8月底，新法推行了两个多月，在社会上极大地鼓舞了人们的奋发精神，在沉睡已久的神州大地上，仿佛依稀可见未来的希望之光。

但是，希望大都是未来的事，要有足够的耐心才可以看得到。眼前的现实是，光绪帝看到了太多不愿意看到的景象。

一百八十多道诏令发下去了，竟然大部分都是泥牛入海，无声无息，不知哪里去了。维新期间，除了湖南巡抚陈宝箴算是能执行一些外，其他各省督抚大都是推诿敷衍，甚至根本不予理睬。连最开明的张之洞也不过对经太后批示的上谕起劲筹划，其余的则视若无睹。

对此，两江总督刘坤一就曾说过这样的话："时事之变幻，议论之新奇，恍兮惚兮，是耶非耶，年老懵乱不知所然，不暇究其所以然；朝廷行政用人，更非分疆外吏所敢越俎。"所以他让手下"可办办之，否则静候参处。"

静候？他候的是什么？

几千年的官做下来，到大清已经是一门极其高深的学问；能爬到督抚，谁也不是省油的灯，早已经在官场倾轧中练出了火眼金睛。嘴里称老迈装糊涂，肚里却是雪亮，一眼便看穿了太后的用意，更是对太后的手段心有余悸。

得罪皇上死不了，而太后，却是万万不能违拗半分的。

变法维新，面临着严峻的考验。

康有为还有好些未发表的新政，如尊孔教为国教，立教部、教会，以孔子纪年，制订宪法，开国会，军民合治，满汉平等，皇帝亲自统帅陆海军，改年号为"维新"，断发易服，迁都上海，把国号改为"中华"等。

据康有为表示，自"军民合治"以下的新政都得到了光绪帝的同意。

可是，光绪帝同意了，慈禧老佛爷同意了吗？

四、我以我血荐轩辕

1. 太后当国

满腔热情的光绪帝，在太后老佛爷面前还是太嫩了。

说慈禧太后坚决反对维新也许是不确切的，毕竟被洋人随意欺负、动不动割地赔款，做为一国之主，这份窝囊滋味也不好受。没有她的支持，洋务运动也搞不起来。她曾经说过："变法乃素志，同治初即纳曾国藩议，派子弟出洋留学，造船制械，凡以图富强。"

维新伊始，慈禧太后一直很大度，"凡所施行之新政，但不违背祖宗大法，无损满洲权势，即不阻止"；"但留祖宗神主不烧、辫发不剪，我便不管"。

有人来跟前哭诉，请求太后制止皇上荒唐的做法，她也只是笑道："汝管此闲事何为？岂我之见识不如汝乎？"

毕竟，大清国垮了，对谁都没有好处。

可是，光绪帝却闹得越来越大，离她越来越远了。

变法之前，有人对光绪帝说了下面的话：

"太后虽穆宗（同治帝）之母，实文宗（咸丰帝）之妾。皇上入继为文宗之后，无以妾为母之礼。本非母子，宜收揽大权。"

耳目众多的慈禧太后当然听到了这些话。慈禧太后虽然同意了光绪帝主持的维新变法，内心却充满了戒备。她要静观其变，待时而动。

还政以来，慈禧太后一直在颐和园修身养性。1898年6月8日，慈禧太后召见庆亲王奕劻、军机大臣荣禄、刚毅，询问皇帝的所作所为，并说，"要紧的事你们要劝阻皇上"。

刚毅伏地痛哭，说："奴才婉言劝谏，屡次遭到斥责。"慈禧太后又问："难道他自己筹划，不同你们商量吗？"荣禄、刚毅回答说："只有翁同龢能承皇帝的意旨。"刚毅又哭求慈禧太后阻止变法，慈禧太后答道："到时候，我自有办法。"

两天后，慈禧太后有了动作。荣禄被授予大学士管理户部事务，授予刚毅为协办大学士调任兵部尚书。

光绪帝颁布《明定国是诏》的第五天，6月15日，慈禧太后又勒令光绪帝宣布了三道谕旨和一个任命：

第一道谕旨，以揽权狂悖为罪名将协办大学士、户部尚书翁同龢革职，勒令回乡休养。

第二道谕旨，规定以后凡是补授二品以上大臣均须向慈禧太后具折谢恩。

第三道谕旨，当年秋天光绪帝恭奉慈禧太后乘坐火车到天津阅操。

一个任命是，将王文韶调任军机大臣，荣禄暂时署理直隶总督。

老佛爷之所以如此安排人事，其中当然大有心机。荣禄和慈禧太后的关系就不用说了。在八国联军攻陷北京时，慈禧太后逃至西安，王文韶徒步跟随，深受慈禧太后赏识；戊戌变法时，王文韶受命办理新政，却暗中阻挠。关键时刻，这两人绝对靠得住。

大学士、军机大臣兼户部尚书翁同龢已经是连续担任皇帝老师二十多年的帝党领袖，他一直在皇帝和太后之间进行调和，他也是最早接触并向光绪帝推荐康有为的第一个清廷大员，在清政府的统治集团里，他是光绪帝决心变法的支柱。因此反对变法的官僚已经把翁同龢看成一个眼中钉、肉中刺了，慈禧太后任命荣禄管理户部事务，就是为顶替翁同龢做准备的。随后，当光绪帝去颐和园向慈禧太后请示颁布"定国是诏"时，慈禧太后在表示同意此诏时，提出的前提条件是必须撤掉翁同龢。

这一天，恰好是翁同龢的生日。离京之前，翁同龢急忙来到宫门希望能见光绪帝最后一面，他跪在路边向皇帝叩头，年轻的光绪帝竟然没敢召见翁同龢。很快，翁同龢被迫离开北京，回到他的家乡江苏常熟养老，直至终老。

慈禧太后在光绪帝颁令变法之初，先将他在内部的支持者翁同龢除掉，对变法革新事业来说，无疑是一个极为沉重的打击。当时有的评论家认为：如果翁同龢没离开，戊戌政变可能不会发生，翁同龢一定会有办法进行调和的。翁同龢自己也在日记中写道：我若在，决不会让他们决裂到那种地步。

与此同时，慈禧太后重新收回对重要官员的赏赐和任命权，从而限制了光绪帝任用新人推行变法的活动余地。并把王文韶调入军机处，加强了自己在清中央的实力阵容，将其亲信荣禄安插在直隶总督北洋大臣的位置上，并以其统辖警卫京津的北洋三军，从而进一步巩固了后方。

慈禧太后让光绪帝陪着自己到天津检阅全国最有战斗力的北洋军队，阅兵是兵权所属的示威性举措，只有真正掌握兵权的人才有资格检阅军队，这样慈禧太后就向各界传递了一个信息，即兵权还在慈禧太后的手中。

荣禄当时曾恳请慈禧太后再垂帘训政，但慈禧太后与光绪帝的矛盾并没有达到水火不相容的地步，慈禧太后感到没有必要直接垂帘，还是退居幕后指挥为好。所以她一方面允许光绪帝实行变法，另一方面也做好了预防发生意外情况的防范措施。

姜，还是老的辣。此言真的不虚。

2. 该来的还是来了

新法推行，阻力重重，眼里还有我这个皇帝吗？

终于，光绪帝忍无可忍了。

1898年六月底，礼部主事王照应诏言事，堂官拒递，光绪帝大怒，七月十九日，将怀塔布等礼部六位堂官"即行革职"，同时又

称赞王照"不畏强御，勇猛可嘉，著赏给三品顶戴，以四品京堂候补，用昭激励"。第二天又赏维新派杨锐、刘光第、林旭、谭嗣同四人四品卿衔。

怀塔布的妻子是慈禧太后身边的陪侍人员，在慈禧太后面前哭诉光绪皇帝要夺了满人的饭碗，为后来的戊戌政变埋下了伏笔。

两天后，光绪帝干脆将李鸿章也逐出了总理衙门，把斗争矛头明显地指向了慈禧太后的班底。

在这之前的七月十四日，他已经颁旨，宣布裁撤詹事府、通政司、光禄寺、鸿胪寺、太仆寺、大理寺等冗门；同时裁去各省冗员，包括广东、湖北、云南三省巡抚。

这些惊人之举，使守旧官员恼羞成怒而又惶惶不可终日。看着跪在脚下失声痛哭、极力攻击光绪帝的一地大臣，慈禧太后皱起了眉头。

内务府大臣立山跪请慈禧太后训政，慈禧太后没有答应，于是他向慈禧太后造谣说："皇上派太监到各国的使馆，请求帮助废去太后。"

慈禧太后最恨的就是洋人，最怕的也是洋人。她担心外国列强逼迫她下台，听到这个消息，觉得不能容忍。接下来的事，更让她生气。

因为，光绪帝真的召见了一位洋人：伊藤博文。

伊藤博文曾经四任日本首相，三任枢密院长，被认为是明治国家权力的象征。他1898年9月11日由朝鲜来到天津，当时朝廷上下一片流言，说伊藤博文是康有为特意安排到中国来的，将要进军机处，恰好光绪帝拍来电报，想见伊藤。

光绪帝的本意也只是想当面询问伊藤博文，日本究竟是如何改革、如何富强的，深入地了解一下日本明治维新的情况。可这一举动似乎印证了光绪帝要聘用外国人为顾问官的流言。

伊藤博文在与康有为见面时试探性地打探中国变法的底蕴，康有为便叙述了慈禧太后牵制、光绪帝无权、守旧大臣阻挠的情形，并请伊藤博文能够劝说一下慈禧太后，伊藤博文满口答应。

得到消息，庆亲王奕劻等再赴颐和园，哭请太后训政，说："伊藤已定于初五日觐见，俟见中国事机一泄，恐不复有太后矣！"

太后冷笑，早已是胸有成竹。

够了。这是慈禧太后不耐烦时最喜欢说的话。

是的，够了，表演该收场了。

还有一件事，彻底加速了政变的提前爆发。

对慈禧太后要光绪帝陪着到天津阅兵一事，维新派产生了误解，以为慈禧太后要借阅兵之机废除光绪帝。

事实上，到天津阅兵是荣禄为了迎合慈禧太后喜欢游玩的心理而上奏折请求的，并且是在慈禧太后允许光绪帝变法之前做的决定。当时北京的大臣们听说太后、皇帝竟要冒险坐火车，都纷纷劝阻，但慈禧太后说，自己从未坐过火车，现在初次乘坐，一定是很有趣的事。

何况，慈禧太后如果有心废掉光绪帝，根本不用费这么大的事，在宫内一道懿旨便可了断，完全没有必要兜那么大的圈子。

但是，随着百日维新的深化和帝后两党矛盾的加剧，到天津阅兵之事却逐渐复杂化了。

先是后党官员有意造谣，说到天津阅兵之时将对光绪帝如何如何，帝党的一些年轻维新官员们听到消息，却信以为真，十分惊惶，便千方百计为光绪帝出谋划策，这正好落入了老辣的守旧派设计的圈套。

维新派们此时才认识到抓军权的必要。而且，他们忽然想到，真正的罪魁祸首是慈禧太后，只有扳倒太后，才有可能改变目前的政局。

康有为彻夜不眠，为光绪帝想出了几条办法，建议仿照日本设参谋本部，由皇帝亲自掌握。但远水解不了近渴，于是他们把眼光转向了一个人：袁世凯。

袁世凯是京郊北洋三军之一，而且是最倾向维新的将领。但他们又担心袁世凯与荣禄关系密切，怕袁世凯不听光绪帝指挥，派人进行了试探。

书生气十足的维新官员根本不是老于世故的袁世凯的对手,他们误以为袁世凯可以信任。9月16日,光绪帝在颐和园召见统率北洋新军的直隶按察使袁世凯,面谈后升任他为侍郎候补。这个不明智的举动更引起了慈禧太后的警觉,从那一天开始,太后的态度大变。

维新派们最后决定,派谭嗣同去找袁世凯,让其起兵勤王。

9月18日,谭嗣同夜访袁世凯。谭嗣同拿出一个行动草稿,提议袁世凯在初五听皇帝训示时,请光绪帝发给朱谕一道,令其带兵到天津,趁荣禄听朱谕时,将其正法,然后袁世凯带兵进京,一半包围慈禧太后所在的颐和园,另一半保卫皇宫。

此际,后党当然没有闲着,荣禄调兵遣将,京师空气陡然紧张。八月起,京城所有城门增加了步军统领衙门的八旗兵,杀气腾腾地对所有进出人员严加盘查。

袁世凯也是一个了不得的人。

对于谭嗣同的计策,袁世凯满口答应。9月20日,回到天津后,却急忙密告荣禄,荣禄连夜打电报将此事禀告了慈禧太后。

一切已经不可逆转。

以大军对付几个书生,结局其实在三个月前就决定了。9月21日,维新变法拉下了帷幕,连头带尾,共计一百零三天。

这一天早晨,慈禧太后匆匆回宫。当日,慈禧太后以光绪帝之名下旨:"皇帝病重,不能视朝,再三恳请训政;太后不得不俯如所请,于即日起临朝听政。"

光绪帝从此被囚中南海瀛台,直到1908年去世。

事情到此还远远没有结束。翌日,荣禄派兵三千,封闭京城各门,缇骑四出,缉捕维新党人。

维新党人中,康有为及时离开了北京,梁启超逃入日本使馆。谭嗣同拒绝出走,慷慨表示:"各国变法,无不从流血而成;今中国未闻有因变法而流血者,此国之所以不昌也。有之,请自嗣同始。"

其他数十人被捕。

1898年9月28日，谭嗣同、杨锐、林旭、刘光第、杨深秀、康广仁六人被斩杀于菜市口，史称"戊戌六君子"。

唯一在地方彻底实施变法的湖南巡抚陈宝箴被革职，且永不叙用。

该来的，还是来了。

戊戌政变，太后老佛爷取得了完全的胜利。

所有新政，除京师大学堂（即现北京大学）和各地新式学堂被保留外，其余主要新政措施均被废止。

花自飘零水自流，一切依旧。很多人长长舒了口气："数月来寝不安，食不饱，今始有命焉，非我皇太后，如何得了也！"

有心杀贼，无力回天！
死得其所，快哉快哉！

这是谭嗣同在刑场上发出的最后的呐喊。戊戌六君子英勇就义时，康有为在英国人的帮助下逃到了香港。

康有为后辗转去了日本，他的广东同乡，孙中山，正在那里招兵买马，殚精竭虑，开始了新的努力和奋斗。

3. 壮志未酬

关于戊戌变法的失败，似乎说不好是哪一个方面的问题，因为晚清局势太复杂太纠结。但，似乎我们又可以找得到一些缘由。

诸如：光绪帝的软弱无力，慈禧太后的老辣圆熟；维新派的急躁冒进，守旧派的顽固反动。

诸如：新兴资产阶级的幼稚天真，古老封建势力的根深蒂固，国外侵略势力的强大，革命时机的不成熟，等等。

可能的原因还有：戊戌变法，依然没有完成洋务运动以来要解决的问题，所有新旧势力的较量和争斗，依然是在一个封建专制的框架里进行着。

"变之自上者顺而易，变之自下者逆而难"。这就是维新派们的天真推论，他们因此把变法的希望寄托于光杆皇帝光绪帝身上，以获取廉价的胜利。"幻想是弱者的命运"，变法触动了当权者的利益，因此，其下场的惨烈是注定了的。

戊戌变法，像一阵风，来得快，去得也快。但，在任何时代，面对困境和危局，总要有人站出来振臂高呼，未来才有希望。

无论如何，不可否认的是，在那个时代，面对国难危局，他们挺身而出了，无论成功，还是失败。

也许，我们可以说的是，所有的变法或者改革，都一定是不成熟和冒险的，所有的改革者，都一定是有梦想而敢于流血牺牲的人。

如此，也许就足够了。

我们已经没有必要纠结于所谓的因由或者意义，更不应该对他们有太多的苛责或者要求。我们只能说，在他们所处的那个时代，他们在自己所属的那一段历史里，他们是有勇气和担当的一群人。

我自横刀向天笑，去留肝胆两昆仑。

这是狱中的谭嗣同发出的声音。何等地洒脱，何等地豪迈，何等地让人荡气回肠。

或许，我们只能说，这是历史的一个节点，也应该是历史的某一个终点，以及又一段历史的某一个起点。

接下来，这个老大帝国面对的，只能是更加严重的内忧外患，只能是更加深刻猛烈的变革。

我以我血荐轩辕。一些不怕失败、不甘落后的人，又踏上了征程，开始了救国救民的梦想之旅。

壮志未酬，路在何方？